产业创新
与高质量发展

INDUSTRIAL
INNOVATION
AND HIGH-QUALITY
ECONOMIC
DEVELOPMENT

黄阳华◎著

经济管理出版社
ECONOMY & MANAGEMENT PUBLISHING HOUSE

图书在版编目（CIP）数据

产业创新与高质量发展 / 黄阳华著 . —北京：经济管理出版社，2020.4

ISBN 978-7-5096-7278-5

Ⅰ . ①产… Ⅱ . ①黄… Ⅲ . ①产业发展—研究—中国 Ⅳ . ① F269.2

中国版本图书馆 CIP 数据核字（2020）第 131466 号

组稿编辑：何　蒂

责任编辑：何　蒂　乔倩颖

责任印制：黄章平

责任校对：陈　颖

出版发行：经济管理出版社

（北京市海淀区北蜂窝 8 号中雅大厦 A 座 11 层　100038）

网	址：www.E-mp.com.cn
电	话：（010）51915602
印	刷：北京晨旭印刷厂
经	销：新华书店
开	本：720mm×1000mm/16
印	张：12
字	数：222 千字
版	次：2020 年 4 月第 1 版　2020 年 4 月第 1 次印刷
书	号：ISBN 978-7-5096-7278-5
定	价：68.00 元

前　言

工业化或许是中国实现世所罕见的经济快速发展奇迹最为突出的特征。无论是研究中国的产业结构、区域结构、贸易结构的演变，还是探究人口结构、要素结构、技术结构的变化，都绕不开工业化进程。构建中国特色的发展经济学其中一项基础性的工作，便是研究坚持问题导向，提炼中国工业化实践中所蕴含的理论内涵，为高质量工业化和制造强国建设提供学理支撑。

通过对经济发展思想和产业政策的比较研究，结合中国产业发展实际，本书的主要观点是：工业化对一国经济发展的贡献，不仅在于总量层面的投资和产出效应，更在于产业创新所创造的熊彼特租金，为经济社会的持续发展注入动能；在发展的不同阶段，产业创造并攫取熊彼特租金的能力，又依赖于国家创新体系进行适应性调整，需要借助产业制度改革和产业政策加以推动。本书的主要内容包括三个方面。

一是关于工业化的理论研究。第1章系统梳理"二战"后发展经济学的三次范式转换，比较"市场失灵—政府干预"的结构范式、"政府失灵—市场机制"新古典范式和"创新失灵—国家体系"演化范式在理论与政策方面的继承与分野。针对我国已经进入了中上等收入阶段，本章提出以谋求熊彼特租金为内核的演化发展经济学，对我国加快构建创新型国家，把握新一轮技术革命和产业变革的战略机遇具有重要启示。第2章针对中美贸易摩擦中，中国经济发展模式被称为重商主义的流行观点，探究了斯密重商主义和熊彼特重商主义经济思想的起源，并对比两种重商主义关于经济增长和发展制度的核心观点。本章提出，广义的熊彼特重商主义重视在产业和创新领域寻求一国经济发展和国际竞争力的源泉，强调提升制造业附加值是一国经济发展的关键，并为此建立了一套推动制造业创新发展的制度体系，代表了一个持续推动经济现代化的国家治理体系的雏形，指引仍有指导意义。第3章构建了一个后发国家创造熊彼特租金实现技术赶超的理论模型，展示了精英企业家在政策支持下获取执行创新所需的资本，从而实现技术赶超和经济发展，进而提出了一个不同的产业政策观。

二是关于中国产业发展的研究。第4章结合中国产业发展的制度特征，构建建设用地指标约束下地方政府的最优工业用地出让决策模型。本章结合理论模型和实地调查，研究了中国产业结构调整的微观基础、趋势和对策。第5章从熊彼特关于创新与资本的理论出发，关注传统产业中小企业的转型升级问题。通过问卷调查和案例研究发现，当前中低技术劳动密集型制造业中小企业融资是常规融资和转型融资的叠加，解决经济转型和产业升级背景下的融资问题，必须同时考虑到制度性因素和周期性因素，不仅要通过融资政策加大对中小企业的金融扶持力度，更要通过中小企业公共服务体系建设降低转型的综合成本和风险。第6章是对浙江民营企业的调查报告，提出在供给侧结构性改革背景下，市场需求加速从"数量型短缺"向"品质型短缺"结构性转变，民营企业的"短板"已经超越了经济周期性调整所暴露的传统问题，应首先补齐自身能力的"短板"，通过经营模式变革提升抓住消费升级中蕴含着的创新机遇的能力。政府政策应从过去通过"降成本"鼓励生产者扩张数量，转变为释放消费升级的巨大潜力，引导和支持民营企业加快自我变革。

三是关于全球新一轮技术革命和产业变革的研究。第7章利用新熊彼特学派的技术经济范式理论，将当前备受关注的新一轮技术革命和产业变革，置于延续两个多世纪的全球工业化进程中加以系统化和理论化，提出应该从技术经济范式的视角整体认识新一轮产业变革的进程，本章提出我国深入推进工业智能化发展，不仅要重视装备工业的高端化，更需要重视制造各环节数据要素的利用和新型基础设施的配套升级，增强各类政策之间的协调联动。在产业创新体系的视角下，第8章、第9章分别研究了全球金融危机后全球工业强国推动更高水平工业化的本质及对我国产业创新的启示。第8章研究了德国产业创新模式的基本特点，分析了德国高技术战略和"工业4.0"计划与德国创新模式之间的关系，对比了中德智能制造范式并总结了对中国的借鉴意义。第9章研究了政治经济学的美国学派在美国崛起为工业大国历史进程中的指导作用，梳理了美国"制造业复兴"战略的举措和进展，提出美国当前的产业政策出现全面向美国学派回归的趋势。

目 录

第1章

"二战"后发展经济学的三次范式转换

1.1 问题的提出

根据 2019 年 10 月世界银行的最新统计，截至 2015 年，全球仍有 10% 的人口每天生活费不足 1.9 美元，[①]而在贫困人口最为集中的撒哈拉以南非洲地区，近年来贫困人口不降反升。如果扣除中国对全球减贫事业做出的巨大贡献，全球其他地区的贫困问题将更为严重，长期困扰人类的发展问题远未得到彻底解决。作为专门研究发展问题的经济学分支，发展经济学滥觞于"二战"末期，指出发展中国家普遍存在市场失灵，资本积累和技术进步面临阻碍，需要施以国家计划和结构性产业政策加以矫正才能实现经济起飞。20 世纪 70 年代后，经济学学术体系和评价体系的转向推动了发展经济学研究范式的转变，占据了主流地位的新古典主义也认为微观理性和有效市场假设具有普适性，不存在穷国富国的差别，批评结构范式关于发展中国家市场失灵的观点缺乏依据，不合理的政府干预不仅没有矫正市场机制，反而阻碍价格机制发挥作用，因而在发展领域重提自由主义。进入 21 世纪以来，面对技术创新对经济发展的重要性加速上升的现实，演化发展经济学创造性地将熊彼特创新理论运用于发展研究，提出按照经济活动质量的高低重新定义发展的动力机制和政策体系，开启了全球化进入创新时代的发展研究新范式。

---

① 2015 年 10 月，世界银行将国际贫困线标准从 1.25 美元 / 天上调至 1.9 美元 / 天。

中华人民共和国成立以来，我国以工业化为发展的主线，在不同发展时期受到了同时代发展经济学主导范式的影响。中华人民共和国成立初期，面对农业国资本积累不足和技术全面落后的现实，加上国际封锁的外部环境，我国通过国家计划和内部积累，在较短时间内建立起独立的较为完整的工业体系和国民经济体系，实现了"站起来"。这一时期的国民经济发展战略与结构范式高度一致。改革开放后，我国探索出了一条符合国情的发展道路，建立了社会主义市场经济体制，发展成唯一拥有联合国产业分类中全部工业门类的国家和世界第一工业大国，实现了从"站起来"到"富起来"的转变。这一过程充满了结构范式与新古典范式的交叉、融合。我国已经进入了工业化后期阶段，高质量发展必须解决工业大而不强的问题，以创新驱动发展推动制造业质量变革、效率变革、动力变革，全面提升我国产业国际竞争力和产业安全。面对新时代新任务，演化范式以创新和赶超理论为内核，既夯实了结构范式的微观基础，又增强了新古典范式对创新研究的不足，将在我国从"富起来"向"强起来"的跨越中不断发挥理论优势和现实指导意义。

本章先分三节梳理战后发展经济学的三次范式转换的历程，提炼并比较各范式的核心观点，最后在回顾结构范式和新古典范式对我国发展影响的基础上，提出演化范式下推动高质量发展的核心命题。

1.2 结构范式："黄金时代"与"扶持之手消亡史"

按照流行的划分法，第一代发展经济学家活跃于 20 世纪 50~70 年代中期（Meier，2001）。从经济思想的来源看，他们主要受到当时三方面因素的影响：一是战时英国和苏联等国实行经济计划的成功经验；二是美国罗斯福反危机"新政"和英国依据"贝佛里奇报告"建立福利国家[①]；三是凯恩斯经济学为政府调控提供了理论依据。这一时期的经济发展学说普遍认为发展是个结构变迁过程，以区别于以价格机制和市场均衡为基础的新古典经济学，因而被称为结构主义发展经济学[②]，本章称为发展经济学的结构范式。

---

① "贝佛里奇报告"是经济学家 William Beveridge 在其主持的一份政府报告中，提出卑劣、愚昧、贫困、懒惰和疾病等社会问题"五宗罪"，建议通过深化改革社会福利系统加以解决。该报告产生了广泛的社会影响力，成为"二战"后英国福利国家改革的基础，包括扩大国家保险覆盖面和提供公立医疗服务。

② 一些文献中也常用经典发展经济学的概念。

1.2.1 结构范式的兴起

1943 年，保罗·罗森斯坦—罗丹（Paul Rosenstein-Rodan）在《东欧和东南欧工业化的若干问题》一文中提出了"罗森斯坦—罗丹之问"，被视为结构范式的"创世纪"（Rosenstein-Rodan，1943）。该文的时代背景是，东欧和东南欧地区有 2 千万 ~2.5 千万剩余农业人口，生活水平长期得不到改善。针对如何有效利用这部分闲置的劳动力，政策研究界出现了移民模式和工业化模式的争论。移民模式主张推动劳动力向资本流动，即将东欧和东南欧的剩余农业人口移民至工业化水平更高的西欧地区。工业化模式则主张推动资本向劳动力流动，即利用西欧的资本投资工业化水平较低的东欧和东南欧地区。罗森斯坦—罗丹认为，大规模移民会在安置区带来诸多治理问题[①]，而工业化模式既利用了剩余农业人口，又避免了移民安置问题，因而更具合理性。当时工业化模式主要有二：一是封闭的苏联模式，特点是有计划地优先发展重工业，抑制消费，独立自主；二是开放的国际分工模式，特点是优先发展劳动密集型产业，轻度抑制消费，充分利用外资。罗森斯坦—罗丹总体上倾向于国际分工模式，同时欣赏苏联模式有计划地推行工业化更具效率。对此，他利用斯密—杨格定理提出了"大推动"理论。

斯密在《国富论》中以制针厂为例说明分工是国民财富的源泉，罗森斯坦—罗丹以制鞋厂为例说明产业外部经济对发展的关键作用。假如有 2 万名农村剩余劳动力进鞋厂做工，他们的工资性收入将提高，不仅会消费更多的鞋子，拉动鞋厂的销量，还会对公共产品和住房等产生需求。推而广之，如将数以百万计的农村剩余劳动力转移到一定的产业组合当中，生产出琳琅满目的产品供工人消费，可以充分吸纳工人的工资，从而实现更高水平的产出、就业和消费。这一极简的示例却蕴含了重要的发展理念：通过大规模的工业化构建互补的产业结构，金钱外部性和技术外部性将创造出新的市场总需求，拉动总产出扩张，实现总供给和总需求更高水平的均衡，如此往复可实现经济起飞。罗森斯坦—罗丹进一步认为，发展中国家的企业家存在思维定式，不能适应经济结构出现巨变的形势，如果工业化完全依赖私人企业家按部就班地投资，外部经济将会十分有限，不足于推动经济起飞。反之，如果政府大规模地投资一揽子产业项目，有望将全社会的外部经济内部化，更快地实现经济起飞。

归纳起来，罗森斯坦—罗丹的工业化理论有三个核心观点，即"市场失灵、资本积累、大推动"。一是把马歇尔和杨格等中微观层面的外部经济概念运用

---

① 近年来，面临日益严重的人口老龄化问题，欧洲放开外来移民限制所引发的社会问题，为该观点提供了佐证。

于宏观发展研究[①]，认为大规模工业化不仅是要提高单个企业的利润，而是要刺激产业间分工所形成的外部经济推动经济发展。但外部经济存在市场失灵，有必要通过政府的"扶持之手"加以干预、协调、矫正。二是有效激发外部经济需要进行大规模、高强度、长周期的投资，而发展中国家"底子薄"，普遍面临资金短缺的困扰，因此工业化的实践问题是如何借助国家投资或者利用国际投资加速资本积累。三是由于技术的原因，不同产业的外部经济有强有弱，发展中国家应将稀缺的资本优先配置于投资乘数大的"基干产业"[②]和公共设施建设，实现更快速的工业化。这三个核心观点构成了结构范式的内核。

1.2.2 结构范式的"黄金时代"

沿着罗森斯坦—罗丹开启的"市场失灵、资本积累、大推动"范式[③]，战后30年形成了一大批深化研究的文献，推动结构范式步入"黄金时代"。需要指出的是，这些文献在三个核心观点上存在共识，但在诸多问题上求同存异，因而难以形成一个紧密的学派。所幸结构主义发展经济学家大多数以现实问题为导向，因此可按如下三个关键研究问题对结构范式梳理：

第一，在理论上寻找发展中国家陷入贫困陷阱的原因和起飞条件。一些学者认为，发展中国家普遍存在制度结构僵化的问题，导致供给侧存在低收入—低储蓄—低投资—资本缺口—低生产率的循环，需求侧存在低收入—需求不足—市场狭小—低投资的循环，两个循环叠加成了"纳克斯贫困恶性循环"，或"缪尔达尔循环累积因果"、"纳尔逊低水平均衡陷阱"、"莱宾斯坦临界最小努力"，等等。[④]刘易斯认为发展中国家的问题不在制度，而在于普遍存在的二元经济结构：传统部门因忙于"糊口"而没有剩余，不具备资本积累能力，高效的现代资本主义部门虽然创造利润，但过于弱小而不够形成足够的储蓄和投

---

① 罗森斯坦—罗丹在该文中，引用了阿林·杨格曾举过的管道建设对社区房价、地价产生了外部性的例子。

② 战后日本产业政策的主线也是甄别和发展"基干产业"，参见武田晴人（2016）、安场保吉和猪木武德（1997）。

③ 我国一些学者沿用外国学者的惯例，将经典发展经济学的基本主张归纳为"三唯"，即"唯资本积累、唯工业化、唯计划化"，参见罗美娟（2000）、方福前（2002）、任保平和洪银兴（2004）。

④ "纳尔逊低水平均衡陷阱"提出发展中国家的国民收入增长后，不仅储蓄和投资增长，人口也会随之增长，使得人均收入停留在一个低水平的均衡。"莱宾斯坦关键最小努力"提出欠发展现象是因为增加人均收入的刺激弱于减少人均收入的冲击，因而需要通过临界最小努力加以冲抵。

资。[①] 罗斯托从需求方因素（收入、偏好）与供给方因素（新技术、新产业）两方面，提出了一个一般化的经济起飞理论。[②] 总之，结构范式认为是结构制约了发展，因而"调结构"与"促发展"的内涵是相通的。

第二，在发展政策上研究发展中国家如何通过政府的"扶持之手"加速工业化。[③] 结构范式总体上寄希望于"大推动"工业化打破发展陷阱或二元结构，但在路径选择上是均衡增长还是非均衡增长方面存有分歧（Sutcliffe，1964）。综上所述，罗森斯坦—罗丹等认为外部经济是经济发展的动能，因而主张通过中央计划促进各部门均衡发展（Fleming，1955）。张培刚（2019）认为农业是工业化和国民经济发展的基础和必要条件，在农业国推进工业化重视农业部门的协调发展。刘易斯反对将二元经济结构简化为农业部门和工业部门的对立，提出农业活动也可以是高效率的，工业活动也有低效率的，政府优先发展现代部门的政策不受产业形态所限。赫希曼则认为经济发展的源泉是产业前向和后向联系效应，不同产业对经济发展的贡献不同，应采取非均衡增长模式（赫希曼，1991）。在当时条件下，狭义的工业化是发展制造业，实践中政府的"扶持之手"常表现为产业结构政策[④]，这为后来旷日持久的产业政策争议埋下了伏笔。

第三，在全球治理上探讨世界非均衡发展问题的根源和全球发展议程。在理论上，将二元经济结构中的两部门调整为"南方"和"北方"，很容易得到国际二元结构模型。当然，更具代表性的是"普雷比什—辛格"假说，提出旧全球经济体系中发展中国家专业化于初级产品出口，发达国家专业化于工业制成品出口，因初级产品的生产率进步低于工业制成品，发展中国家的贸易条件将趋于恶化，"中心—外围"的世界体系结构具有自我强化的机制。因此，结构范式普遍质疑以要素禀赋和比较优势为基础的自由贸易理论，主张发展中国家和国际发展机构应该以更高生产效率为导向，采取"以工业化为其首要目标"的赶超模式（Singer，1950；Prebisch，1959；普列比什，1990）。Gerschenkron（1962）根据一些国家的赶超经验，系统地提出了后发优势理论，开启了后进

---

① 这留下了制度与经济发展"鸡和蛋"的悖论。20 世纪 70 年代后，以诺斯为代表的新制度经济学通过经济史研究，对此悖论进行了解答。过去 20 年来，以达龙·阿西莫格鲁为代表的量化制度分析给出了更为严格的因果关系推断。

② 罗斯托按照经济起飞的线性模式，提出五种社会类型，分别是传统社会、起飞前提条件、起飞、走向成熟和大众高消费时代，参见罗斯托（2001：4）。

③ 关于经典发展经济学的工业化理论，参见任保平和洪银兴（2004）。

④ 如日本经济学家筱原三代平提出的"动态比较成本论"和"两基准理论"。

发展的研究进程。

归纳起来，结构范式的"黄金时代"经济学家普遍认为发展中国家存在二元经济、剩余劳动力、隐蔽性失业、结构性通货膨胀、技术不适用等结构性问题，世界体系存在"中心—外围"结构；突出国内储蓄不足或贸易逆差造成资本匮乏，抑制了经济发展；质疑发展中国家能够依靠不完善的市场和价格机制自动实现发展，主张政府采取产业结构政策调整经济结构、实行计划管理和促进资本积累等，走一条内向发展的、进口替代的工业化道路（谭崇台，1999）。这些理论对欠发达的原因剖析，基本符合战后发展中国家的实际，也契合了战后许多新兴民族独立国家图富强的愿望，在全球范围内产生了广泛影响。进入 20 世纪 70 年代后，结构范式面临多方面的理论批评和实践挑战，包括偏重工业而忽视农业，偏重物质资本积累而忽视了人力资本开发，偏重政府的"扶持之手"而忽视了市场的作用，偏重内部经济而忽视了外部机遇等，对一些发展中国家出现的农业停滞、轻重工业失调、城乡二元固化、资源配置扭曲及缺乏微观活力等问题负有责任。不过，造成结构范式"黄金时代"终结的主要原因是发展经济学新古典范式的冲击（方福前，2002；简新华，2011；林毅夫，2012）。

1.3 新古典范式："看不见的手""复兴"与理论分岔

本节先从经济学学术体系和评价体系转变的视角，说明 20 世纪 70 年代后结构范式面临的困境，再比较新古典范式与结构范式的差异。同时，一些新古典经济学分支向发展研究渗透，形成了新政治经济学、新发展经济学、新结构经济学、实验发展经济学等新古典范式的"支流"。

1.3.1 "克鲁格曼批判"与"新古典复兴"

距离"罗森斯坦—罗丹之问"半个世纪后，保罗·克鲁格曼在一篇纪念著名发展经济学阿尔伯特·赫希曼的文章中，以一种胜利者的姿态设问"为什么发展经济学消失了"，提出了"克鲁格曼批判"（Krugman，1994）。[①]从经济学学术体系的演变看，克鲁格曼认为虽然居于结构范式内核的斯密—杨格定理在逻辑上毫无瑕疵，但随着经济学研究日益数学化，结构范式的代表人物未能将直

---

① 克鲁格曼所说的发展经济学即指结构范式。克鲁格曼写作该文时，用"从前，有一个领域叫发展经济学"反映了结构范式处于低谷。还有经济学家甚至用"以告"表达发展经济学已经消亡。

觉上的洞察转变为清晰的数理模型，固守"老套的"漫谈和非数理的文风，或许能够风动一时，甚至影响人们的信念，然而没有转化为可复制、可讲授的形式，终将难以为继。在评价体系上，20 世纪 70 年代后主流经济学期刊不断压缩纯论述性、思想性论文，增加运用数学模型的论文。他甚至挖苦道："按照经济学主流期刊的新标准，部分结构范式的代表性论文发不出来。"克鲁格曼进一步指出，结构范式没有充分数学模型化，是因为当时的经济学模型难以处理规模经济和完全竞争市场的冲突，直到 1977 年 D-S 模型提出后才在数学建模方面取得突破（Dixit and Stiglitz，1977）。考虑到克鲁格曼早年的学术成就，是用 D-S 模型开创新贸易理论和新经济地理学（Krugman，1979，1980），不难理解他对结构范式未能将外部性纳入均衡模型的态度。总之，克鲁格曼认为结构范式的衰落，既非缺乏研究资助，亦非实践受挫，归根结底是学术趋势的变化。[①]

"克鲁格曼批判"代表了经济学学术体系和评价体系转变对结构范式的影响，而更主要的冲击来自新古典经济学对发展问题的理论反思和新的解释。两种范式的主要区别如下：一是新古典范式注重经济发展问题的微观基础，分析的基本单位是厂商、家户或官僚等行为人，强调个人理性与国家发展水平、部门无关。例如，发展中国家的农民虽穷，但对耕作了如指掌，同样是利益最大化者；发展中国家的企业不乏进取心，同样按照利润最大化原则做经营决策；个体理性也不存在现代部门和落后部门（如农业）的差别。因此，新古典范式批评结构范式强调欠发达问题的特殊性有失偏颇，忽视了新古典经济学的一般性，否认了"结构"的存在性。二是新古典范式注重微观价格机制，主张自由市场这只"看不见的手"在资源配置中的作用，应该"理顺价格"，质疑结构范式强调的"市场失灵"和以政府"扭曲价格"阻碍要素自由流动的政策。[②]三是新古典范式注重具体政策研究和评估，特别是运用不断丰富的数据，对人力资本投资、教育、健康、性别和扶贫政策等影响发展的变量进行微观实证检验日益成为主流，或比结构范式采取的宏观战略和趋势分析更具政策参考（Stein，1989）。四是新古典范式还质疑国际结构模型，以东亚出口导向工业化的成功与拉美进口替代工业化的"挫折"为例，批评结构范式下过度保护恶

---

① 这一观点得到了杨小凯的认同。杨小凯指出，"发展经济学的历史证明，如果一种思想不在一个数学模型框架下很好地数学化，再深刻的思想也不一定能纳入主流发展经济学之中"，参见杨小凯（2003）。20 世纪 80 年代末后，研究者尝试将结构范式的核心观点，如"大推动""斯密—杨格"等进行了模型化，参见 Murphy et al.（1989），杨小凯（2003）。

② 20 世纪 50 年代一般均衡存在性得到数学证明，增强了自由市场竞争可以实现帕累托最优的理论基础。

化了营商环境，限制了发展中国家利用国外资源和全球市场的机会。

新古典范式在发展领域重提自由主义，以"自由化、私有化、市场化"全面取代结构范式的"市场失灵、资本积累、大推动"，其极端版本便是 20 世纪 80 年代后兴起的"华盛顿共识"，提出以十条政策主张对发展中国家进行结构性调整[1]，把长期发展置于宏观经济监管之下，弱化了发展经济学的学科独立性。

1.3.2 新古典范式的理论分岔

新古典经济学内部也出现了多个分支，甚至一些以批评新古典经济学起家的理论被新古典经济学吸收。在经济发展研究方面，新古典范式下形成了新政治经济学、新发展经济学、新结构经济学和实验发展经济学等影响较大的发展研究分支。

1.3.2.1 新政治经济学

新政治经济学的理论基础是寻租活动对经济发展的影响。[2] 经典的寻租理论运用微观经济学的均衡和福利分析，指出由政府管制或者垄断所形成的超额利润，不仅会造成资源配置效率损失（"哈伯格三角形"），还会招致为攫取这部分资源的"寻租""护租"活动，无益于增加社会财富，徒耗稀缺的社会资源（"塔洛克矩形"），因此寻租活动的总社会福利损失是"哈伯格三角形"和"塔洛克矩形"之和，对发展的负面影响很大。[3] 在新政治经济学看来，特许经营、贸易保护、产业结构政策、国有企业、双轨制、汇率管制等政府干预，都可能引诱利益集团投资于行贿、腐败、黑市、走私、逃税等寻租活动，拖累资本积累。如果一个社会寻租活动盛行，对生产性活动形成挤出效应，将难以形成有效的

---

[1] 分别为：一是压缩预算赤字，不以通胀税填补赤字；二是公共支出从政治敏感的领域转向具有高经济收益和能够潜在改善收入分配的领域；三是税收改革，扩大税基和降低边际税率；四是金融自由化，最终实现利率市场化；五是统一的汇率，维持在能够促进非传统出口快速增长的水平上；六是以关税取代数量贸易限制；七是取消排斥 FDI 的壁垒；八是私有化国有企业；九是取消新企业进入和限制竞争的管制；十是保护私有产权，特别是非正式部门（Williamson，2004）。

[2] 广义的寻租活动为创建、维持或者改变租金赖以存在的权利和制度的活动，参见 Khan and Jomo（2000）。

[3] 关于"哈伯格三角形"和"塔洛克矩形"，参见 Harberger（1954，1959）、Tullock（1967）。代表性寻租理论，参见 Tullock（1967）、Krueger（1974）、Posner（1975）、Bhagwati（1982）、Wenders（1987）和 Rama（1993）。

发展机制。

新政治经济学还把政府拟人化为理性的微观个体，重点研究了政治制度对经济发展的影响。例如，从英法两国不同的政治制度安排对寻租成本的影响，解释两国重商主义体系存废与工业革命爆发之间的关系（Baysinger，1980；Ekelund and Tollison，1981，1997；Tullock，1988）；不同社会制度下社会精英在生产性活动（如创新）和非生产性活动之间的分布结构，导致"好的"或"坏的"发展均衡；利益集团面临可能导致社会资源再配置的新技术时，是接纳还是抵触对经济增长的影响，等等（Baumol，1990；Murphy et al.，1991，1993）。近年来，达龙·阿西莫格鲁等关于增长的制度主义解释，代表了该分支的研究前沿（Acemoglu and Robinson，2005，2008；Acemoglu，2008；Acemoglu et al.，2011，2014）。

1.3.2.2 新发展经济学

1986 年，信息经济学的代表人物约瑟夫·斯蒂格利茨提出以"信息范式"作为发展经济学的新理论基础。[①] 信息范式来自早期他对分成租佃制的分析（Stiglitz，1974）。农业生产容易受到外部环境风险的影响，且地主不能掌握佃农耕作的全部信息，存在激励与分摊风险之间两难。在分成租佃制下，虽然佃农的边际收益与努力不一致，但理性的佃农可以充分利用私人信息，根据农时和环境变化作合理的作物、农技、灌溉、施肥和收割等最优决策，降低外部风险的负面影响。因此，在（新）古典经济学看来，这一制度不符合佃农的个人理性，但考虑到信息和风险等因素，该制度其实具有经济合理性，因而遍布于世界各地。斯蒂格利茨从分成租佃制的经济合理性中获得启发，提出即使新古典经济学的个人理性假设成立，也会因为信息成本造成市场失灵。对于发达国家而言，仅有个人理性假设不一定保证帕累托最优，也需要研究发展问题；对发展中国家而言，一些制度和组织（如分成租佃制）看似效率低，但反而更具效率。因此，在发展研究中，个体理性之外还要考虑信息成本对市场效率的影响。按照斯蒂格利茨的说法，基于信息范式的新发展经济学适用于分析各种发展水平的国家。鉴于信息经济学已被新古典经济学吸收，此处仍将新发展经济学作为新古典范式的一个分支。

在发展理念和政策方面，新发展经济学倾向于中间道路。一方面，新发展

---

① 信息范式包含五个核心信条：个人理性、信息成本非零、信息成本影响制度调整、个人理性和制度的适应性不能保证（帕累托）经济效率、政府具有潜在的作用（Stiglitz，1986）。

经济学批评市场原教旨主义不过是个乌托邦,新自由主义的"华盛顿共识"过于狭隘,"一刀切"的政策在实践中经常失灵,给苏联和拉丁美洲国家发展造成了严重的后果。新发展经济学转而主张用多目标、多工具的"后华盛顿共识"取代"华盛顿共识",政府应该成为市场的补充,而且几乎在所有成功国家的发展中政府都曾发挥过重要作用,尤其是在人力资本开发和技术转移等推动知识与学习等方面扮演积极角色(Stiglitz, 1998a, 1998b, 2001)。另一方面,新发展经济学对结构范式所推崇的产业政策提出警告,认为经济发展带来了思维模式和社会制度变迁,嵌入其中的产业政策制定和实施都面临信息和激励等问题,通过政府干预实现帕累托改善需要满足三个条件:政府足够拥有市场结构的知识,政策执行者比私人部门拥有信息优势,政策制定者和执行者有激励实施帕累托改善。总之,基于信息范式的新发展经济学对新古典范式进行了拓展和改进,对产业政策也进行了新的解释,但本质上还是从完善市场机制的视角看待发展和政府作用,没有触及新古典范式的内核。①

1.3.2.3 新结构经济学

按照林毅夫的解释,新结构经济学是一个"经济发展过程中结构及其变迁的新古典框架",核心观点包括:在特定发展水平上,一个经济体的禀赋结构(自然资源、劳动力、人力资本和物质资本的相对丰裕程度)是给定的,要素相对价格反映了要素稀缺程度;经济发展导致禀赋结构变动,那么由要素相对价格所决定的最优产业结构、空间结构、金融结构、制度结构、周期结构、开放结构、就业结构及配套基础设施也会随之而变;在实现与高收入工业化经济相匹配的最终目标之前,产业和基础设施升级存在多个过渡性目标,由各个发展水平决定;在给定发展水平上,市场是配置资源最有效的机制,但产业转型升级带来的新知识和新基础设施存在外部性和市场失灵,需要政府在提供基础设施和补偿外部性方面发挥作用(林毅夫,2010;Lin, 2012)。

在范式转换的视角下,新结构经济学试图在结构范式和新古典范式之间架设起一座桥梁,不仅体现在其名称上,更体现在其折中主义的理论框架上。在嫁接结构范式的一端,新结构经济学延续了结构范式把经济发展视为一个结构变迁过程的传统,体现为新结构经济学把要素禀赋结构与产业结构之间的联动作为其理论基石,注重从结构变动中推动经济发展;新结构经济学继承了结构范式的经济发展阶段论,分析不同发展水平下结构调整的特定性;新结构经

---

① 对"后新古典经济学"和"新产业政策"的评述,参见贾根良(2018)。

济学吸纳了结构范式关于外部经济的分析,认为政府在经济发展中发挥促进作用。在嫁接新古典范式的一端,新结构经济学比结构范式更重视市场机制在资源配置中的作用,并把相对价格的变动作为分析要素禀赋结构和产业结构联动的基本工具,主张顺应要素禀赋结构和比较优势调整一国的产业结构,接纳了新古典范式关于通过"理顺价格"的发展思想;新结构经济学把顺应相对价格调整产业结构的分析延伸至全球贸易和分工体系,主张一国按照比较优势参与国际分工和贸易,[①] 明显偏向于新古典范式。在政策方面,新结构经济学也采取折中主义:一是将新古典经济学政策体系(财政政策、货币政策、贸易政策等)从抑制经济周期的目标调整为促进产业转型升级(即"超越凯恩斯主义");二是将一个国家特定发展阶段的产业分成五种类型[②],政府根据产业结构和比较优势的特点推出"因势利导的产业政策",帮助具有自生能力的企业解决外部性问题,加速形成竞争优势。新结构经济学的"架桥"也面临一些争议[③],例如,批评"旧"结构范式的新古典范式(如新政治经济学),依然对新结构经济学的结构升级和"有为政府"持怀疑态度;质疑(静态)比较优势理论的结构范式及演化范式,照样怀疑新结构经济学的按要素相对价格调整产业结构能够实现赶超;实证主义质疑新结构经济学的经济发展水平和相对价格变动存在内生性。这些都是新结构经济学进一步发展中需要解决的问题。

1.3.2.4 实验发展经济学

进入 21 世纪以来,随着微观分析工具和方法的发展,在 2019 年诺贝尔经济奖得主阿比吉特班·纳吉(Abhijit Banerjee)和埃斯特·杜弗洛(Esther Duflo)等的推动下,微观实证主义在发展问题研究方面取得了新的进展。他们主张按照近年来经济学研究的"稳健性革命"(Angrist and Pischke,2010),对扶贫政策的设计加以因果机制检验,以更好地理解贫困人群的经济与心理的复杂性,对扶贫项目成败做出更好的解释,不断改善政策的效果。为了更

---

① 2017年,林毅夫教授团队提出的"吉林报告",可视为按照这一思路提出的区域发展建议。对"吉林报告"的各种评议,也是对新结构经济学的意见。

② 五种类型的产业即赶超型产业、领先型、退出型、弯道超车型和国防安全型。

③ 可参见安妮·克鲁格、丹尼·罗德里克、约瑟夫·斯蒂格利茨和张夏准等发展经济学对新结构经济学的评论,参见 Lin(2012)。新结构经济学的发展观和政策观,除了在 2016 年产业政策"林张之争"中面临来自市场派经济学家对政府政策的质疑,还面临来自演化发展经济学对其静态发展观的批评,参见贾根良(2018)。其他学术评论可参见林毅夫(2012)。

为一致地验证通行发展措施（如基础教育、医疗保健、小额信贷和女性平权等）的实际效果（Banerjee et al., 2007；Banerjee and Duflo, 2009；Banerjee et al., 2015；Banerjee et al., 2016；Banerjee et al., 2018），研究者采取小规模局部试验方法（随机控制试验 RCT 或随机实地试验 RFE）（Duflo et al., 2007；Bouguen et al., 2018），在受控的环境下检验特定处理（政策）与发展目标之间的影响机制，有助于理解扶贫问题和改善发展政策。当然，实验发展经济学也面临着批评，但为其他发展范式提供了微观行为参考。

1.3.3 对新古典范式的评述

20 世纪 70 年代后"新古典复兴"潮流席卷了经济发展研究。然而，不论理论从哪个方向切入，落脚点无外乎经济发展中政府和市场的关系。在发达国家方面，战后高速发展"黄金时代"的结束，1973~1975 年的结构性危机和"滞胀"，凯恩斯主义需求管理"失灵"等，引发了对政府干预的质疑和批评。里根—撒切尔主义推行供给管理、私有化、去管制、减税、金融自由化等政策，在全球范围内形成了新自由主义的"示范效应"。在发展中国家方面，一些国家（和部分前社会主义国家）实行过度政府计划、干预和管制造成激励扭曲、寻租泛滥、结构失衡和财政债务危机等"政府失灵"现象，证明结构范式推崇的"看得见的手"不是"灵丹妙药"，不仅不能替代市场这只"看不见的手"，甚至可能成为"掠夺之手"（施莱弗和维什尼，2004 年）。这些反思对新古典范式的全球性蔓延起到了推波助澜的作用。值得一提的是，结构范式代表人物陆续从国际发展机构隐退，新古典范式代表性经济学家取而代之，也对发展研究范式的转换起到了推动作用（Jomo and Fine, 2006）。20 世纪 90 年代后，在"东亚模式"的影响下，发展范式的争论聚焦到产业政策，并延续至今。近年来，我国产业政策的争议基本上是过去争议的"翻版"，甚至在诸多情况下是新古典范式内部不同分支的辩论。

总体而言，新古典范式强调价格机制对经济发展的重要性，但是价格机制发挥作用依赖个人理性、信息对称、极低交易成本、无技术进步等严格假设，即便新古典范式内部也不断出现挑战者，更不用说现实世界中诸多偏离理想状态的情况。可以说，新古典范式是通过严格的假设回避了经济发展中的结构扭曲的问题，而不是真正解决了现实中制约发展的各类结构性问题，特定情况下对具体政策的指导意义甚至不如现实问题导向的结构范式。[1] 因此，在关于发

---

[1] 从近年来我国产业政策争议中，我国主要产业政策部门不做回应，表明学术讨论的现实相关性有限。

展范式和产业政策的讨论中，新古典范式常常得理不得势，结构范式得势却不占理，在政策部门的实际影响力不容小觑。我们也应该看到，新古典范式对产业政策制定和实施中的信息与激励的研究、重视政策效果的实证评估对推动产业政策转型具有促进作用，关于市场经济制度与激发微观活力的理念，对我国建设高标准市场经济体系和完善社会主义市场经济体制具有长远指导意义。

值得一提的是，一些学者认为发展是为了实现快速减少绝对贫困（Bourguignon，2004），而结构范式和新古典范式在减贫领域亦有"映射"。目前，全球减贫项目按照两条路线展开。一是认为贫困的原因在于"贫困陷阱"，指出贫困人口、国家缺乏长期增长所需的资本和公共设施，应该整合各方各类扶贫资源实施"大推动"项目最大化激发外溢效应，如联合国"千禧村项目"（MVP）（Sachs，2005a，2005b；Kraay and McKenzie，2014）。二是认为贫困的原因在于发展中国家的"治理陷阱"（Easterly，2001，2007），包括市场不开放、公共服务提供不足以及腐败造成社会资源分配不均等，提出最有效的减贫方式是建立足够好的治理（Grindle，2004），才能有效发挥减贫政策的预期效果。显而易见的是，两种减贫路线分别对应着结构范式和新古典范式。

1.4 演化范式：继承与创新

发展经济学已经经历了横跨半世纪的两次范式转型，但人们对发展的认识并没有终止。正如开篇所言，全球发展和贫困问题依然严峻，发展的时代主题没有改变。21 世纪以来，信息革命、新一轮科技革命和产业革命此起彼伏，以金砖国家为代表的新兴经济日益成为全球发展的引擎，这些现象引发了人们对全球发展问题的新思考。除了结构范式和新古典范式旷日持久的争议，更大的进展来自第三种范式。近年来兴起的演化发展经济学，以熊彼特经济学对结构范式进行了新的理论阐释，提出的熊彼特租金比新古典范式的李嘉图租金更能体现知识经济时代的特征，强调发展中国家的技术赶超比按比较优势理论参与国际分工更符合全球竞争新格局，已经独立为一种新的发展范式。

1.4.1 以创新重构经济发展机制

正如演化发展经济学代表人物埃里克·赖纳特指出的，国民经济是一个相互关联的产业结构构成，每个产业都有一个最小有效规模，因而存在一个社会的最小有效规模。新知识、新分工（职业）的涌现不仅提高了人们的生活水平，而且通过报酬递增的正反馈效应提高了其他行业的生产率，工资水平也相应提高，带动了内需扩张，意味着更广泛的规模经济和范围经济，激发更高的投资和技术升级，不断突破社会最小有效规模，推动经济发展进入良性循环。演化范式把知识和分工纳入经济发展研究当中[1]，那么与知识紧密相关的技术创新，在演化范式中占据关键地位。技术有四个基本特点：一是技术前沿是"无边界的"，持续的技术进步将推动经济发展不断向前，故技术创新是经济发展的原动力，而其他范式把技术作为外生的或者难解因素的"黑箱"都不足以把握经济发展的本质；二是技术前沿是"不平衡推进的"，某些领域的技术突飞猛进，而在某些领域却长期停滞，由此形成了以技术结构为核心的国际、国内多重结构；三是技术进步具有外溢效应，当私人收益和社会收益不一致时存在"搭便车"和创新失灵现象，政府要甄别出具有更强创新能力的产业，并提供相应的创新基础设施加以促进；四是就国际发展而言，技术创新能力越强的国家越富，反之则相反，国富国穷不在于"先天"要素禀赋、比较优势或地理的差异，而在于"后天"创新能力的差异。

毋庸多言，演化范式继承了结构范式关于外部经济和报酬递增机制的理论传统，强调要从产业层面探求经济发展的机制。有所不同的是，结构范式关注资本和消费之间的良性循环，新结构经济学关注要素禀赋结构变动对产业结构的影响，而演化范式强调技术创新与需求之间的循环累积因果效应。在此方面，演化范式借鉴了20世纪80年代后报酬递增研究的成果，系统地将创新的初始条件、选择、正反馈、路径依赖和多重均衡等理论应用于经济发展研究，较之于结构范式在报酬递增机制的解释上更为严谨（Arthur，1989，1990；David，1985）。在某种程度上，演化范式是"创新版"的结构范式。

在继承的同时，演化范式引入了创新租金的概念，形成了系统的创新驱动经济发展的机制性解释，超越了要素驱动经济发展的新古典范式。在理论上，演化范式把租金分成"李嘉图租金"和"熊彼特租金"两种基本类型。李嘉图租金源于他的地租理论。李嘉图认为，"地租是为使用土地的原有和不可摧毁的生产力而付给地主的那一部分土地产品"（李嘉图，1962），当耕作良田不足于满足人们对农产品的需求，劣田被用于粮食种植，导致农产品生产的劳动量和交换价值上涨，产自良田的农产品所获的超额利润即为地租。李嘉图地租是因土地稀缺性所形成的资源租，是由自然所决定的，租金大小与资源禀赋正相关。熊彼特租金源于他的创新理论。熊彼特在《经济发展理

---

[1] 斯蒂格利茨也提出过"学习型社会"的概念，强调人力资本、技术转移等对技术进步的重要性，但是还是在新古典的框架下内讨论。

论》中提出创新是"执行新的组合"（熊彼特，1990），"较之原先的组合更为有利，在此种情况下，总的收入将肯定大于总的成本"，所得利润即为企业家创新的"租金"。这种租金是暂时性的，当大量模仿型企业进入后，使得市场供给大增，创新企业的垄断利润消失时，创新租金也被耗散殆尽。熊彼特租金与创新和产业组织变动密切相关，与资源禀赋无必然联系。

简言之，熊彼特租金是企业家创新营造进入壁垒而得的超额利润，与李嘉图租金配置自然资源获利有本质差异。这种差异是演化范式与新古典范式的关键差异所在：新古典范式是关于资源配置的理论，给定技术条件、要素禀赋下李嘉图租金是有上限的，新古典范式孜孜以求的帕累托最优不过是最大限度地攫取李嘉图租金；而演化范式是关于资源创造的理论，依靠永无止境的创新实现给定资源的组合方式，可以利用熊彼特租金中打破静态均衡，推动经济发展滚滚向前。[①] 通过两种租金的区分，可以看到，基于李嘉图租金的新古典范式即要素投入驱动发展模式，而基于熊彼特租金的演化范式即创新驱动的发展模式。

1.4.2 以"经济活动质量"重新定义结构

演化发展以技术进步重新解释发展的动力机制，相应地利用技术进步的差异重新定义了"结构"。演化范式认为，一些经济活动技术进步更快，形成更高的进入壁垒，更高的垄断势力，更陡峭的学习曲线，更高的品牌溢价，更大的规模经济和外部经济，包含了更高的熊彼特租金，因而经济活动高质量更高。相反，一些经济活动接近于新古典完全竞争模型，包含的熊彼特租金更低，经济活动质量也相应更低（见图 1-1）。按定义，熊彼特租金的含量取决于经济活动质量的高低，因此一个国家的发展质量，是由其高质量经济活动占全部经济活动的比重决定。这种以经济活动质量高低重新定义国民经济结构的理论，突破了结构范式长期按照国民经济行业划分产业结构的"惯例"，具有直接且重要的发展含义。按照行业门类划分出的结构，如传统产业和新兴产业、高技术产业和中低技术产业、先进产能和落后产能等，都是以产业的技术特征加以划分的，具有工程意义，并不能有效体现产业的经济属性，或对正确认识产业结构调整的方向造成误导。例如，一些地区产业统计中，新兴产业占比不

---

① 有研究把熊彼特租金引入寻租框架，讨论了通过有效的政策安排可以将政策租金用于资助企业家创新，参见黄阳华（2011）。

断提高，甚至超过了一半，但新兴产业中包含着大量的经济活动是低质量的，[①]出现产业的核心技术受制于人与新兴产业产能过剩并存的悖论；又如，海关进出口统计中高新技术产品出口占比节节攀升，机电产品出口屡创新高，我国产业附加值低、国际竞争力弱的现象没有得到根本性改变。如果按照经济活动的质量高低重新定义发展质量，能够更精准地识别出"传统"产业中的高附加值环节、新兴产业中的落后环节、高新技术产业低附加值环节、"低端"产业中的创新环节等，便于定位各产业高质量经济活动的所在，更系统全面地找准经济高质量发展的着力点，提高产业政策在推动高质量发展中的精准度。

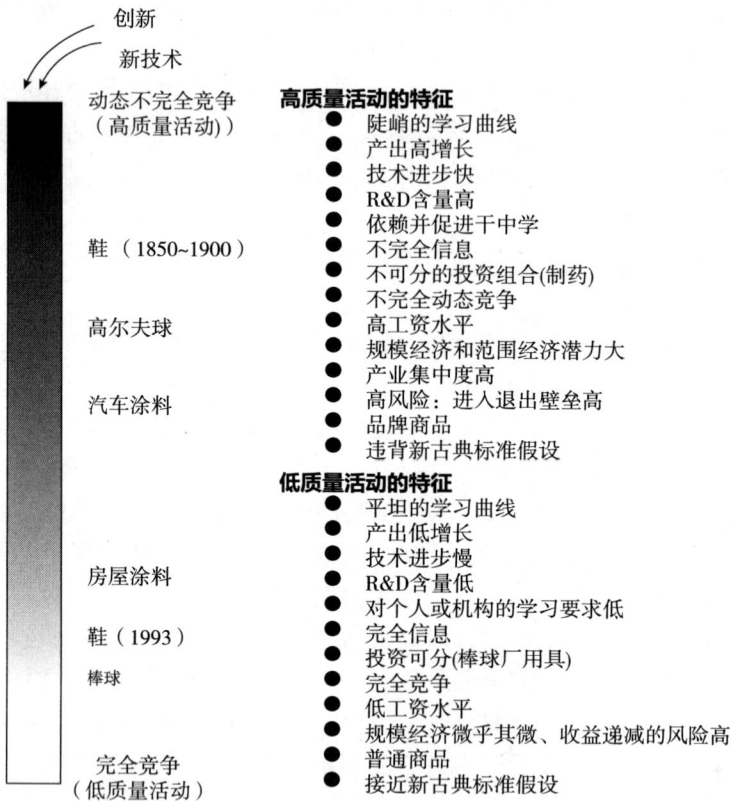

图 1-1 经济活动的质量指数

创新

新技术

动态不完全竞争（高质量活动)）

鞋（1850~1900）

高尔夫球

汽车涂料

房屋涂料

鞋（1993）

棒球

完全竞争（低质量活动）

高质量活动的特征
- 陡峭的学习曲线
- 产出高增长
- 技术进步快
- R&D含量高
- 依赖并促进干中学
- 不完全信息
- 不可分的投资组合(制药)
- 不完全动态竞争
- 高工资水平
- 规模经济和范围经济潜力大
- 产业集中度高
- 高风险：进入退出壁垒高
- 品牌商品
- 违背新古典标准假设

低质量活动的特征
- 平坦的学习曲线
- 产出低增长
- 技术进步慢
- R&D含量低
- 对个人或机构的学习要求低
- 完全信息
- 投资可分(棒球厂用具)
- 完全竞争
- 低工资水平
- 规模经济微乎其微、收益递减的风险高
- 普通商品
- 接近新古典标准假设

图 1-1 经济活动的质量指数

资料来源：Reinert（1999）。

---

① 近年来，笔者在企业调研中看到，光伏产业的硅棒加工、拉棒、切片和电池组件等都是普通的热加工和机械加工工艺。机器人产业除了伺服电机、减速器和控制器等核心部件外，大部分是通用配件。还有大量"传统"金属加工、粉末加工、纺织纤维、陶瓷玻璃、电镀电解等被纳入新材料产业统计。

　　针对现实中国家之间长期存在的发展差异，演化范式还研究了技术进步收益的两种分配方式与全球发展的关系。一种是古典方式，指技术进步提高了产品性价比，消费者获得同样商品的支出更少，或者花费同样的支出购得更多产品，技术进步的收益被全世界范围内所有消费者分享。另一种是共谋方式，指一国技术进步的收益不参与全球范围内的分配，而是以企业家创新的超额利润、工人的高工资和政府高税收的方式留在了创新国内部，对一国发展的促进作用更大。共谋方式的经典案例是福特公司的"T 型车"，今日之典型便是苹果公司 iPhone 手机。① 可见，技术进步是经济发展的必要非充分条件，真正决定一国发展质量的是技术进步收益的分配方式是古典方式还是共谋方式。这又引出了不同技术类型对经济发展作用存在差异的问题。

　　如按技术进步的分配方式对技术分类，技术进步可分为古典型技术进步和共谋型技术进步。古典型技术进步主要发生在生产工艺环节，仅提高产品的生产效率而不改变产品的特性，常见的形式是通过生产线改造提高生产的自动化水平。这种技术进步不会改变企业组织和市场结构，但会引起产品市场价格的下降。当前我国正处于"机器换人"的阶段，企业大量采用从事简单重复动作的第一代机器人，逐渐替换掉原本由人工从事的工作。这当然是一种技术进步，但更准确地讲是古典型技术进步，企业被动地采用劳动节约型技术应对工资快速上升对产品成本的负面影响，谋求价格竞争的优势。这种技术进步较易为其他竞争对手模仿，对产业和国家竞争力的影响是相对有限的。共谋型技术进步主要发生在产品创新环节，推动了企业组织方式和产业结构变化，通常伴随着较高的进入壁垒，难以被其他企业所模仿，确保企业能够依靠技术竞争而非价格竞争在市场中占据有利地位。譬如，特斯拉汽车的技术进步不在于生产制造环节的"超级工厂"——这是其他传统汽车制造商已经达到或者通过技术改进就能够实现的，而在于对汽车架构的重新定义，以及由此带来的汽车售前售后服务、消费者驾驶体验方面的创新。共谋性技术进步能够对其他经济活动产生系统性作用，包括创新型企业向员工支付更高工资意味着内需的扩大，更高的税收意味着政府在关系到长期经济发展的创新基础设施供给方面具有更强的投资能力，如投资公立研发机构、科技和商业基础设施、人力资本开发、共性技术平台等。

　　总之，演化范式通过划分技术进步收益分配方式的不同类型，提出共谋型

---

　　① 福特公司不仅从多项革新中获得巨大的收益，而且将工人的平均工资从 2.34 美元/9 小时提高至 5 美元/8 小时，消费能力增加后又将激励企业从事创新。苹果手机价值数百美元，而中国作为该手机最大的组装国，仅获得几美元的组装费，大部分的附加值回流至手机设计和核心零部件供应国。

技术进步所创造的熊彼特租金对一国经济发展的促进作用更为重要，是高质量的经济活动。在演化范式下，推动高质量发展的理论含义是推动共谋型技术进步。

1.4.3 演化范式下的国际发展

按照上述分析，如果一国主要从事共谋型技术创新活动，而另一国家仅从事古典型技术进步活动或不从事技术创新，那么国家之间的发展差距将会不断扩大。这也是在经济全球化背景下技术进步加速、从事技术创新的国家增多，但国家之间发展差异扩大的根本原因。演化范式将这种由于技术因素所引起的不均衡发展称之为"熊彼特欠发达理论"，尤其适合研究开放条件下的发展问题。

第一，如果发展中国家遵循新古典范式，按照静态比较优势参与国际分工所获得的仅是李嘉图租金，即便成功融入了全球分工体系，也会被"锁定"于低质量经济活动。一旦资源要素红利耗尽，发展中国家便失去了发展动能，或陷于贫困陷阱（如一些非洲国家），或陷入中等收入陷阱（如一些拉丁美洲和东南亚国家）。发展中国家实现赶超的关键，是通过发展高质量的经济活动谋求熊彼特租金，参与国际分工的条件是确保在开放中更有效地通过技术学习促动共谋型技术进步。制造业是技术创新的主要载体，也是熊彼特租金最为重要的来源。[①] 如果发展中国家参与国际分工出现工业化停滞甚至"去工业化"的结果，那么应该调整参与国际分工的方式，甚至拒绝这种国际分工模式。

第二，熊彼特租金来自具有高进入壁垒的创新活动，而由于知识具有默会性，必须通过自主的技术学习才能充分掌握新知识。发展中国家通过单纯依靠引进技术，或者接受国际机构提供的技术援助支持，获得的仅是给定技术下的生产能力，并不能获得适应和引领技术变化的技术能力，难以控制技术标准、技术格式、技术平台等关键技术基础设施，即使实现了技术进步也是古典型技术进步，也难以获取发展所必需的熊彼特租金。因此，相比于新古典范式把技术作为外生因素或可在国际间充分交易的"商品"，演化范式强调发展中国家应该着重加强创新能力建设，调动官、产、学、研、用、金等创新利益相关方在创新能力建设中的作用，为持续提高经济发展质量注入

---

① 这一观点也为理解金融危机后发达国家纷纷实施再工业化战略给出了理论解释，参见本书第7章。

新动能。

第三，技术演化可分为不同阶段，对应着不同的技术创新空间、科学知识、动态优势和市场潜力，因而技术机会和技术赶超的空间也有所差异。发展中国家要特别重视在新兴技术和新兴产业的早期阶段进入，才能获得熊彼特租金。一旦产业进入成熟阶段，技术赶超机会窗口将会收窄（赖纳特和贾根良，2007；贾根良，2018）。因此，演化范式强调完善国家创新体系的重要性，提高一国和产业应对重大技术变革的适应能力，及早进入高质量的经济活动，尤其是要在技术经济范式转变时抓住赶超的机会窗口（赖纳特，2005；Reinert，2007）。

综上，我们可以将演化范式的内核归纳为"创新租金、技术能力、国家体系"，即经济发展的关键在于创造和占有熊彼特租金，发展中国家的根本问题在于创新体系失灵造成技术能力积累不足，应该实施以创新导向的产业政策建设国家创新体系。[①] 这不仅来自理论洞见，还来自演化范式从产业政策史研究总结出了成功赶超的经验（Reinert，1999，2004，2008；Reinert and Daastøl，2004；Chang，2002，2006；赖纳特和贾根良，2007；赫德森，2010）。[②]

如图 1-2 所示，比较来看，演化范式与结构范式存在着较深的学术联系，而又比结构范式更为重视技术能力对发展中国家技术赶超的决定性作用，在政策上将追求规模和速度的产业结构政策调整为追求创新租金和发展质量。演化范式认为新古典范式建立在静态的李嘉图租金基础之上，即便实现了帕累托最优，对长期发展的意义也是有限的。如果发展中国家为了谋求李嘉图租金所构建的制度限制了熊彼特租金的创造，那将是得不偿失的。总之，演化范式是三种范式中的创新驱动发展范式，在创新重要性日益提高和全球创新竞争激化的时代背景下，其理论和实践价值将不断得以展现。

---

① 赖纳特提出政府在经济发展中的作用具体包括：一是引导国家进入"恰当的产业"；二是在"恰当的产业"中创造比较优势；三是提供基础设施；四是为大规模生产制定基础标准；五是培养技工和企业家；六是创造需求；七是消费高端产品；八是重视知识和教育；九是追求高工资；十是提供法律（特别是产权）体系；十一是国家作为终极企业家和资本家。

② 2007年，在英国《金融时报》上，张夏准与几位经济学家关于贸易政策展开了激烈的争论，相关评论可参见贾根良和黄阳华（2008）、束克东和黄阳华（2008）、杨虎涛和杨威（2008）。2009年张夏准和林毅夫之间的辩论可视为2007年争议的延续，参见 Lin 和 Chang（2009）。

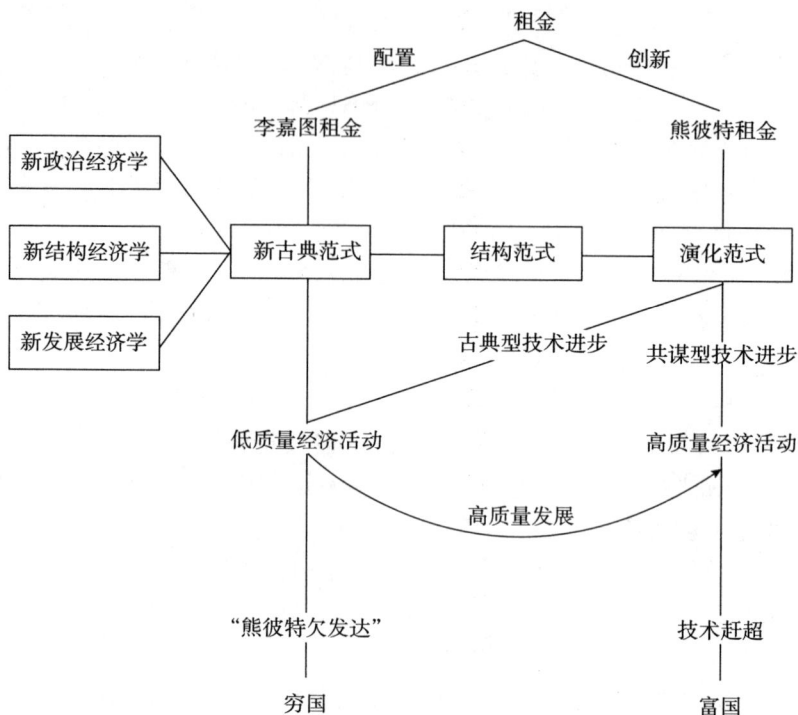

图 1-2　发展经济学三种范式的比较

资料来源：笔者整理。

1.5　面向高质量发展的发展经济学

战后发展经济学经历了三次范式转换，从主张市场失灵和政府直接推动工业化的结构范式，到主张政府失灵和恢复市场配置资源功能的新古典范式，再到主张创新失灵和建设国家创新体系的演化范式。三次范式转型不仅对我们全面认识中国创造世所罕见的经济快速发展奇迹提供了重要的理论启示，还对我国迈向高质量发展提供了的学理支持。

1.5.1 发展范式与中国 70 年经济发展

中国用几十年时间走完了发达国家曾用几百年走完的工业化历程，这一成就与我国在各个发展阶段根据社会主要矛盾的变化借鉴合意的发展范式紧密相关（习近平，2001）。

中华人民共和国成立之初，我国进行了发展体制的全面调整，包括：实施了一系列财政、商业、货币等新经济政策，全面恢复国民经济，统一全国财政经济；农村土地改革废除了封建半封建性质的土地所有制，改变了小农经济形态；改造生产资料所有制，建立了社会主义基本经济制度，有效控制了生产的无政府状态和市场失灵。这些政策和制度为加速资本积累、有计划地实施社会主义工业化奠定了经济与制度条件。从"一五"计划开始，我国提出了"大工业是建立社会主义社会的物质基础"，确立了以社会主义工业化为主体、优先发展重工业的任务（李富春，1995），通过从苏联等国引进一系列发展重点工业项目所需的技术、资本和人才，利用工农业产品价格"剪刀差"（林毅夫和余淼杰，2009），以及抑制消费等多种方式加速资本积累和技术升级，用了30年左右的时间完成了国民经济结构、产业结构、技术结构的根本性调整，在一个传统落后的农业国快速建立起独立的较为完整的工业体系和国民经济体系，为后来的一切发展奠定了必要的物质基础。这一时期我国的发展与结构范式的"市场失灵、资本积累、大推动"高度一致。[1]

改革开放后，结构范式对我国发展的影响得以延续。一是我国继续深入推动工业化进程，利用产业结构政策促进生产要素从低效率部门转向高效率部门推动经济增长（吕铁，2002，2008；刘伟和李邵荣，2002；李小平和卢现祥，2007；刘伟和张辉，2008；干春晖和郑若谷，2009；张军等，2009；金碚等，2011；干春辉等，2011），引导农村剩余劳动力向制造业转移以实现人口红利（蔡昉，2010a，2010b，2013；Cai，2012），同时在承接国际产业转移中积极利用外资和国外先进技术，使我国建成世界上门类最为齐全的产业体系和成为世界第一工业大国。二是从结构范式衍生出的产业结构演变规律和工业化进程评估（Clark，1940；Kuzntes，1980；Chenery and Syrquin，1975；钱纳里等，1989；钱纳里，1991），一直是我国经济发展研究的重要内容（郭克莎，1999，2000，2003；陈佳贵和黄群慧，2005；陈佳贵等，2006；黄群慧和李晓华，2015；贺俊和吕铁，2015；杨先明和王希元，2019），基于结构范式的日本产业政策亦对我国产业政策思路、实践和研究产生了极为重要和长远的影响。同时，在我国以调整政府与市场的关系为主线的经济体制改革中，新古典范式亦为社会主义市场经济的建立和完善提供了有益启发。一方面，我国坚持把发展作为解决一切问题的关键，不断改革国家规划和产业政策（杨伟民，2019），通过分权改革、加强市场建设、推动技术创新、升级基础设施、优化营商环境

---

① 工业在工农业总产值中的比重从1949年的17%提高到1978年的44.1%。关于结构范式对我国工业化的影响，参见吕政等（2003）。

等举措，在"市场失灵"的领域不断改进政府作用，使中国在全球发展中国家中保持长期发展潜力。另一方面，我国不断规范市场秩序，统一市场规则，促进市场竞争，建立健全产品市场、劳动力市场、资本市场、外汇市场、技术市场等各类市场，充分发挥价格、利率、税率、汇率等各种工具的作用，有效消除信息不对称性和限制利益集团寻租，使市场在资源配置中起辅助性、基础性和决定性作用。这些改革充分吸收了新古典范式对结构范式的批评。

党的十九大报告提出我国在 21 世纪中叶建成社会主义现代化强国，同时指出我国仍处于并将长期处于社会主义初级阶段的基本国情没有变，我国作为世界最大发展中国家的国际地位没有变，仍然要长期坚持发展是第一要务。同时，我们正迎来世界新一轮技术革命和产业变革同我国转变发展方式的历史性交汇期。面对"两个没有变""历史性交汇期"及世界"百年未有之大变局"等战略判断，推动高质量发展是我国的战略选择，经济学界出现构建中国特色发展经济学的呼吁（简新华，2011；冯金华和卢文璟，2016；任保平，2018；谢伏瞻，2018；周文，2019）。虽然自 20 世纪 80 年代末以来（张培刚，1989），大约每隔 10~15 年，我国都出现推动发展经济学新发展的声音，[①]且本土意识、自主意识、问题意识不断增强。但是，站在新的发展阶段，构建中国特色发展经济学要求将"创新驱动"和"高质量"作为贯穿其中的主线，以区别过往的、舶来的发展经济学，更好地服务新时代是我国推动高质量发展的需要。

1.5.2 演化范式与高质量发展的三个命题

发展经济学三次范式转换的研究表明，演化范式强调以创新为发展动力，以提高经济活动质量作为发展手段，更契合新发展理念引领高质量发展的目标（杨虎涛，2019）。此处根据我国高质量发展要解决的主要问题，从演化范式提出构建中国特色发展经济学的三个命题。

命题一：以熊彼特租金定义高质量发展的内涵。该命题要回答的是如何认识高质量发展。高质量发展指代一个新的发展阶段，高质量的要求贯穿于经济社会发展的方方面面。有鉴于工业化是我国长期发展最基本的特征，推动高质量的工业化是我国高质量发展的应然之事。过去我国在较低的发展水平，制造业比农业具有更高的效率，大幅提高制造业增加值在国民经济中的比重是提高我国经济速度的着力点。时至今日，我国已经建成了世界上最全产业门类、最

---

① 如 20 世纪 80 年代末的"新型发展经济学"，20 世纪 90 年代末的"面向 21 世纪的发展经济学"。

大制造业规模，无论是产业间还是产业内的规模增长已经难以为继，产业结构红利也在萎缩。对此，结构范式预测我国制造业增长已经过了"峰值"，经济结构调整的方向是"退二进三"。新古典范式则将给定资源的帕累托最优作为高质量的度量，不能全面反映我国高质量发展的目标。演化范式给出了完全不同的发展思路。从演化范式看，过去我国工业化追求的李嘉图租金，传统工业化面临的瓶颈本质上是要素禀赋所蕴含李嘉图租金耗尽。如果以创造熊彼特租金重新定义高质量发展，那么创新驱动的工业化是一个无止境的发展过程，即使我国完成了以规模度量的工业化，在以质量度量的工业化方面还有巨大的发展潜力，可为高质量发展注入新动能。因此，未来我国高质量发展不是"去工业化"或"过早去工业化"（黄群慧等，2017；魏后凯和王颂吉，2019），而是要跳出以产业门类实施选择性产业政策的"惯例"，转向实施以创新为内涵的产业政策，通过完善创新基础设施和环境，着力解决制造业原始创能力不够、部分核心关键技术受制于人的问题，提升制造业技术进步对提升附加值和国际竞争力的支撑作用，特别是通过推动制造业的智能化带动国民经济体系的智能化（贾根良，2013，2016）。

命题二：以技术能力作为熊彼特租金的基础。该命题要回答的是如何创造熊彼特租金。熊彼特租金驱动高质量发展要求不断积累选择、获取、生产和应用技术知识的能力。对于如何积累技术能力，我国一直存在引进创新和自主创新的争议。随着我国对外开放水平的不断提高，以及中美贸易摩擦在深层次上是科技竞争，科技"脱钩"的风险使得这一争议日益尖锐。在新古典范式下，引进创新和自主创新的选择取决于二者的相对成本收益：技术创新成本高、风险高，我国应该利用发展中国家的"后发优势"，通过技术模仿和技术引进低成本、低风险地加速技术变迁，谋求比发达国家更快的经济增长并最终收敛到发达经济（林毅夫，2003；林毅夫和张鹏飞，2005；黄阳华和吕铁，2020）。而在演化范式下，两种手段的选择不在于经济计算，而在于如何应对更有效地促进技术能力的积累。以积累技术能力为目标，引进创新与自主创新本事都不是目的，而是技术能力建设的手段，二者并非绝对的非此即彼的关系，而可以是相辅相成的关系。例如，我国高铁在独立研发阶段积累的人才和本土技术能力，是快速吸收消化引进技术的基础；引进国外成熟制造技术又为提升本土高铁技术能力、构建产品开发平台和培育本土产业链奠定基础。我国是在加快构建更高水平开放型经济新体制下推动高质量发展，应该立足自主创新，同时善于利用引进技术提高自主创新效率（江小涓，2004），实现最高效率的技术赶超。

命题三：技术能力的积累依赖于构建高标准创新体系。该命题要回答的是如何提高技术能力。积累技术能力要通过技术学习，而技术学习的效率依赖于相应的制度安排。这要求我国从过去以最大限度攫取李嘉图租金为目标的发展体制,向最大限度创造熊彼特租金的高质量发展体制转型。为此,要通过完善国家创新体系解决基础研究、技术创新和扩散中的创新失灵的问题,在基础制度层面统筹创新型国家建设、工业强国建设、科技强国建设等国家战略;推动产业政策向创新政策转型,最大限度发挥公共科技资源的引领作用,解决市场失灵问题,促进各类创新主体良性互动。特别是新一轮技术革命和产业变革将带来技术经济范式的转变,国家创新体系建设要在具有高进入壁垒、高附加值的核心关键技术领域取得突破,协同推进核心要素、基础设施、先导产业和产业组织变革等。[①] 这不仅要求传统产业在工业基础能力方面"补课",提升已有经济活动的质量;也要求在制造业智能化发展进程中掌握数字技术和新型基础设施(如人工智能、5G 网络、云计算、区块链等)的核心能力,创造高质量的经济活动。

自"罗森斯坦—罗丹之问"提出近 80 年来,经济发展思想灿若星河。可以预见,在世界百年未有之大变局下经济发展机制、政府与市场关系、全球发展治理等基本问题还将继续争议下去。限于篇幅,仅对部分代表性文献进行了梳理比较,在广度和深度上难免存在疏漏。希望提出的面向我国高质量发展的基本命题,能够为构建中国特色发展经济学带来一定启发。

---

① 见本书第 7 章。

第2章

熊彼特重商主义及其当代意义

2.1 引言

19 世纪德国新历史学派代表人物斯穆勒（Gustav Schmoller）所著的《重商主义及其历史意义》，立足这本小册子，往后看是重商主义在民族国家国民经济建设中所起的历史性作用；往前看，当今世界国与国之间的经济利益乃至发展体制的冲突远未消失，经济全球化遭遇挑战，形成于前全球化时代的重商主义经济思想，对认识世界百年未有之变局仍有价值。

2008 年，全球金融危机至今已 12 年，全球贸易和投资复苏仍然疲软。根据世界银行的统计，2008 年之前的十年间全球商品贸易增长 2.94 倍，之后的十年间仅增长 1.21 倍。2018 年全球外商直接投资净流入和净流出尚未恢复至危机前水平。全球复苏乏力，对经济全球化和开放型世界经济带来了威胁，再加上突如其来的新冠肺炎病毒"大流行"，全球范围内保护主义、孤立主义和民粹主义思潮抬头，不仅让"重商主义"一词重回公众视野，而且日益频繁地出现在国与国交往当中。典型的便是 2018 年 3 月 22 日美国贸易代表办公室发布"301 调查"报告，指责中国实行重商主义政策对美国高技术产业构成实质性威胁。其后，2018 年 5 月、7 月中美两国常驻世贸组织代表的两场论战中，就美国大使称中国为世界上最为保护主义、重商主义的经济模式，中国大使给予了针锋相对的驳斥。在更为通俗的观点中，中国贸易顺差和外汇储备持续增长的现象，被一些观察者作为中国推行重商主义政策的证据。颇为讽刺的是，美国当局一方面称中国是重商主义，另一方面时时刻刻处处把"美国优先"挺在前面，后金融危机的时代产业政策回归 19 世纪的"美国学派"，在贸易、产业和技术领域实施干预措施，与诸多国家频频发生摩擦。为此，著名经济学家罗伯特·巴罗将特朗普当局的经济政策称为"重商主义烂摊子"（Barro，2019）。而在更早的时候，特朗普尚在竞选美国总统时，《纽约时报》便称其欲为重商主义"招魂"。①

一个指责他国为重商主义的政府，反被贴上重商主义标签。这一"怪象"至少反映了两个情况：时至今日"重商主义"仍然是一个贬义词，以致相关讨论中各方毫不吝惜将这一标签"送给"对方，为己方抢占道德高地和话语权；在不同语境下，重商主义具有多重含义。例如，美国认为中国政府根据自身发展需要所实施的产业政策是重商主义，中国探索建立的社会主义市场经济体制是重商主义模型；巴罗则认为特朗普当局想方设法消除对华贸易逆差是重商主义旧思维，对外挑起贸易摩擦并没有建立在"正确的"理论和事实之上；《纽约时报》成特朗普的重商主义，是与 200 年的正统经济学为敌。

那么，到底什么是重商主义？有几个"版本"的重商主义？各版本重商主义的经济思想根源是什么？重商主义对认识当今世界体系又有何价值？试从经济学说史的视角加以探讨。

2.2　重商主义的起源和分岔

任何一种经济思想的形成和发展，离不开所处的时代背景。重商主义经济思想主要受到三方面因素的影响。一是 14~16 世纪的欧洲文艺复兴运动打破了经院哲学的思想禁锢后，劳动致富、创新致富的思潮渐成社会主流思潮，商业社会和新兴的中产阶级迅速成长。重商主义经济学密切关注同时代现实世界的变化，因而具有强烈的"入世"精神。二是"大航海"和地理大发现勾勒了最初的世界体系，全球贸易、贵金属和商业资本快速增长和流通，欧洲加速从传统社会向现代社会转型，经济上向资本主义经济转变。重商主义是对这些历史性"巨变"的理论回应。三是神权和宗教控制力下降，新生的西欧民族国家孜孜以求对内建立统一的国家体系，对外谋求民族独立自强。重商主义服务于这一需要，因而在不同国家有不同的形态，如德语区官房学派（Kameralismus）和法国柯尔贝尔主义（Colbertism）等。

---

① 参见 https：//www.nytimes.com/2016/03/11/us/politics/-trade-donald-trump-breaks-200-years-economic-orthodoxy-mercantilism.html.

重商主义经济思想来自欧洲国家富强竞赛的经典案例。"新大陆"被发现后，美洲殖民地的金银源源不断流入西班牙。但是，这些财富不仅没有转化为产业发展所需的资本，反而引发了严重的通货膨胀，造成西班牙原本具有竞争力的产业（如丝绸和冶金等）衰落的去工业化现象，日益依赖进口制成品，造成贵金属大量流出。同时，财富脱离产业还造成金融投机和钱权交易之风盛行。相反，荷兰、威尼斯等地区既不拥有金融矿藏，也没有占据外地金银矿，却因制造业强盛而不断积累财富。以荷兰为例，在航海业的带动下诸多新产业和新知识涌现出来，而且不同经济活动的知识溢出形成了协同效应，如服务于航海的玻璃透镜加工业和制图业融合了科学和艺术等多领域的知识，产生了持续的内生增长动力。

基于这些观察和认识，欧洲出现了一批主张制造业富国的思想家、知识分子和官僚。除了当代经济思想史中作为代表人物的托马斯·孟、杜尔阁、科尔贝尔等英法重商主义代表，当时意大利、德国、奥地利、瑞典等国的重商主义者具有很大的影响力，如博德罗（Giovanni Botero）、塞拉（Antonio Serra）、康孟培（Tommsaso Cammpanella）、简罗伟（Antonio Genovesi）、贝尔赫（Anders Berch）和霍尼克（Philipp von Hornick）等。根据赖纳特和赖纳特（2007）的考证，这些重商主义者以不同方式表达一个共同的观点：金山银矿虽能造就一时富有，但制造业和分工才是一国财富之源。因语言的缘故，这些重商主义者在英语世界的影响很小。在中文文献中，1985年商务印书馆出版的《早期经济思想——亚当·斯密以前的经济文献选集》，收录了部分代表性重商主义者的论述（门罗，1985）。因此，当代关于重商主义的简介，建立在较为有限的论著基础之上，难免存在偏见。下文将分别概述两种重商主义。

归纳起来，在漫长的历史演变中，重商主义分化成理论和政策各异的两支，是当今多个版本重商主义的经济思想根源。一是斯密重商主义，其要义如重商主义的字面意思，认为重商主义是在贸易和货币领域谋求国民财富，核心观点是一国谋求贸易顺差以积累贵金属，因而习惯上被称为重金主义或货币主义。二是熊彼特重商主义，认为重商主义的核心是在生产和实体经济中追求国民财富和国家竞争力，习惯上也被称为重工主义或工业主义。到17世纪末，熊彼特重商主义成为重商主义的主流。下面分别介绍两种重商主义的主要学说。

2.3　斯密重商主义

法国重农学派经济学家布阿吉尔贝尔最先对重商主义提出了批评，而亚当·斯密在吸收借鉴重农学派经济思想的同时，继承了这些批评（Magnusson，

1992），因而是将重商主义定位于贸易差额论者、重金主义者的始作俑者（熊彼特，1991）。鉴于斯密在古典政治经济学和新古典经济学传统中具有崇高地位，他对重商主义的评价在很大程度上是重商主义在正统经济思想史上的"定论"。因而，将"正统"经济思想史中的重商主义称为斯密重商主义。斯密对重商主义的批评产生了长久影响，是今天"重商主义"一词具有贬损色彩的思想史根源。

斯密在《国富论》中用大量篇幅论述重商主义的根本错误在于两个"混淆"（斯密，2004）：混淆了货币积累与国民财富增长，混淆了商人利益与国家利益。斯密对重商主义经济思想的评价基准，当然是他的劳动价值论和分工理论。他认为，国民财富是一国一年的劳动产品，源泉是劳动分工发展的收益；一个国家中从事生产性劳动的人口比重越高，社会总产出也越多；增加生产性劳动依赖于国民收入中资本的积累，因此国民财富的增长最终取决于资本积累。在斯密看来，贵金属货币除了交易、贮藏的功能，本身也是一种具有价格的商品，通过对外贸易所积累的金银价值会因供求变化而波动，不一定形成资本积累，因而外贸顺差不等于国民财富的增长。因此，斯密批评重商主义者视贵金属为财富，是将商人的财富观与国民财富相混淆，是建立在"错误的"价值论、生产论和货币论上。一些商人为了从贸易顺差中获利，主张国家实行奖励金、退税和通商条约等重商主义政策，是商人的生意经与国家政策相混淆。所以，自斯密之后，重商主义被视为"通过贸易顺差维护特殊利益集团的政府干预主义（dirigisme）政治经济学"（Magnusson，2004）。

然而，斯密对重商主义的批评存在明显局限性。在第一个混淆方面，斯密只是选择性地批评了少数早期重金主义者的观点，因为诸多重商主义者明确反对将贵金属与财富画等号（霍尼克，1985），甚至英国重商主义代表人物托马斯·孟已经认识到国际贸易具有互惠性，突破了早期重商主义者将总财富视为零和博弈的狭隘认识（孟，1981；Wiles，1974）。德国历史学派先驱李斯特指出斯密对重工主义避而不谈，将贸易差额论强加于工业主义，完全脱离英法重商主义的实际（李斯特，1961）。20世纪30年代，维纳（Jacob Viner）从货币功能的角度，指出斯密对重商主义的批评仅适用于第一代重商主义（1620年之前），而第二代重商主义（1620年之后）认为金银还具有调剂国库和资本深化等多重功能，贸易顺差是没有金银矿藏的国家（如英国）积累资本的唯一手段，不能将重商主义者追求贸易顺差的主张简单化为积累财富。熊彼特在《经济分析史》中支持了李斯特和维纳对斯密选择性批评重商主义的错误，认为斯密在将重商主义树为"坏榜样"方面起了带头作用（熊彼特，2001）。当代重商主义者Magnusson指出，"从托马斯·孟到爱德华·米塞尔登，大部分论者认为粮食、工具、商品或奢侈品等是财富的存在形式。虽然一部分人指出一国拥有足够的货币对经济增长和国民财富具有重要意义，但这绝不是将货币与财富画等号"（Magnusson，2004）。简而言之，大部分重商主义者将通过贸易顺差积累金银视为增加国民财富的手段，而斯密重商主义则将其设定为目标加以批评。

在第二个混淆方面，20 世纪中期后一些学者将历史上的重商主义放置在宏观制度变迁当中，使用寻租和利益集团等概念发挥了斯密对重商主义混淆了商人利益与国家利益的批评（Baysinger et al.，1980；Ekelund and Tollison，1981，1997）。他们认为，重商主义假设存在贤德的独裁者或中央计划者，为了国家建设而追求从贸易顺差积累财富的观点，不符合理性经济人的假说（Ekelund and Tollison，1997），提出在英国、法国和西班牙等重商主义盛行国家，商人、贵族、法官和公众都是制度变迁中的利益集团，围绕政府特许经营权的授权展开寻租活动，重商主义贸易差额论不过是利益集团为一己私利而寻租的"副产品"，无关乎国家利益和国家建设，重商主义只是一个寻租社会。经济史学家比较了英法两国重商主义寻租社会存续时间与经济发展的关系。在英国方面，17 世纪 40~80 年代的内战和"光荣革命"后实行"君临国会"（King in the Parliament），剥夺了国王授予特许经营权的权力。在此之前，商人向王室少数人寻租即可获得特许经营权，寻租成本较低；在此之后，商人需要游说多数议会成员才能获取特许经营权，寻租成本显著上升，推动重商主义制度逐渐向市场经济转变。法国直到 1789 年大革命才推翻了君主制，重商主义寻租社会的延续时间更长，被认为是迟滞法国资本主义经济发展的重要制约。这一视角得到寻租理论开创者图洛克的支持，提出英国政治制度改革提高了寻租成本，抑制了寻租活动，是工业革命在英国完成的重要制度条件（Tullock，2005）。

2.4 熊彼特重商主义

虽然斯密重商主义在正统经济思想史上饱受批评，但在指导民族国家对内构建国民经济体系、对外提升国家竞争力方面的历史贡献则恰恰相反。从"自然"农业经济转向制造业，不仅是生产过程的变迁，更是经济社会制度的重构。重工主义认为，制造业产品的高附加值来自高进入壁垒，如高额的固定投入、熟练的技术工人、重要的生产工具、复杂的知识基础等，民族国家之间的富强竞争可具体化为营造与绕开制造业进入壁垒的博弈。这一通过创新营造进入壁垒获取租金驱动发展的思想，与熊彼特的经济发展理论颇为一致，因而被称为熊彼特重商主义，在经济和制度领域迥异于斯密重商主义。

2.4.1 前工业化时代的工业化理论

如前文所言，重商主义起源于欧洲民族国家生产方式和经济结构现代化的过渡期，对熊彼特重商主义经济思想具有重要影响，核心观点如下：第一，相比于报酬递减的传统农业，制造业具有报酬递增性，制造业发达的国家普遍更为富强。这一观察使得重商主义者认为，进口原材料、出口制成品的贸易结构是有利的，相反进口制成品、出口原材料的贸易结构是不利的，最终制成品之间的贸易对所有参与国而言都是互惠的（赖纳特和赖纳特，2007；李斯特，1983）。这背后的原理直接明了：相对于原材料，工业制成品附加值更高，一国进口原材料、出口制成品可以攫取附加值，还实现贸易顺差和积累国民财富。因此，熊彼特重商主义并不是就贸易而谈贸易，而是从生产领域思考贸易问题。第二，制造业代表着更高的分工水平、更长的产业链、更多的中间产品、更多的就业，能够带动大规模的人员聚集。城市繁荣又促进了经济、政治和文化的现代化，这对制造业的升级具有持续的推动作用。第三，发展制造业可以扩大税基，增加政府税收，为国防、科教、公共设施、社会福利等公共事业的发展提供财力支持，对国民经济和社会福利产生系统性影响，这对新兴民族国家建设尤为重要。

可见，熊彼特重商主义不同于斯密重商主义，跳出了在贸易和货币领域看待国家发展的局限，与重农学派和古典政治经济学都认为财富（价值）来自劳动生产，而贸易是实现财富的手段，都不认同单纯的贸易立国。熊彼特重商主义与重农学派的分歧在于是农业立国还是工业立国，与古典政治经济学的分歧在于制度层面是干预主义还是自由主义。对此，下文再作说明。若对比重商主义经济学与第二次世界大战后形成的第一代发展经济学，可以发现虽然大部分重商主义者没有经历过第一次工业革命，其经济思想还处于分析前阶段（熊彼特，1950），而战后发展经济学则来自对工业化国家发展经验的理论总结，除去产业和技术形态的历史性差异，熊彼特重商主义和战后发展经济学的理论范式是高度一致的，都认为制造业分工细化所带来的报酬递增是经济增长的主要动力，发展制造业是实现现代化的主要机制，故可将熊彼特重商主义视为前工业化时代的工业化理论。

2.4.2 建立与制造业发展相适应的制度体系

在从封建社会向资本主义社会转型的过程中，制造业的发展必须得到一系列新制度的支持。熊彼特重商主义主张并建立的制造业发展支撑制度，集中体现在四个方面（见表 2-1）。一是专营制度，旨在为新发明提供一定期限的法律保护，免于被追随者过快模仿耗尽创新租金而抑制企业家精神。在此方面，斯密重商主义传统下将重商主义视为寻租社会，仅关注给定资源（如国家垄断经营权）在不同社会群体之间的转移，没有考虑对经济发展至关重要的创新（如新发明、新技术、新产品等）租金的创造，因而没有全面把握重商主义制度的内涵。二是实施幼稚产业保护制度。一些因经济或制度的原因而发展落后的国家，难以与发达国家制造业竞争，需要通过保护性关税对民族产业的起步给予一定期限的支持，如 19 世纪美国崛起时曾长期实行高关税壁垒和德国李斯特主义经济学（贾根良，2010，2011，2017）。三是对上游关键技术、工具和技术工人的培养和争夺，对外国竞争对手实施技术压制和产业链控制。如下文所述，英国在崛起过程中多次立法严厉限制机器和技术工人的出口，又如俄国彼得大帝时期大量从国外延揽技术人才。四是对下游市场和流通渠道的控制。在当时的世界体系下，最典型的便是宗主国将殖民地变成原材料产地和商品倾销地，限制殖民地及其他落后地区发展民族工业。

表 2-1　熊彼特重商主义制度与政策

制度	政策类型	观点 / 实践
专营制度	对发明的鼓励和支持	培根："为每一个做出贡献的发明家立像，并给予慷慨和荣耀的报偿"
		沃尔夫："禁止嘲笑发明家"
	给予发明专利保护（15世纪威尼斯）	表明对新知识的垄断问题有了深思熟虑；将公立制造业设为"学习场所"
	补贴新兴产业中的企业	舍拉：行业门类的多寡，是解释城市财富的关键因素
	对引进新技术的企业提供税收减免和补助	亨利七世年间得以系统运用
		奖励引进技术工人
幼稚产业保护	对进口制成品征税，同时鼓励国内竞争	机器被视为新知识的代表者。这一措施使资本和劳动最大化地流向那些使用机器而非人力进行生产的活动
	对出口原材料征税	保证国内制造业比外国竞争者获取廉价原材料

续表

制度	政策类型	观点 / 实践
技术领先	建立科学院	培根："所罗门宫"*
		莱布尼茨：倡议柏林、维也纳和圣彼得堡建立科学院
	新知识的扩散 / 教育	培根："具有贡献的杰出发明应给予公开"
		沃尔夫："德意志民族的教育家"
	建立职业学习系统	英国：始建于伊丽莎白一世年间（1558~1603 年）
	对技工实行出境管制	威尼斯：专业技工出境可判处死刑
	禁止机器出口	英国：直到 19 世纪 30 年代才取消该禁令
		德国：莱布尼茨和沃尔夫的呼吁起了作用
市场控制	禁止在殖民地采用机器	至今一些欠发达国家仍存在类似政策，如海地专业化于尚未机械化的经济活动

注：*"所罗门宫"是培根在其名著《新大西洋岛》中所设想的综合性科研机构。

资料来源：赖纳特和赖纳特（2007）。

可见，只有把这些重商主义制度综合起来看，才能发现重商主义不是简单地用保护主义、干预主义就可以概括的，而是为推动制造业发展构建了一个包括政府在内的多主体制度体系，其中相当部分的制度，如知识产权保护、公立科研机构和职业培训等，至今仍在发挥不可或缺的作用，被视为国家创新体系的重要支柱。颇为讽刺的是，知识产权保护和幼稚产业保护都是重商主义的制度"发明"，但前者因有利于维护产业领先者的利益而得以不断强化，用于限制追赶者的技术升级；而后者因不利于产业领先者的利益而被污名化和严格限制，限制发展中国家使用。可见，在一些论战中称对方为重商主义，不过是一种由国家发展水平和国家利益所决定的策略性行为。

以今日之眼光看，上述熊彼特重商主义制度不过是"常识"，但在重商主义所处的时代，新生的欧洲民族国家尚未完成政治经济上的统一，建立这些制度必须借助强大的中央集权体制。在一些经济史学家看来，广义的重商主义是一门关于民族国家治理体系建设的学说。在此方面，以开篇所引《重商制度及其历史意义》一书为代表。施穆勒（旧译斯莫拉）认为历史上政治经济大发展的时代，都是经济组织与政治秩序相得益彰的时代（斯莫拉，2016）。西方历史上先后经历了乡村、市镇、属地和民族国家四个组织，对应地出现乡村经济、市镇经济、属地经济和国民经济四种形式。在民族国家形成之前的属地阶段，"地理上的形势和疆界的划分，大有阻碍于它们的发展"（斯莫拉，2016），故属地经济的发展面临瓶颈。民族国家形成之后，经济发展必须打破封闭的属地经济，促进区域间产业分工和贸易发展，建成国内统一市场和财经体制，建立统一的度量衡、货币、信用、邮政、交通、金融、保险、出版、教育培训，以及统一的法令保障国内自由、便利运输（斯莫拉，2016）。重商主义的历史意义，就是在从割裂的属地经济向统一的国民经济转变进程中的过渡性政治经济体系，以国家政策统领各自为政的城邦和地方政策。因此，施穆勒论述中的重商主义，不是货币理论或者贸易差额论，不是保护政策或者航海条例，而是倾一国之力服务全社会利益，包括法国重商主义和李斯特的关税保护是以国家力量"屏蔽"外界的一种形式。他还指出普鲁士面临的主要任务，是在国内实现改良和统一、转变属地经济为国民经济，对外实现重商主义制度的体系化，以及以统一的内政与国外政策相辅而行（斯莫拉，2016）。

总之，熊彼特重商主义还是一个确保国家实现长期发展的治理体系，目的是构建起推动国家崛起和保持领先的"举国体制"，完全不同于斯密传统下的"寻租社会"，而是现代社会和当代发展型政府的雏形，对更为准确地认识"大国崛起"之道更具启发性。可以简单对比西欧重商主义与中国国家制度史，可以更清晰地看出熊彼特重商主义的历史意义。西欧重商主义兴起的时代与中国战国时代颇为相似：各国纷纷进行国家制度建设，国与国之争也是各国制度的竞争。按照 Huang（2018），秦国的商鞅变法建立统一的法制、郡县制、盐铁专营制，统一度量衡，推行"书同文、车同轨"，改进运河和灌溉系统等，是一个重商主义的制度建设过程，对秦国统一全国、中国国家治理史和当代中国发展产生深远影响。一些发展中国家（如印度）至今仍处于重商主义制度建设的过程当中，是经济发展相对缓慢的制度性原因。

2.4.3 英国重商主义史

虽然亚当·斯密及其追随者对重商主义有诸多批评，但是英国在数百年的发展史中却是重商主义最为忠实的信徒和最为热情的实践者，体现了强烈的"英国优先"立场。表 2-2 列出了自 1485 年英王亨利七世即位以来重商主义政策的变迁，主要体现在三个方面。一是选择性产业政策。英国从 1489 年开始将羊毛加工业选定为重点扶持的产业，长期禁止羊毛出口和进口羊毛制品，禁运、禁售羊毛织物替代品（棉、丝、麻等）等，打击羊毛加工业的竞争对手。经济史学家兰德斯提出，英国《印花布法》的本意是保护本土毛纺业，但羊毛不如棉花易于处理，纺织机械的技术进步首先在棉纺织业上得以应用，间接推动了英国工业革命（兰德斯，2007）。二是保护性贸易政策。1721 年之后，沃波尔首相将工业立国上升为国家战略（Chang，2008），通过调节制造业进出口关税、出口补贴和提升出口工业品（特别是纺织品）质量等方式支持制造业发展。[①] 即便到了 1820 年，英国制成品的平均关税税率为 45%~55%，而低地国家为 6%~8%，德国和瑞士为 8%~12%，法国为 20%（Chang，2008），是欧洲关税壁垒最高的国家。斯密在《国富论》中批评重商主义，但是又认为重商主义的《航海法》也许是所有通商条例中"最明智的"。李斯特认为，英国每一项工业技术都是模仿欧洲大陆国家，并在技术的产业转化时提供关税保护（李斯特，1983）。三是垄断性技术政策。英国长期实行限制技术工人、机器、工具和关键原材料对外输出的限制性政策，防止竞争对手技术升级，对英国领先地位构成威胁。

Ormrod 还对比了 17 世纪中期到 18 世纪中期英国和荷兰的竞争，认为重商主义是荷兰与英国世界经济霸权竞争结果的重要原因。认为英国日益高效、集中的财政工具，为权威政府采取行动和推动经济转型提供了有力支撑（Ormrod，2003）。而本来就弱小的荷兰联省共和国联邦政府，在两国竞争的后期日益反而更为弱化，"施穆勒所呼吁的、谋求国家统一和权威的重商主义，几乎就没有在荷兰出现过"（Ormrod，2003）。弗里曼（2007）认为英国工厂生产、资本积累和专业化分工产生的规模经济，是击败其他城邦创新体系的关键。需要指出的是，英国重商主义政策史表明，重商主义包含了自我毁灭的因素。一旦一国通过重商主义政策实现国家发展和国际竞争力之后，能够从自由经济中获得更多的剩余，那么反对重商主义的利益集团的势力将上升。如 1860 年英国完全获得世界经济的霸权地位之后实行自由贸易。但是，当一国利益面临外部挑战时，实行自由经济的国家很可能回归重商主义体制，同时限制竞争对手采用重商主义体制，即所谓的"踢掉梯子"（李斯特，1983）。

表 2-2　英国主要重商主义政策

时期	政策	目标与成效
伊丽莎白一世 （1558~1603 年）	1587 年法令	完全禁止羊毛出口
斯图亚特王朝 （1603~1649 年， 1660~1714 年）	1615 年枢密院法令	务必以英船运输进口自地中海的货物
	1622 年枢密院法令	务必以英船运输进口自波罗的海的货物
斯图亚特王朝 （1603~1649 年， 1660~1714 年）	1651 年《航海法案》	务必以英船或殖民地所有、所造船只运输殖民地货物（引发 1652~1654 年英荷战争）

---

① 这些政策在"二战"后日本、韩国和中国台湾等国家和地区也普遍实行过。

续表

时期	政策	目标与成效
斯图亚特王朝（1603~1649年，1660~1714年）	1654 年《威斯敏斯特条约》	荷兰被迫接受英《航海法案》[①]
	1663 年《大宗产品法案》	母国给予殖民地保护，殖民地给予母国贸易优势，如作为商品和原材料市场
	1672 年《谷物法》	保护本国农业
	1699 年《羊毛法案》	禁止进口殖民地的羊毛制品，挤垮爱尔兰羊毛业的竞争力，压制美洲殖民地的毛纺业
	1700 年国会法案	禁销印度棉布
	1703 年《麦修恩条约（修订）》	葡萄牙出口至英国的酒类、英国出口至葡萄牙的纺织品互免关税，打击葡萄牙产业和农产品
	1719 年法案（1825 年废止）	禁止技术工人外流
	（1721 年沃波尔首相实施重商主义政策改革，明确以提升制造业为目标）	
	1721 年《印花布法》	禁止进口和私人销售印度、中国的棉布
	1732 年法案	针对美国强大的海狸毛业，禁止殖民地出口帽子
	1750 年法案	禁止毛织和丝织业出口
	1774 年法案[②]	禁止棉织和麻织业机器出口
	1785 年《工具法案》	禁止许多不同类型的机器出口，同时还包括禁止以收买手段招募技术工人
	（1776 年亚当·斯密发表《国富论》提倡自由贸易）	
工业革命时期（1760~1830年）及以后	1815 年通过新的《谷物法》	提高对农业的保护力度
	1846 年取消《谷物法》	降低劳动成本和让其他国家专业化于农业
	1849 年废除《航海法》	—
	1860 年取消所有贸易和关税限制	—
	1903 年成立关税改革同盟	—

注：①《航海法案》的主要内容还包括：政府指定某些殖民地产品只准许贩运到英国本土或其他英国殖民地，包括如烟草、糖、棉花、靛青、毛皮等；其他国家的制造产品必须经由英国本土，不能直接运销殖民地；限制殖民地生产与英国本土竞争的产品，如纺织品等。②1881 年修订了该法案，"将'工具和器皿'这一措辞改为'任何机器、发动机、工具、印刷机、纸张、器皿、用具等一切'"（张夏准，2007。

资料来源：根据李斯特（1983）、张夏准（2007）、赖纳特和赖纳特（2007）、Chang（2008）和谭崇台（2008）整理。

2.5　两种重商主义的当代意义

斯密开创了将重商主义限定在贸易和货币领域的传统，认为重商主义对外谋求国际贸易顺差，对内寻租政府特许经营权的交易，在经济层面脱离生产和实体经济，在制度层面主张政府干预破坏市场运行，是自由经济的对立面。斯密重商主义在经济思想史上一直处于"正统"地位，自然成为主流经济学和大众媒体评价的一个观点、政策乃至体制是否是重商主义最直接、最流行的基准。

斯密重商主义有助于辨析当今一些流行观点的思想起源及弊端。第一，中国连续多年实现贸易顺差和外汇储备增长，被认为是重商主义（重金主义）和贸易差额论；社会主义市场经济具有发挥市场在资源配置中起决定性作用与更好地发挥政府作用的两重性，被认为是国家干预主义的代表；中国在关系国计民生的领域保留国有企业，被认为是政府垄断特许经营权的当代"翻版"。这些观点与斯密在200多年前批评重商主义的两个"混淆"并无本质区别。对此，论述了即便是在200多年前斯密所生活的年代，斯密对重金主义、贸易差额论的批评就回避了国家之间产业结构差异对贸易的因素，更何况今日全球产业链分工高度发达，产业内贸易乃至产品内贸易已经成为国际贸易的重要形式，贸易统计上顺差、逆差不能直接等同于一国得失，而是要看产品附加值的分配，美国在此方面是全球化的大赢家。将中国称为重商主义的观点，在经济思想上带有斯密重商主义的狭隘和偏见。

第二，在斯密重商主义视角下，特朗普当局将美国对华贸易逆差，看作是美国工人、农民和企业的损失，试图分批次对进口中国的商品加征关税消除贸易逆差。这一认识和做法才是典型的重金主义、贸易差额论，更是以商人的"生意经"等同于国家利益，反而完全符合斯密重商主义传统的两个"混淆"，不可避免地被主流经济学家和媒体称为重商主义。由于斯密重商主义回避了生产与贸易的关系，特朗普挑起贸易冲突和加征关税的政策，不仅难以解决美国国内产业发展的深层次问题，而且还将给经济全球化带来深重的负面影响。

熊彼特重商主义跳出了斯密重商主义的局限和偏见，强调要在生产领域探寻一国经济发展之道，是一种前工业化时代的工业化理论，蕴含着诸多战后发展经济学的核心思想。熊彼特重商主义为了促进一国制造业发展所建立的制度体系，以及为推动重商主义制度建设而推崇的国家体系建设，至今仍在广泛地发挥作用，因而具有重要的当代意义。

一是在经济层面，熊彼特重商主义有助于认识产业与贸易内在关联性。在熊彼特重商主义看来，两国之间的贸易状况是两国产业结构和竞争力的反映，斯密重商主义就贸易而谈贸易不能把握经济发展的本质。中国顺应经济全球化的潮流，积极参与全球产业分工体系，凭借要素成本优势、持续推动产业升级和优化营商环境，是长期实现外贸顺差和外汇储备增强的主要原因，是全球产业和贸易体系发展的结果。面对经贸摩擦，我国应以基于生产的熊彼特重商主义，应对基于贸易的斯密重商主义，坚定不移地推动产业创新发展。

二是在产业政策层面，熊彼特重商主义有助于认清重商主义政策批评的本质。梳理了代表性重商主义制度和英国重商主义政策史，可以清晰地看出当代与产业发展相关的政策，几乎都可以找到其重商主义根源，当代几乎每个国家都在主动运用或被动接受外部施加的重商主义政策。在经济思想史的视角下，一些国家批评和限制其他国家采用符合本国制造业发展所需的重商主义政策，同时选择性使用对己方有利的重商主义政策（如知识产权保护和公共研发资助）。因而，不可能在国家层面划分是否是重商主义。这些言行更像是美化、强化对自身有利的重商主义政策，丑化、弱化对自己不利的重商主义政策，在获得政策实惠的同时占有道德高地。对此，我国应该坚持实用主义原则，以是否是有效解决产业发展面临问题的有效工具，作为是否使用产业政策的依据，而不因受到产业政策"标签化"的束缚。当然，在产业政策转型中必须处理好与竞争政策和国际规则的关系，减少产业政策的负面作用。

三是在发展模式层面，熊彼特重商主义有助于认识推动国家治理体系和治理能力现代化与推动经济高质量发展之间的关系。广义的重商主义是关于国家制度建设的学说，追求政治与经济相统一的国家体系，主张运用国家权威清除阻碍经济发展的利益集团，建立起与经济现代化相适应的新制度。因此，在熊彼特重商主义视野下，每个国家的实际情况不一样，在现代化进程中应该根据自身发展实际选择经济制度和发展模式，吸收借鉴他国的成功经验，所形成的国家体系也有差异。一些国家将中国称为重商主义模式，本质上是因国家体制差异所形成的偏见。从历史上看，几乎每个国家在崛起过程中，都曾遇到过类似的批评和非议。对此，根本之计是如何在推动国家治理体系和治理能力现代化的进程中，推动社会主义基本经济制度更加成熟、更加定型，以建立高标准市场体系中推动经济高质量发展。在此方面，加强重商主义经济史和政策史研究，总结大国崛起中蕴含的国家体系建设经验，可为当代发展提供独特的借鉴。

第3章
一个基于企业家创新融资的熊彼特租金模型

3.1 引言

本书第 1 章提出，李嘉图租金和熊彼特租金是不同经济发展理论范式的根本区别。熊彼特租金和李嘉图租金的共同点，是不同集团之间谋求垄断力量获得租金。不同的是，熊彼特认为获得租金的方式，是企业家的创新活动构建了进入壁垒（"创租""好租金""供租"）（Buchanan，1980；Kaplinsky，2005），这个过程也伴随着经济发展。相反，李嘉图租金侧重于不同集团之间竞争给定的福利，这个过程消耗稀缺的社会资源。两种租金的发展理论也对应着第 2 章中斯密重商主义和熊彼特重商主义。

本章分析发展中国家的精英企业家为谋求实现技术创新所需的资本而进行寻租，从而提出一个不同于新古典寻租理论的"寻租"模式。具体而言，发达国家可以凭借先进技术获得的垄断利润不断进行技术升级，这造成世界体系长期出现"中心—外围"的格局。[①] 落后国家的企业家因为生产技术上的劣势，在与发达国家竞争中难以获得正常利润，缺乏执行创新所必须的资本。发展中国家企业出于为技术追赶筹资的目的，通过寻租活动和政府达成保护性契约：企业家转移部分的收益给政府，换取后者出台保护性的经济政策，继而企业和

---

① 类似地，Acemoglu 等（2006）提出了一种"租盾效应"（rent-shield effect），即"局内人利用掌控的现金（租）铸造一个盾牌，能够保护他们免于更高效新来者的竞争"。

政府合谋分割由政策创造出的新租金。通过这个契约，企业积累了创新所需的资本，并用之实现技术追赶。

这一理论模型具有三方面新意：一是虽然 Baumol（1990）、Murphy 等（1991，1993）和 Rama（1993）涉及企业家的寻租，但没有把租作为企业家创新的重要手段。本章基于租是企业家执行创新的必要条件，所以不同于视租对任何集团无差异的新古典寻租理论。二是近年来，Greenwald 和 Stiglitz（2006）采用制造业规模与其溢出效应正相关论证了幼稚产业保护政策的积极作用，Grossman 和 Horn（1988）从消费者对产品质量的不完全信息证明产业政策的作用，本章以熊彼特的创新理论为基础，在不平衡的"中心—外围"体系中研究落后国家的发展问题，内生了政府的决策过程，为幼稚产业保护论提供了另一种形式化的证明。三是本章的模型也可视为 Chang（2002，2006，2008）的贸易政策、产业政策和创新政策（"TII"）框架的一个精炼版本。

3.2　理论框架与假设

本章的模型分成四个阶段来描述企业家寻租谋求创新所需的资本，实现技术追赶并促进落后国家的经济发展。具体而言，第一期没有国际贸易，外围国家是个自给自足型封闭经济，完全由本国企业供给全国的制成品，企业按照现有（落后）可行的技术和最大化原则安排生产。第二期外围国家与中心国家进行自由贸易，外围国家的制成品因生产成本高于世界市场价格而不能出口，中心国家依靠生产技术上的优势挤占外围国家的市场份额，均衡情况下外围国家企业利润下滑甚至破产，缺乏资本用以创新投资，同时中心国家利用积累的利润不断实现技术创新，导致"中心—外围"格局自我加强，国家之间的发展差异"两极化"。因为外围国家企业需要保护性政策的支持，所以企业家在第三期向政府谋取政策性支持，与之建立起"政企合谋"契约：政府实施保护性关税，并将一定比例的关税收入资助企业创新。这个过程内生出了政府的发展职能。第四期企业家利用自有利润和从政府创新资助进行技术升级，缩小与发达国家的发展差距。[①]

上述四个时期完整地反映了落后国家的经济发展过程。从短期来看，第三期企业家寻租活动转移给政府的租金是非生产性的，按照新古典寻租理论造成

---

① 虽然经济史的经验常常反映出落后国家的技术升级通常是模仿和学习过程（Lall, 1987），但是按照熊彼特对创新的论述（Schumpeter, 1934），只要某种技术在外围国家首先使用，不论这种技术在其他地方是否使用过，都可以称之为创新。

社会总福利损失。但是，第三期的寻租活动为第四期技术创新提供了资本，是以李嘉图租金投资熊彼特租金。第三期体现的是李斯特主张的幼稚工业保护论，第四阶段体现的是熊彼特的企业家理论。综合起来，本章的模式体现了演化发展经济的核心理论。

为了行文和分析的便利，首先建立如下分析性假设用以刻画经济模型：

（1）世界上只有农产品 0 和制成品 1 两种产品。其中，制成品参与国际贸易，而农产品不能进行国际贸易。消费者 i 对两种商品消费量分别为 x_{i0} 和 x_{i1}。为了简便，将农产品的价格单位化为 1，并且假定不变，制成品的相对价格用 p_1 表示。[1]

（2）只有劳动这一种生产要素（1），设工资率 w 在所考察的时期内固定不变。类似于刘易斯劳动力无限供给模型，假设外围国家的农业部门能够吸纳制造业的失业工人，使得整个经济保持充分就业。

（3）世界经济是"中心—外围"体系。"中心"发达国家具有生产制成品的技术优势，是制成品世界市场价格的制定者。相反，外围国家不具备生产制成品的技术优势，是世界市场价格的接受者。因假设了劳动力市场工资率不变，意味着更先进的生产技术能够节约更多劳动，所以技术上的差异使得制成品的世界市场价格，低于外围国家企业生产制成品的平均成本。

（4）外围国家的人口总量等于劳动供给总量，用符号 n 表示。单位劳动力具有相同的要素禀赋 l_0 和消费偏好。政府拥有将经济政策付诸实践的能力。假设消费者都有"搭便车"的倾向，不形成任何影响政府政策的势力。[2]消费者陷入"囚徒困境"（Wenders，1987），即使他们的利益面临着其他集团（如政府和企业）寻租活动的损害，但不能采取有效的防护措施。

本书构建如下消费和生产系统。外围国家代表性消费者 i 的效用是 C-D 效用函数，$u_i = x_{i0}^{1-\alpha} x_{i1}^{\alpha}$。其中 x_{i0} 和 x_{i1} 是消费者 i 消费农产品和制成品的数量。C-D 效用函数表示消费者用于两种产品的消费支出相对份额不变，分别为（$1-\alpha$）和 α。消费者 i 的问题是

$$\max \quad u_i = x_{i0}^{1-\alpha} x_{i1}^{\alpha}$$
$$\text{s.t.} \quad x_{i0} + p_1 x_{i1} \leqslant wl_0 \quad\quad\quad (3-1)$$

由一阶最优条件可以得到消费者 i 对制成品的需求函数 $p_1 = awl_0 / x_{i1}^{*}$。假设所有的消费者具有相同的禀赋和消费偏好，外围国家制成品的市场反需求函数

---

① 这个假设可以将农产品扩展为多种产品，或者说将除商品 1 之外的其他产品视为产品的连续统。

② 在熊彼特的《经济发展理论》中，消费者需求的作用微弱，"生产者是发展经济变迁的主宰"（Schumpeter，1934）。所以这个假设也是符合熊彼特的经济发展理论的。

是所有消费者需求函数的加总，

$$D_1(p_1) = \sum_{i=1}^{n} x_{i1}^* = \alpha n w l_0 / p_1 \qquad (3-2)$$

其中，消费者偏好 α、人口总量 n、工资率 w 和初始要素禀赋 l_0 都是外生的，所以外围国的制成品总需求量是市场价格的一元函数。假设外围国家只有一个垄断企业家从事制成品的生产。这虽然是一个严格的假设，但可以极大地简化模型，又不影响模型展示落后国家经济发展过程。理论上，可以假设制成品市场是个自然垄断市场。设该垄断企业的生产函数为

$$y1 = A l_1^\beta \qquad (3-3)$$

其中，A 表示生产技术，n 表示制造业的从业人员数量。参数 β 表示劳动的产出弹性，假设 $0 < \beta < 1$，即该生产技术是规模报酬递减的。假设没有固定成本，生产的总成本（C_1）为支付给工人的工资 wl_1。生产者的问题是：

$$\max \quad p_1 A l_1^\beta - w l_1$$
$$s.t. \quad A l_1^\beta = D_1(P_1) \qquad (3-4)$$

由企业家利润最大化的一阶条件得到 $l_1 = (A\beta p_1/w)^{1/1-\beta}$。

3.3 企业家创新融资导向的理论模型

3.3.1 第一期：自给自足

这一时期没有国际贸易，外围国家的企业独立提供全国的制成品供给，是一个自给自足型经济，制成品市场出清条件是产出和需求相等，$D_1(P_1) = y_1$。求得自给自足经济中商品 1 的市场均衡产量 y_1^{1*}（数值上等于 D_1^{1*}）和价格 p_1^{1*}，企业家再由 p_1^{1*} 决定劳动投入量 l_1^{1*}，获得该期相应的最大利润 π_1^{1*}。同时 l_1^{1*} 占总人口的比重，也确定了外围国家的产业结构（工农业从业人员的分布）。自给自足时的均衡体系可以表述为：

$$p_1^{1*} = (w/A\beta^\beta)(\alpha n l_0)^{1-\beta}$$
$$D_1^{1*} = y_1^{1*} = A(\alpha\beta n l_0)^\beta$$
$$l_1^{1*} = \alpha\beta n l_0 \qquad (3-5)$$
$$AC_1^{1*} = (w/A)(\alpha n l_0)^{1-\beta}$$
$$\pi_1^{1*} = \alpha w n l_0(\beta^{1-\beta} - \beta)$$
$$M_1^{1*} = 0$$

其中，AC_1^{1*} 是利润最大化时的平均成本。因为 $0 < \beta < 1$，均衡时

$0 < AC_1^{1*}/p_1^{1*} = \beta^{\beta} < 1$，即制成品的均衡价格高于企业的平均生产成本，企业家获得垄断利润 $\pi_1^{1*} > 0$。[1] 图 3-1 表示自给自足经济中外围国制成品市场的均衡。[2] 需要注意的是，在自给自足型经济中没有政府和国际贸易，制成品的净出口 $M_1^{1*}=0$。该时期企业家也不从事创新活动，在保持其他因素不变的情况下，企业家利用现有的技术 A 重复再生产，每个生产周期均能获得一个不变的均衡利润 π_1^{1*}。这一时期企业家之所以不进行创新，或因为不存在国家之间的技术转移和溢出性，或因为外围国家的企业家缺乏执行创新的意识和动力。

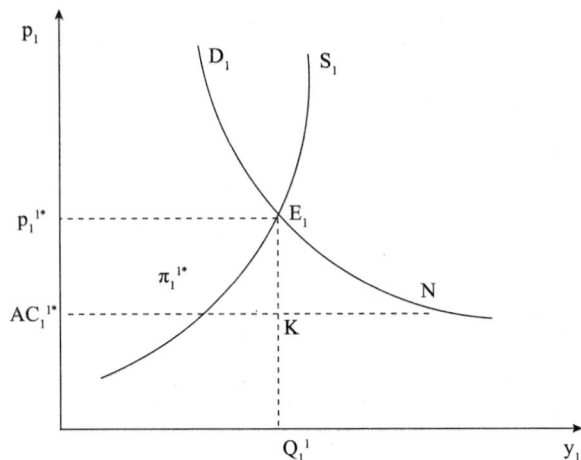

图 3-1　自给自足经济中外围国制成品市场

3.3.2 第二期：与中心国贸易

第二期中心国发现了外围国家市场之后销往制成品。按照假设（3-3），中心国企业生产制成品具有技术的优势，是制成品世界市场价格的制定者，这就使得商品 1 的国际市场价格 $p_w = \varphi p_1$。其中，$0 < \varphi < 1$，使得 $p_w < p_1$，反映"中心—外围"国家之间技术差距：φ 数值越小表示中心国家与外围国家之间的技术差距越大。假设没有运输成本，在自由贸易的条件下，中心国生产的制成品以价格优势进入外围国市场。外围国是国际市场价格的接受者，新的制成品市场价格为 p_w，自给自足时的市场均衡体系被打破。在新的市场价格下，外围国

---

① 这也与 $awnl_0 (\beta^{1-\beta} - \beta) > 0$ 相一致。

② 在寻租文献中，矩形 $p_1^{1*}AC_1^{1*}E_1K$ 称为 "Tullock 矩形"，近似于三角形的 E_1KN 称为 "Harberger 三角形"。

制成品市场的均衡体系为：

$$D_1^{2\,*} = \varphi^{-1} D_1^{1\,*}$$

$$l_1^{2\,*} = \varphi^{1/1-\beta} l_1^{1\,*}$$

$$y_1^{2\,*} = \varphi^{\beta/1-\beta} y_1^{1\,*}$$

$$AC_1^{2\,*} = \varphi AC_1^{1\,*} \qquad\qquad (3\text{-}6)$$

$$\pi_1^{2\,*} = \varphi^{1/1-\beta} \pi_1^{1\,*}$$

$$M_1^{2\,*} = (1-\varphi^{1/1-\beta})\ p_1^{1\,*} D_1^{1\,*}$$

图 3-2 表示了这一新的均衡。随着制成品价格的下降，制成品的总需求量增加至 D_1^{2*}（图 3-2 中的 $Q_1^{2'}$），大于国内供给量 y_1^{2*}（图 3-2 中的 Q_1^2）。外围国进口（$D_1^{2*}-y_1^{2*}$）单位的制成品（图 2 中 $Q_1^{2'}Q_1^2$）以满足国内需求量。外围国企业家第二期的利润为 π_1^{2*}，因为 $0 < \varphi < 1$，所以 $\pi_1^{2*} < \pi_1^{*}$，国际贸易使得外围国企业家的利润下降。

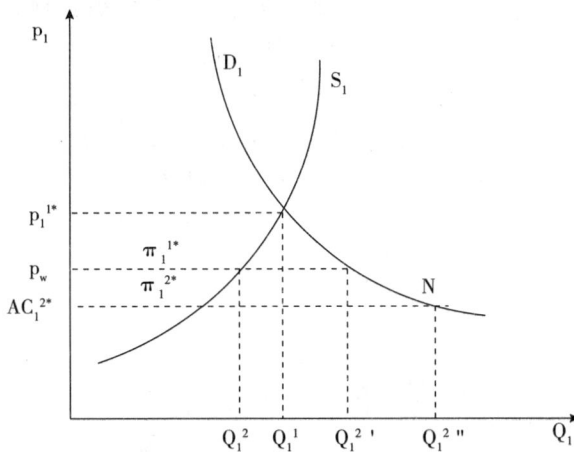

图 3-2　自由贸易条件下外围国的制成品市场

按照新古典寻租理论从社会福利的角度来看，一方面随着重负损失的减少提高了资源的配置效率，另一方面企业的超额利润（租）的下降减少了寻租的激励，使得世界整体的资源效率得到了提升。但同时，因为 $0 < \varphi < 1$，所以 $y_1^{2*} < y_1^{*}$，表明制成品的产量下降，外围国家出现了"脱工业化"（de-industrialization）的现象。[①] 式（3-6）中 M_1^{2*} 是外围国对中心国的贸易赤字。特别地，当 $p_w < AC_1^{2*}$ 时，外围国家企业家将停止制成品生产，整个外围国家将

---

① 如果将制造业视为集中在城市，而农业集中在农村，均衡时 $l_1^{2*} < l_1^{1*}$ 表示城市化程度的退化。

专业化于农业生产，制成品的消费将完全依赖于进口（图 3-2 中的 $Q_1^{2''}$）而成为"依附型经济"，贸易赤字为 $p_w^* Q_1^{2''}$。外围国企业的收益将完成转移成消费者剩余和贸易赤字。

3.3.3 第三期：缔结寻租契约

自由贸易对外围国家企业家造成的利益损失，会激起精英企业家采取行动维护自身的利益，借助政府的保护性政策便是其选择之一，通过寻租与政府达成一个保护性的契约。[①] 假定企业家寻租的成本 C_r 与 π_1^{2*} 成比例，$C_r = \varepsilon \varphi^{1/1-\beta} \pi_1^{1*}$，其中 $0 \leqslant \varepsilon \leqslant 1$，越大的 ε 值表示更高的寻租成本。

精英企业家向政府寻租，建立如下契约：政府实施税率为 ω 的保护性关税，使得制成品的国内市场价格为 $(1+\omega)\varphi p_1^{1*}$，令 $\eta = (1+\omega)\varphi$；政府关税收入税收在企业家和政府之间分割，其中份额 γ 分配给企业作为创新资助，剩余 $(1-\gamma)$ 份额的关税收入作为政府的收入。这个契约同时包含了贸易政策、产业政策和创新政策：作为贸易政策的保护性关税；政府给予企业资助用于扶持产业发展；企业以创新的方式利用政府资助。如果外围国家政府是发展型政府，那么 γ 将会更高，或者 ε 更低；反之则相反（如某些腐败盛行的非洲国家）。外围国家实施保护新关税之后新的制成品市场价格 ηp_1^{1*}，对应的均衡体系为：

$$D_1^{3*} = \eta^{-1} D_1^{1*}$$
$$l_1^{3*} = \eta^{1/\beta-1} l_1^{1*}$$
$$y_1^{3*} = \eta^{\beta/1-\beta} y_1^{1*}$$
$$\pi_1^{3*} = (\eta^{1/1-\beta} - \varepsilon \varphi^{1/1-\beta}) \pi_1^{1*} \qquad (3-7)$$
$$M_1^{3*} = (1-\eta^{1/1-\beta})(\beta^{1/1-\beta} - \beta)^{-1} \pi_1^{1*}$$
$$T = \omega \varphi (\eta^{-1} - \eta^{\beta/1-\beta})(\beta^{1/1-\beta} - \beta)^{-1} \pi_1^{1*}$$

这一时期企业的利润为经营利润减去寻租花费的成本，T 是政府的关税收入。政府的收入 G 由企业家"寻租"活动转移的 $C_r = \varepsilon \varphi^{1/1-\beta} \pi_1^{1*}$ 和关税收入中按照契约分配方案所分得的 $(1-\gamma)T$，$G = [\varepsilon \varphi^{1/1-\beta} + (1-\gamma)(1-\eta^{1/1-\beta})(\beta^{1/1-\beta} - \beta)^{-1}] \pi_1^{1*}$。图 3-3 表示关税保护后外围国的制成品的市场均衡。因为企业家的寻租而实施关税保护之后，外围国家的制成品供给量（y_1^{3*}）、需求

[①] 为简便起见，此处不考虑法律和道德因素，寻租活动既可以是合法的（如游说），也可以是非法的（如行贿）。

量（D_1^{3*}）和进口量分别对应图 3-3 中的 Q_1^3、$Q_1^{3'}$ 和（$Q_1^{3'}-Q_1^3$）。

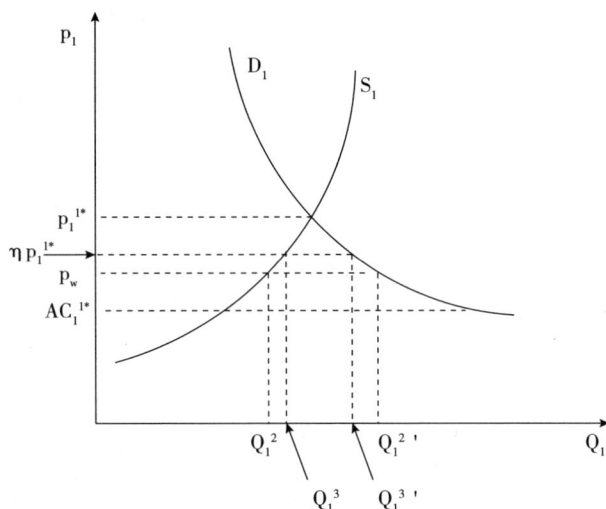

图 3-3　关税保护后外围国的制成品市场

3.3.4 第四期：企业家创新

通过第三期的寻租，企业家在第四期初实际拥有的创新基金 δ 为第三期末的留成利润加上按照契约分配所得的关税收入 γT，即 $\delta=[\eta^{1/1-\beta}-\varepsilon\varphi^{1/1-\beta}+\gamma\omega\varphi(\eta^{-1}-\eta^{\beta/1-\beta})(\beta^{1/1-\beta}-\beta)^{-1}]\pi_1^{1*}$。假设企业家将 δ 全部用于创新，而不是利用现有的技术简单扩大再生产，即外围国家的制造业转向创新性而非投资性发展模式。按照本章对企业家寻租是为了获得更多的创新基金的假设，企业家第四期初的创新基金应高于向政府寻租之前的利润 π_1^{2*}。因为 $\pi_1^{1*}>0$，所以，

$$[\eta^{1/1-\beta}-\varepsilon\varphi^{1/1-\beta}+\gamma\omega\varphi（\eta^{-1}-\eta^{\beta/1-\beta}）（\beta^{1/1-\beta}-\beta）^{-1}]\geqslant\varphi^{1/1-\beta} \tag{3-8}$$

创新伴随着不确定，可能成功也可能失败。假设企业执行创新后获得成功的概率 $0<\lambda<1$ 是由自然决定的。如果企业家创新失败，就只能沿用旧技术 A；如果创新获得成功后，企业能够实现新生产技术 A'。假设 A' 取决于两个因素：初始的技术水平（A）和创新基金的规模（δ），函数形式为 $A'（A，\delta）=A^\delta A$。其中，α 表示技术创新对生产率的提升效应，$\alpha>1$ 使得 $d(A'/A)/d\delta=a^\delta\ln a>0$，其含义是技术进步率（A'/A）是关于创新基金规模的单调增函数。这也符合当代产业发展的基本特征和现实：高新技术要求的研发（R&D）投入水平越来越高。在第四期企业的生产函数是创新成功和失败时生产技术的期望值 $E(y_1^4)=\theta Al_1^\beta$，其中 $\theta=1+\lambda（a^\delta-1）$。这一时期企业的

总成本是由生产成本和创新成本两部分构成，即 $wE(l_1^4)+\delta$。期望平均成本 $E(AC_1^4)=[wE(l_1^4)+\delta]/E(y_1^4)$，外围国家制成品市场的新均衡为：

$$D_1^{4\,*} = \eta^{-1}D_1^{1\,*}$$

$$E(l_1^{4\,*}) = (\theta\eta)^{1/1-\beta}l_1^{1\,*}$$

$$E(y_1^{4\,*}) = \theta(\theta\eta)^{\beta/1-\beta}y_1^{1\,*}$$

$$E(AC_1^{4\,*}) = [w(\theta\eta)^{1/1-\beta}l_1^{1\,*}+\delta]/[\theta(\theta\eta)^{\beta/1-\beta}Al_1^{1\,*}]$$

$$E(\pi_1^{4\,*}) = [(\theta\eta)^{1/1-\beta}-\eta^{1/1-\beta}-\gamma\omega\varphi(\eta^{-1}-\eta^{\beta/1-\beta})-\varepsilon\varphi^{1/1-\beta}]\pi_1^{1\,*} \quad (3-9)$$

图 3-4 表示创新后外围国的制成品市场。由于企业家的创新活动，第四期企业的期望技术高于创新之前的技术，使得外围国本国的制成品期望供给曲线由 S_1 向外移动至 S_1'。由于供给曲线的移动带来了社会总体福利因为技术进步得以提升，这就使得新古典寻租理论分析工具"Tullock 矩形"和"Harberger 三角形"无效，因为新古典寻租理论局限于分析给定的租，不能分析总剩余变化时的情形。随着供给曲线的向右移动，在 ηp_1^{1*} 价格水平上，外围国家制成品的国内供给量增加，进口量和贸易赤字都会相应减少。特别地，如图 3-4 所示，当 S_1' 向右移动与需求曲线相交于 F 点，该点表示外围国家的国内供给量达到了自由贸易时对应的需求量，表示外围国家已经实现了技术追赶，能够以新技术满足本国的制成品需求。如果 S_1' 继续向右移动与需求曲线相交于 F 的右下方，企业的产能不仅能够满足本国的制成品需求量，而且还能够出口制成品获取贸

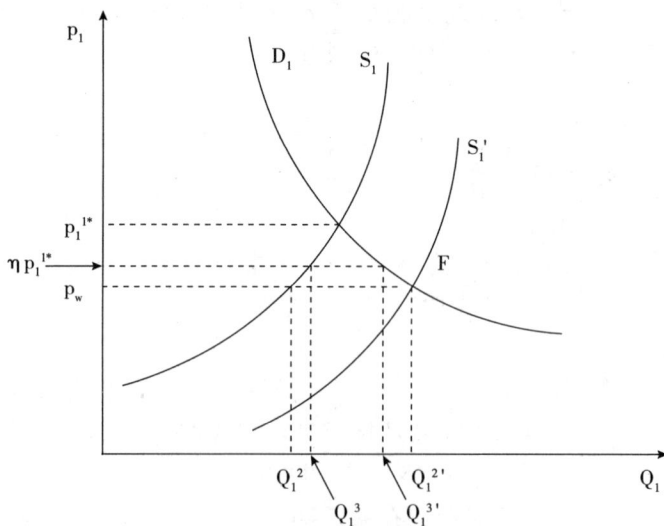

图 3-4　创新后外围国的制成品市场

易盈余。此时外围国家可以取消关税保护，恢复自由贸易。[①]由此证明了在熊彼特经济发展框架内"幼稚产业保护论"给落后国家经济发展的启示。

3.3.5 第五期：超边际分析

首先，需要满足的条件是企业家在第三期有激励去为创新融资而寻租，并且第四期技术创新的（期望）利润高于第二期的利润。假设企业家是风险中性的，制度安排应使得 $E(\pi_1^{4*}) \geqslant \pi_1^{2*}$，

$$[(\theta\eta)^{1/1-\beta} - \eta^{1/1-\beta} - \gamma\omega\varphi(\eta^{-1} - \eta^{\beta/1-\beta}) - \varepsilon\varphi^{1/1-\beta}] \geqslant \varphi^{1/1-\beta} \quad (3-10)$$

创新之后企业家的生产获得了技术上的改进，有助于缩小外围国家与中心国家之间的技术差距。这等价于 $E(AC_4^*) \leqslant \varphi p_1^{1*}$，

$$[w(\theta\eta)^{1/1-\beta}l_1^{1*} + \delta] / [\theta(\theta\eta)^{\beta/1-\beta}Al_1^{1*}] \leqslant \varphi p_1^{1*} \quad (3-11)$$

不等式（3-8）、式（3-10）和式（3-11）分别表示创新的条件、企业家理性和经济发展。这三个不等式中，技术差距 φ、创新成功概率 λ 以及创新的技术进步效应 α 都是外生性的技术变量，寻租成本 ε、关税收入分配比例 γ 和关税水平 ω 是内生性的制度变量。所以，本章对外围国家企业家通过谋求创新基金来实现技术升级的分析，对于经济的制度安排具有直接的意义，包括国际贸易体系和外围国家的经济政策两方面。

3.4 本章结论

本章立足于租金对企业家创新的重要意义，分析了在不均衡发展的世界体系中，外围国家企业家如何通过寻租换取有利的政府政策支持，为技术升级融资。通过企业家的创新活动，外围国家得以缩小与中心国家的技术与经济发展差距。不同于新古典非生产性的寻租理论，本章的研究是建立在租金作为生产性资源的基础上的，并解释了落后国家政府在经济发展中的作用，为第 1 章、第 2 章中的理论分析提供了一个理论模型。

---

① List（1841）认为幼稚产业保护的目的是培育产业的竞争力。当幼稚产业成长之后，应该重新进行自由贸易。

第4章

中国产业演进的制度基础

4.1 问题提出

本书的理论章节已经说明了一国产业的发展受到特定制度的影响，那么中国产业的发展受到哪些制度的影响呢？中华人民共和国成立 70 多年来，特别是改革开放 40 多年来，中国积极利用先进技术，培育和发展新兴产业，持续推动产业结构高端化，实现了从一个农业大国向世界第一工业大国的跨越式转变。产业结构的演进，是生产要素配置方式出现结构性变化的过程。由于中国的生产要素市场改革相对滞后，价格机制在生产要素配置中尚未发挥决定性作用，仍然存在一系列具有中国特色的制度性因素影响着生产要素的配置方式，也即中国的产业演进嵌入于特定的制度环境中。本章按照制度经济学的研究惯例，将制度定义为一套体现激励结构、引导微观主体行为的博弈规则，探究中国产业演进背后的微观制度基础。[①]

与产业演进相关的制度或者体制涉及面极广，要全面分析制度对产业演进的影响不太现实，可行的研究路线是选择核心的制度加以剖析。在中国的制度安排下，中央政府和地方政府之间的分权制度，是最为基本的经济制度，对保证国家宏观经济政策的有效性，调动地方积极性和平衡央地利益具有重要的作用（Xu，2011），也是影响中国产业结构演进的基础性制度之一。本章的研究

---

① 对此问题，我国学者曾完成了一系列重要的研究，参见江小涓（1999）、林毅夫等（1999）。

思路是：在央地分权制度下，地方政府深度参与辖区竞争，其对尚未完全市场化的生产要素行为，构筑了中国产业结构演进的微观基础。

过去十余年来，地方政府促进辖区内产业发展的约束条件和要素结构已悄然发生变化，即地方政府普遍面临着财政收支缺口逐渐扩大和建设用地指标逐渐收紧的"双重约束"，导致地方政府高度依赖与土地相关的多种收入。如图 4-1、图 4-2 所示，根据财政部的统计数据，以绝对指标衡量，地方一般公共财政支出（本级）从 2000 年的 1.04 万亿元，快速增长至 2018 年的 18.8 多万亿元，年均复合增长率约为 17.4%；以相对指标衡量，2018 年地方财政收支缺口超过 9 万亿元，相当于地方财政收入的 92.2%，构成了供给侧结构性改革之"去杠杆"任务的重中之重。2007~2014 年，地方政府平均每年仅出让工业、商业和住宅三类用地的总收入达 2.4 万亿元，与占地方财政收支缺口的平均比值维持在 65% 的高位。[①]2018 年，地方政府土地使用权出让收入 6.51 万亿元，而地方一般公共预算本级收入 9.79 万亿元，前者约占后者的 2/3。另根据历年《中国国土资源公报》，全国重点城市处于抵押状态的土地面积连年净增数万公顷，土地收入在地方财政的资产负债表中占据不可或缺的地位。

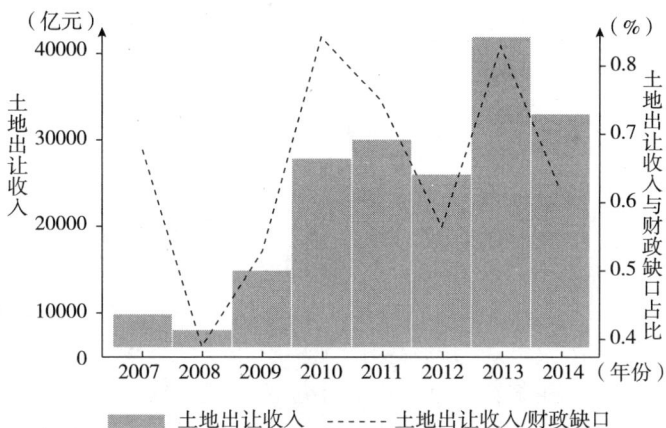

图 4-1　2007~2014 年地方政府财政收入、支出及收支缺口

资料来源：国家统计局。

---

① 根据可获得的国家审计署披露的最新数据，地方政府性（省、市、县和乡政府）债务对土地出让收入的依赖程度较高。截至 2012 年底，11 个省级、316 个市级、1396 个县级政府承诺以土地出让收入偿还的债务余额 34865.24 亿元，占省、市、县三级政府负有偿还责任债务余额 93642.66 亿元的 37.23%（资料来源：http://finance.people.com.cn/n/2013/1230/c1004-23981105.html）。如果算上地方政府提供公共物品和准公共物品所负有的债务责任，地方政府实际承担的债务远超这份审计报告计算的水平。在一些地方，政府实际的债务水平信息只有当地党政主管和财政部门负责人等极少数人掌握。

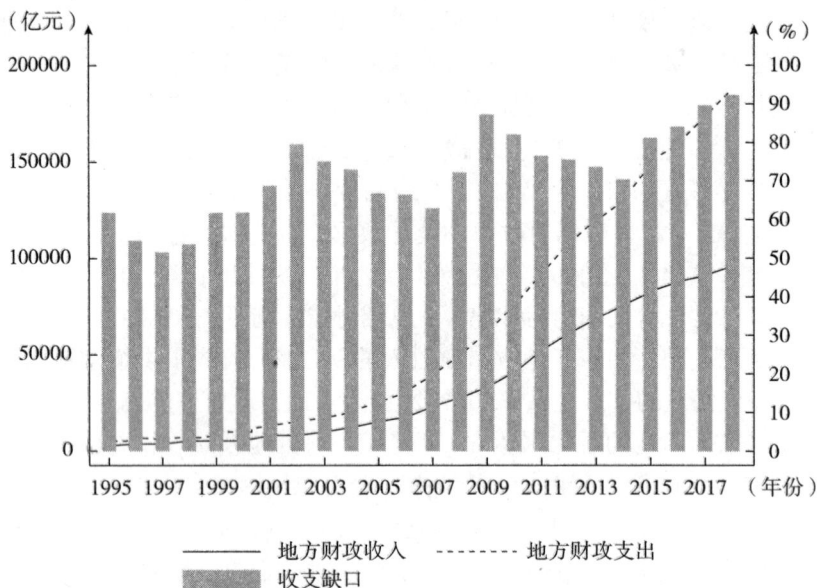

图 4-2 1995~2018 年土地出让收入及与财政收支缺口比

注：此处土地出让收入为商服用地、住宅用地和工业用地三类土地的出让收入加总。

资料来源：笔者根据中国土地市场网数据资料整理而来。①

　　假如不存在供给约束，财政缺口重压之下的地方政府存在尽可能多出让土地的动力。但是，现实中中央政府不断强化对地方建设用地指标的监管。①在土地供给上，在守住耕地"红线"数量和质量的控制目标下，中国新增建设用地总量呈收紧的趋势。2009~2016 年，全国耕地总面积维持在 20.2 亿亩左右。但是，2013~2017 年，全国国有建设用地供应面积从 75.08 万公顷减少至 60.31 万公顷。这虽然与土地市场的调整有关，但是在一定程度上反映了全国用地指标总量收紧的趋势。在此背景下，建设用地指标经层层分解后，地方政府普遍面临着用地指标趋紧的形势。②在管理上，中国自 2006 年建立了土地督察制度，由国务院国土资源部部长兼任国家土地总督察，并向地方派驻 9 个国家

――――――――――

　　① 从土地市场网（http：//www.landchina.com）收集了近年来中国全部土地交易土地出让结果公告数据，包含该地块出让面积、出让方式、交易总价、用地类型、用地来源、使用年限和竞买人等接近 150 万条重要信息。根据出让方式划分为三大类：划拨、协议出让和招拍挂出让。尽管划拨是非常值得关注的问题，但由于划拨土地涉及的问题更复杂，既有一些政策性土地，也可能包含非政策性土地违规采用了划拨，留待未来研究。通过加总微观数据获得各年全国土地出让收入数据，与《国土资源统计年鉴》公布的土地出让收入进行对比后发现，微观数据加总后得到的土地出让数据和《国土资源统计年鉴》数据基本一致，说明微观数据真实和全面反映了中国土地市场的交易状况。

土地督察局履行监督检查职责①，实现中国土地督察全覆盖，对地方政府违法违规利用土地的行为进行查处，是现行土地管理制度的重要支撑性制度。③在技术上，国土资源监管部门利用卫星遥感监测技术监督土地利用状况，有效降低了监督制度的运行成本，提高了监督效率。这些制度和技术有效地硬化了地方政府的用地指标约束。

即便面临"双重约束"，地方政府仍肩负着推进工业化和城镇化的"双重目标"。城镇化是农业转移人口融入城镇的过程，要求发展城市产业体系，提升城镇的承载能力，相应对工业用地提出了需求。同时，转移人口的市民化加大了地方政府的支出压力，可能进一步强化了地方政府对土地出让收入的依赖。这便形成了经济学中典型的最优决策问题："双重约束"下地方政府的最优土地配置行为，将对中国产业结构演进产生何种影响？

本章第二部分评述现有文献。本章以对地方政府的一手调研资料为基准，认为源于西方的地方政府代表性假说虽然在学术界具有较大影响，但是与中国基层地方政府的实践存在明显的差异。该部分在理论校准的基础上，识别中国制度情景下地方政府土地配置行为的真实动机和获利渠道，作为后文研究的逻辑起点。第三部分以地方政府的用地指标为约束条件，构建体现"以地生财"和"以地引资"两个渠道的土地出让收益目标函数，得出均衡条件下代表性地方政府的最优工业用地出让决策。第四部分在均衡分析的基础上做比较静态分析，研究制度因素和不同产业的技术经济特征对地方政府出让工业用地决策的影响，并对产业结构演进的趋势进行归纳和预测。这部分还结合典型地区地方政府的实践与探索，论证本章分析框架的解释效力。第五部分是全章的结论。

4.2 双重约束下地方政府行为理论评述与校准

虽然研究地方政府行为和产业结构的文献已经极为丰富，但是两个领域的研究相互割裂。20 世纪末，当产业结构研究取得丰硕成果之时，地方政府研

---

① 派驻地方的国家土地督察局分别为北京局、沈阳局、上海局、南京局、济南局、广州局、武汉局、成都局和西安局，每个地方局督察范围为 3~4 个省（市、区）或计划单列市，督察职责涵盖地方涉及土地及土地管理相关的各类问题。2009~2014 年，全国查处土地违法案件分别为 4.2 万件、4.2 万件、4.7 万件、3.7 万件、5.7 万件和 5.5 万件，年罚没款分别为 15.4 亿元、21.7 亿元、26.5 亿元、18.5 亿元、26.2 亿元和 17.3 亿元（资料来源：《中国国土资源统计年鉴 2015》）。另外，财政部发布的《2014 年全国土地出让收支情况》披露，根据国土资源部统计，2014 年全国共发现土地违法案件 81420 件，涉及土地面积 4.09 万公顷，表明中央政府对地方土地违法案件保持较大的查处力度（资料来源：http：//zhs.mof.gov.cn/zhengwuxinxi/zonghexinxi/201503/t20150324_1206018.html）。

究尚未兴起，对中国产业结构变动的制度主义解释主要是宏观制度转轨理论；进入21世纪以来，地方政府研究方兴未艾，但对现实中产业结构演进缺乏足够的关注。近年来地方政府经营土地为这两个领域的交汇提供了机会。与本章研究问题相关的地方政府文献主要有两类：分权之下的地方政府是偏好辖区的经济增长绩效，还是偏好本级政府的财政收入；地方政府配置土地是"以地生财"还是"以地引资"。

4.2.1 经济增长导向还是收入导向

综览现有文献，以地方政府间竞争为视角观察中国经济发展模式的文献，主要按照两个理论模型展开。第一个模型即"保护市场的联邦主义"（Market-Preserving Federalism，MPF）及相应的"中国版本"（Weingast，1995；Qian and Weingast，1997；张军，2008；李猛和沈坤荣，2010；杨其静，2010），认为宪政制度和政治分权能够有效防止中央政府掠夺居民的合法财产，是保护市场机制得以有效运行的政治基础。分权后的地方政府承担着辖区经济发展的首要责任，扮演着"扶持之手"的角色。国内研究者从不同的角度刻画并测度了财政分权的多重经济效应（周业安和章泉，2008；方红生和张军，2009；赵文哲等，2010；陈硕等，2010；范子英和张军，2010）。虽然该理论框架的系统性和自洽性均较高，但是自提出后遭受到了诸多批评，主要集中在MPF框架缺乏地方政府制度供给的微观基础，没有解决何种制度下政治官员们践行保护市场承诺的积极性，甚至难以与中国财税改革的实践相符等（Oates，2003；杨其静和聂辉华，2008；陶然等，2009）。

就本章的研究问题而言，MPF模型的不足则更为明显。①MPF模型没有中国体制下内生地方政府的土地出让行为，不仅与土地对中国地方政府的重要性不相称，而且无法进一步分析土地出让方式对产业结构演进的影响。②地方政府预算硬约束是MPF模型的必要条件之一（Weingast，1995），而当前中国的现实情况是地方政府出让土地获得了大量非预算收入，且对土地出让所得保留较大的自由裁量权，显然不满足预算硬约束条件。③MPF模型假设地方政府是经济增长导向的，然而在当前财政缺口压力不断加重和中央政府接受经济新常态下中高速增长的情形下，该假设对并不符合大多数地方政府的决策模式。

第二个模型是"政治晋升锦标赛"假说，设定地方政府官员同时参与经济竞争和政治晋升竞争，相互之间开展经济增长的"标尺竞争"以增加政治晋升的机会（Maskin et al.，2000），故将地方政府官员的人事晋升设定为对地方政府努力和能力的激励（周黎安，2007）。"政治晋升锦标赛"假说试图修正 MPF 模型在解释地方官员行为方面的缺陷，也便于实证检验，自提出后产生了大量的实证研究（Li and Zhou，2005；徐现祥和王贤彬，2010；梁若冰，2010；陈钊和徐彤，2010；陈艳艳和罗党论，2012；姚洋和张牧扬，2013；朱英姿和许丹，2013），却与考察期内中国的制度现实不符（陶然等，2009）。杨其静和郑楠（2013）的实证研究结果，不支持在市委书记一级的地方官员中存在广泛流传的晋升标尺赛和锦标赛，相对较高的经济绩效并不保证更多的晋升机会，中央和上级组织对地方政府领导人的晋升保留了充分的人事安排处置权。根据该结论可进一步推断，越是基层政府的官员，其行为越会偏离"政治晋升锦标赛"假说。中国省以下的基层地方政府，特别是全国约 2000 个县级（含县级市、自治县、旗和自治旗）政府实际掌握着大量的土地要素配置权，如果基层官员不存在晋升标尺赛和锦标赛，那么将经济增长（相对）绩效设定为地方官员的目标函数，显然会严重偏离现实。[1]

上述两大假说除了面临学术界的质疑外，更大的挑战来自与中国现实脱节。[2] 近年来，笔者与地方官员进行了数十场次的调研，发现大多数地方官员更偏好本级政府的收支状况，而非经典假说设定的经济增长绩效。归纳起来，地方政府偏好收入最大化的动机如下：①更强的财力可用于优化投资环境，如完善基础设施，提供更好的教育、医疗、卫生、文化和体育等公共服务，完成上级政府制定的经济社会发展目标等。②更强的财力增强了地方政府的融资能力，有助于提高征地补偿标准推进土地滚动开发，或者为辖区企业提供更多的财政补贴、税费减免和研发资助，甚至为形象工程筹资。③更强的财力可供养更多的行政事业单位人员，提高财政供养人员的福利水平（周飞舟，2010），

---

[1] 目前尚未有官员政治锦标赛实证研究对实际掌握土地配置权的县级党政长官有过稳健的实证检验。一个很重要的原因是缺乏县级政府领导人的数据库。

[2] 2010 年以来，研究团队与一些地方政府进行了广泛的座谈交流和实地调研，包括北京市，上海市，重庆市，河北省廊坊市、石家庄市、保定市和高碑店市，湖北省武汉市，湖南省长沙市和株洲市，云南省曲靖市和临沧市，四川省德阳市，陕西省咸阳市，广东省深圳市、佛山市、东莞市和江门市，浙江省宁波市、温州市、金华市、杭州市、绍兴市，江苏省苏州市，福建省厦门市，吉林省长春市、延边朝鲜族自治州，青海省海西州，山西省运城市等不同地区和经济发展水平的地方政府。座谈对象通常为地方政府行政负责人或分管经济的干部，调研对象包括发改委（局）、经（工）信委（局）、国土局、商务局、经济开发区和开发区管委会等。这些部门分别负责当地辖区内的发展规划、项目审批、招商引资和财税等政策和事务，与当地的土地配置方式密切相关。大部分调研都依托于地方政府（园区）委托的产业发展规划项目，信息收集的真实性和全面性直接关系到产业规划的指导性和可操作性，更容易得到地方政府的支持与配合。部分调研依托中国社会科学院国情调研项目，以收集一手乡镇和企业的调查资料为主要研究任务，因此调研中采集的信息具有较高的可信度。

有助于提升地方首长的执政声誉,也符合地方政府的规模偏好。④颇具"特色"的是,相比于经济增长率指标,财政收支统计核算与监管更为严格,更能反映地方政府(领导人)的绩效。①这种情况越是到基层政府则越发明显。

为此,相比于主流的 MPF 和政治晋升锦标赛假说,本章将地方政府的目标设定为收入最大化。根据理性行为者偏好的一致性假说,结合地方政府依赖土地出让收入的现实背景,本章进一步主张将地方政府配置土地的目标设定为土地要素配置收入最大化更符合中国地方政府的真实动机。接下来的问题是,地方政府配置土地获取收入的渠道是什么?这便是现有文献中的"以地生财"和"以地引资"假说。

4.2.2 以地生财还是以地引资

以地生财认为,随着经济改革的不断深化,地方政府先后失去了乡镇企业、地方国有企业上缴利润和农业税等主要地方行政收入来源,需要开拓预算外收入和非预算收入以补充财源。以地生财(即土地财政)与中国的土地管理制度和财税体制改革存在密切联系(周飞舟,2010;吴群和李永乐,2010;陈志勇和陈莉莉,2011;卢洪友等,2011;孙秀林和周飞舟,2013)。中国现行的是二元土地管理制度,即城市土地归国家所有、农村土地归集体所有。地方政府代表国家依法行使城市土地一级市场垄断权,出让城市建设用地可获得土地出让金,既可以填补改革后税源减少造成的财政缺口,又可以克服"吃饭财政"难以支撑地方发展的资金瓶颈。因此,较多学者认为土地财政是地方政府的"无奈之举"(卢洪友等,2011)。

需要指出的是,土地财政研究文献考察地方政府在土地流转过程中寻求农业用地和非农业建设用地之间的级差地租,并通常将建设用地化约为商业用地或房地产开发用地。这种处理方法虽与各地盛行的"经营城市"和房地产开发热潮相契合,但这绝非故事的全部。①土地财政并没有区分城市建设用地内部工业用地、商业服务业用地和住宅用地之间的配置结构,不能探寻不同类型建设用地之间级差地租对地方收入的丰富内涵。②土地财政没有研究土地对地方政府的其他功能。

---

① 在2015年9月6日的一次调研中,广东省某地级市常务副市长表示,当某一地区上级政府确定了 GDP 增长目标时,也就相应地确定了 GDP 的增量,下级政府的 GDP 增量也受此总量目标控制。在分配 GDP 总量时,上级政府首长为了显示政绩,通常将 GDP 增量指标优先配置于重点发展的区域,其他地区的 GDP 增长率就可能被压低。正因为 GDP 的统计数据容易受到上级政府的"协调",导致 GDP 增长并不能有效反映政府的绩效,转而偏好数据统计与监控更为严格的财政收入。

地方政府不仅可以获得土地出让金，还以土地为筹码，开展工业项目引资竞争。多地调研情况反映，各地方政府招商引资时提供的财税优惠政策和基础设施配套服务，如"三免三减半"、"三（六、七甚至九）通一平"等，已经是各地政府招商引资的"标准套餐"，廉价出让工业用地成为地方政府招商引资最重要的谈判筹码。根据在西南地区某工业重镇的调研，2013年该地市政府设定的工业用地出让指导价是30万元/亩，但下辖各县实际出让价远低于指导价，有些县实际执行的价格甚至仅为市里指导价的20%。这对一个山多地少、土地平整和基础设施配套成本极高的地区而言，不可不谓之低廉。2015年7月，笔者在河北省某县级市调研中获悉，该市上半年建设用地平均出让价为40万元/亩，而工业用地出让价格按照"零收益"原则执行，实际出让价格为当地建设用地平均出让价的30%，仅够弥补前期征地和平整土地的成本。2015年6月，在苏州工业园调研中得知，即便已经陷入几乎"无地可用"的困境，但面临来自周边地区的辖区竞争，该园区的工业用地出让价仍只能按政府指导价的下限出让。本章整理了中国土地市场网公布的全国土地实际交易数据，发现自2007年以来，中国商业用地和工业用地平均出让价格差呈逐渐扩大的趋势（见图4-3）。调研和统计资料均显示，低价出让工业用地招商引资已成为全国性现象。[①]

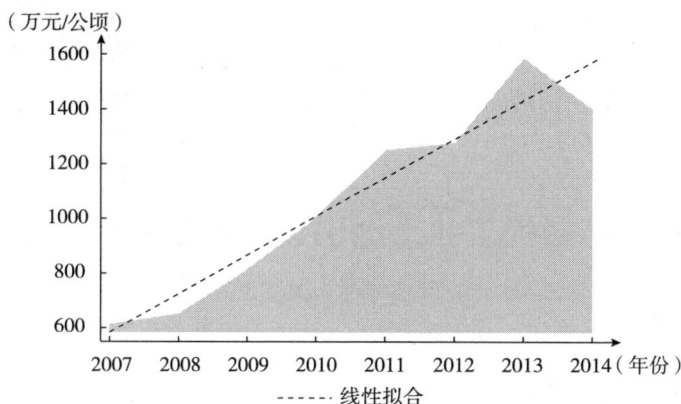

图4-3　商业用地与工业用地平均出让价格差

资料来源：笔者根据中国土地市场网交易数据整理而来。

在此现实背景下，以地引资成为以地生财的竞争性假说。张莉等（2011）

① 根据《2019年第一季度全国主要城市地价监测报告》，全国105个主要监测城市商服、住宅、工业地价分别为7665元/平方米、7173元/平方米和841元/平方米，工业地价明显低于前两类。http：//gi.mnr.gov.cn/201904/P020190420619547757206.pdf，2019年7月24日。

在政治锦标赛的框架下，主张竞争性地方政府廉价出让建设用地招商引资，间接地推动经济增长，实证研究结果也发现，相比于土地财政，地方政府官员更为热衷于土地引资。类似地，有学者认为地方政府债务快速膨胀不仅是为了增加直接投资促进经济增长，还因为地方政府举债加快了基础设施建设和以地引资促进经济增长（范剑勇和莫家伟，2014）。陶然等（2009）认为财政分权和地方经济改制后，地方政府面临严峻的财政收入压力，迫使地方政府竞争制造业这一流动税基。虽然出让商业用地可获得较高的出让金，但毕竟是短期收入，而制造业能创造长期的税收，即使地方政府出让工业用地收益甚微，甚至"亏本"出让，但可以提高商业用地的出让价格并叠加未来的工业税收加以补偿。因此，地方政府在作出工业和商业用地的出让决策时，存在着提高商业用地价格、压低工业用地价格的"横向补贴"现象[①]，从而巧妙地折中了以地生财和以地引资两个假说，对地方政府土地出让行为提供了逻辑一致的框架。[②]

本章试图在如下方面做拓展现有的研究：一是以土地配置收入最大化为地方政府的目标函数，修正经典假说将经济增长绩效设定为地方政府（官员）偏好而与现实情况不一致的问题，更真实地刻画地方政府的土地配置行为，作为后续对具体问题研究的一般性分析框架。二是进一步利用均衡模型规范分析现行制度下地方政府配置工业用地和商业用地的最优决策，得出地方政府最优工业用地出让规模，为现实中地方政府调整产业结构的实践寻求自洽的理论解释。三是力图将中国产业结构的研究重新纳入制度分析框架中，为深化制度改革促进产业产型升级提供理论指导。

4.3　地方政府最优工业土地出让决策模型

4.3.1 模型设定

（1）初始禀赋。假设在一定时期内，代表性地方政府可用的建设用地禀赋为 L_0。地方政府用地指标通常是上级土地管理部门将建设用地指标层层分解至下级政府，后者的规划部门再按照当地政府工业和城市发展的目标及项目安排，将用地指标二次配置至不同用途。鉴于国家监管地方政府用地行为的约束不断

---

① 近年来，财政部发布的《全国土地出让收支情况》均将低价出让工业用地造成国有建设用地出让收入流失列为土地出让收支管理存在的突出问题，表明此类现象的持续性与普遍性。

② 周玉龙等利用我国高铁建设的准自然实验，验证了不同类型的土地的市场结构存在差异，参见周玉龙等（2018）。

强化，地方政府的用地指标来自上级政府的用地指标配额，在短期内违法违规改变可用土地禀赋的能力较弱，此处暂不考虑地方政府通过其他变通方式新增土地的情况，即 L_0 由外生给定。[1]

（2）决策变量。建设用地根据用途不同，可以分为居住用地、公共设施用地、工业用地、物流仓储用地、交通设施用地、市政公用设施用地、道路广场用地、绿地和特殊用地等。其中，各类设施用地为地方政府贡献经济收益的能力较弱，本章不作为考察的重点。[2] 本章又进一步将能够为地方政府直接贡献经济收益的非设施用地，分为工业用地（L_i）和商业用地（L_c）两大类。在土地禀赋指标 L_0 视作外生给定的约束条件下，有 $L_i+L_c \leqslant L_0$。其中，商业用地包括商服用地和住宅用地。本章之所以将这两类用地视作同一类型，是因为二者在出让方式、定价机制等方面几乎一致，并与工业用地存在显著差异。地理位置对商业用地的价值影响较大，因此商业用地市场接近于卖方市场，且采用"招拍挂"方式出让，其出让价格更接近市场价值。而在辖区竞争下，地方政府利用工业用地吸引投资，工业用地接近于买方市场，通常采用协议出让等非市场化配置方式，造成工业用地的出让价格严重偏离土地的真实市场价格。

两种用途的建设用地分别对应工业用地出让价格（p_i）和商业用地出让价格（p_c）。由于出让商业用地须经"招拍挂"，最终成交价格由竞拍价决定，地方政府只能采取间接手段干预用地价格。[3] 而工业用地价格则是辖区之间充分竞争决定，地方政府是价格接受者。因此，这里假设两种用地的价格是外生决定的。地方政府出让商业用地的大部分收入来自土地出让环节，并且在现有税制下，商业土地出让后创造税收的能力不如工业用地建设达产后的工业税收。[4] 出于简便起见，假设商业用地出让价格 p_c 不仅表示商业土地的出让价格，而且包含地方政府出让商业用地的边际收益率。这样处理可以体现地方政府出让商业用地主要是为

---

① 地方政府突破 L_0 约束的变通做法，第四部分再做拓展讨论。

② 虽然财政部发布的《全国土地出让收支情况》指出基础设施用地普遍存在粗放利用的现象，"导致土地价值难以完全实现"，但是合理的逻辑关系是基础设施用地价值创造能力较低，致使地方政府"粗放利用"。

③ 地方政府干预商业用地价格的主要方式包括"规划利好"和"预设土地竞拍底价"。"规划利好"是指地方政府通过调整区域规划，改变商业地块的功能属性（如规划建设新城区、商业中心、科技园区等），或者完善市政设施（如规划建设地铁线路、公园等）和社会服务（如规划建设中小学校、医院）提高市场对某些商业地块未来价值的估计。"预设土地竞拍底价"是地方政府在确定出让地价的起拍价时，参照其他高价地块或高价的时点作为基准。

④ 在现有分税制下，商业用地发展的主要业态是服务业，商业经营者上缴的税收主要是营业税，除极少数行业外，大部分服务业的营业税税率为 3%~5%，创造税收的能力低于工业。

了获取土地静态租金的动机，也反映了商业用地的主要功能体现为以地生财。

（3）目标函数。如前所述，地方政府出让土地包括以地生财和以地引资两个渠道，因此出让土地的收益便由两部分构成。一是以地生财获取的土地静态租金G_1，即土地出让金收入，总额$G_1 = p_i L_i + p_c L_c$，取决于初始土地禀赋、工业和商业用地的出让结构及相对价格。二是地方政府以地引资获取的土地动态租金G_2，即出让工业用地后吸引工业投资，达产后为当地政府缴纳的工业税收。中国的分税制给定工业产出的边际税率，那么G_2取决于工业的产出水平。

鉴于本章研究地方政府土地配置行为对产业结构的演进，有必要说明其微观机制。如图 4-4 所示，虽然没有正式的制度安排要求地方政府像中央政府那样编制国民经济与社会发展规划，但是地方政府通常都会按照中央政府的发展理念和发展重点编制地方性发展规划，作为未来一段时期协调地方政府各部门工作的行动指南。在各地的国民经济与社会发展规划之下，各级地方政府产业主管部门还会编制产业发展规划或更具体的专项规划，结合当地情况选择重点发展的产业领域，并将产业分为主导产业、支柱产业、优势产业或新兴产业等不同类型，设定产业发展的总体目标和分类目标。地方产业发展规划是当地国民经济社会发展规划的重要支撑，后者经上级政府[①]或地方权力机关（地方人民代表大会）批复后，用于指导当地产业发展。地方政府再给予当地产业规划目录下的产业项目优惠政策支持，其中便包括对重点项目给予优先配置土地。从地方政府的角度看，理性决策是将稀缺的土地要素配置于边际土地收益高的工业项目。正是因为地方政府的这种决策思路，才会导致一地产业结构被"人为"地塑造。

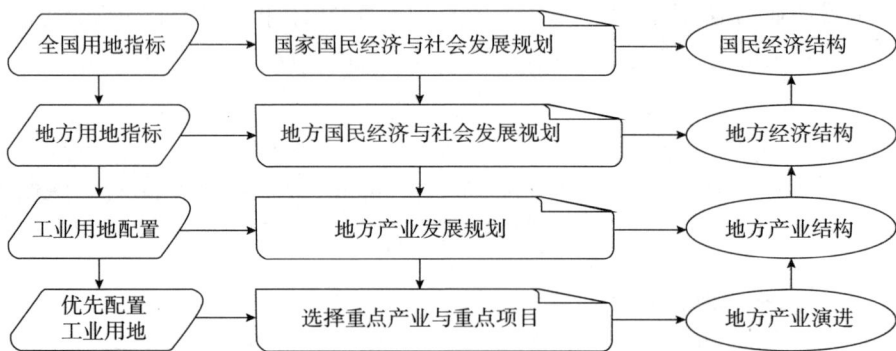

图 4-4　地方政府配置工业用地影响产业结构演进的微观机制

资料来源：笔者绘制。

---

① 地方政府的产业发展规划通常上报至上级政府审核。各类园区管委会作为地方政府的派出机构，虽不要求编制产业发展规划，但通常也会编制类似于产业发展规划的产业发展实施方案。

（4）土地要素与产业特征。地方政府出让工业用地的目的在于承载工业投资。设出让工业用地 L_i 能够吸引工业资本 K。对不同的产业，相同的工业用地能够承载的工业投资也不尽相同。例如，装备加工、炼化、铸造等一体化产业活动，为了生产线的有效布局而占用更多的工业用地。而服装制造、机械加工、软件开发、设计等模块化产业活动生产流程相对灵活，对生产设施的空间要求较低，占用工业相对较少。不同产业对应的有效规模也不同，在用地规模与投资强度之间存在一定的对应关系。出于简便起见，设工业用地出让规模与其所承载的工业资本额之间是线形函数（即 $K=\lambda L_i$）。[①] 给定产业资本劳动比，新增工业投资 K 可创造 N 个就业机会。[②] 将工业产品的价格记为 P_0，且工业企业是产品市场价格的接受者。[③]

设定工业生产函数为 C-D 生产函数，那么地方政府出让工业用地 L_i 可预期创造工业产值为：

$$y=p_0 AN^\alpha K^\beta = Ap_0 \gamma^\beta N^\alpha L_i^\beta$$

*MERGEFORMAT（4-1）

其中，参数 α、β 分别为劳动和资本的边际产出弹性，假设不存在规模报酬递增，即 $0 < \alpha$，$\beta < 1$。这里通过该生产函数，引入了一组可刻画产业特征的参数，包括 A、α、β、γ、N、p_0。对不同的产业而言，这些参数均有所不同。对此，下文将进一步讨论。

在中国现行分税制度下，工业税收（如增值税和所得税）是中央政府和地方政府的共享税，地方政府出让工业用地只分享部分工业税收。将地方政府的边际工业税率记为 t，那么工业企业创造的预期税收为 $Atp_0 \gamma^\beta N^\alpha L_i^\beta$。鉴于从工业用地出让到工业投资达产，再到为地方政府贡献工业税收需要一个时期，那么地方政府出让工业用地的预期工业税收需折现为当期收益。假设折现率为 δ（$\delta > 0$），则工业税收当期值为 $G_2 = G_2（L_i）= At\delta p_0 \gamma^\beta N^\alpha L_i^\beta$。

但是，地方政府为了争取工业投资，地方政府需要预先提供必要的基础设施与公共服务，主要包括道路、上下水、供电、通信、燃气、土地平整等。假设地方政府该项投入由 G_1 承担。由于此项支出与地方政府的财力正相关，此处假设地方政府从 G_1 中提取比例 ε（$0 \leq \varepsilon \leq 1$）作为吸引工业投资的配套投入。[④]

---

① 经过这样处理后，这里将工业用地资本化，可视作地方政府对产业发展的投入。

② 在一些地方，稳定和扩大就业是维持社会稳定所必需，也是地方政府的目标之一。仅考虑地方政府的收入目标单一目标。

③ 该假设也是理想状态的，不同产业的市场竞争状况已有所差别。下文会将放松此假设。

④ 下文可见，当 $p_c > p_i$ 时，εG_1 是 L_i 的单调增函数，即工业用地出让得越多，地方政府投入的配套支出越多。

经上述设定，地方政府出让土地的最优化问题可表述为

$$\max G(L_i) = (1-\varepsilon) G_1(L_i) + G_2(L_i)$$
$$s.t. L_i + L_c \leq L_0$$
$$L_i, L_c \geq 0$$

*MERGEFORMAT（4-2）

其中，G 表示地方政府的土地出让总收入，由以地生财收入 G_1 和以地引资收入 G_2 两个渠道汇成。约束条件表示即使地方政府可以通过多种手段调控工业用地和商业用地的出让结构[1]，但地方政府出让工业用地仍将受到建设用地指标的限制。地方政府出让建设用地及收益结构见图 4-5。

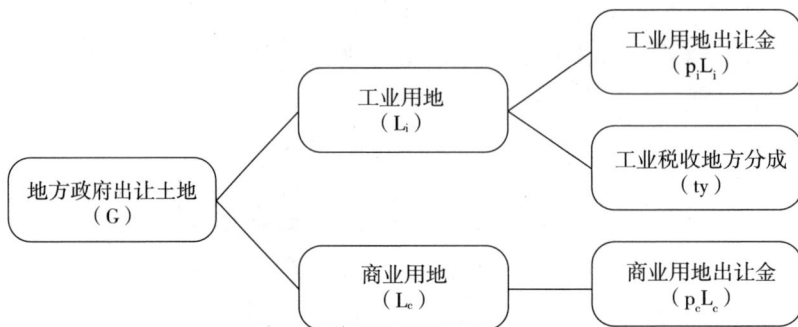

图 4-5　地方政府出让建设用地及收益结构

资料来源：笔者绘制。

4.3.2 均衡分析

根据式（4-2），可以得到给定用地指标约束条件下地方政府的最优工业用地和商业用地出让规模。根据一阶条件，解得地方政府最优工业用地出让规模

$$L_i^* = \left[\frac{A\beta\delta p_0 t N^\alpha \gamma^\beta}{(1-\varepsilon)(p_c - p_i)}\right]^{\frac{1}{1-\beta}}$$

（4-3）

为了表述的简便，令 $\Omega = (A\beta\delta p_0 t N^\alpha \gamma^\beta)^{\frac{1}{1-\beta}}$，表示给定财政分权制度和一系列产业技术经济特征参数的组合；令 $\Delta = (1-\varepsilon)(p_c - p_i)$，表示商业用地和工业用地的出让价格差，则式（4-3）可表示为

---

① 现实中，土地的性质受到用地规划的限制，但还是可以依《土地管理法》，经政府土地行政主管部门批准后可变更用地的用途。地方政府还可以通过调整规划的方式变更土地的建设用地。这里假设地方政府变更土地性质无时间和经济成本。

$$L_i^* = \Omega \Delta^{\frac{1}{(\beta-1)}} \qquad (4\text{-}4)$$

相应地，均衡条件下地方政府用尽各地的全部用地指标[①]，地方政府最优商业用地出让规模

$$L_c^* = L_0 - \Omega \Delta^{\frac{1}{(\beta-1)}} \qquad (4\text{-}5)$$

均衡条件下，地方政府出让土地的最大化收入

$$G^* = p_c L_c - (1/\beta - 1)\, \Omega \Delta^{\frac{\beta}{(\beta-1)}} \qquad (4\text{-}6)$$

若将式（4-4）代入式（4-6），地方政府最大化收入还可表述为

$$G^* = p_c L_c - (1/\beta - 1)\,(L_i^*)^{\beta} \qquad (4\text{-}7)$$

式（4-7）表明，影响地方政府最大化土地出让收益的因素，除了产业的技术经济特征，还包括土地管理制度变量（禀赋与价格）和分税制。因此，该公式集中体现了中国产业结构演进的制度基础。根据该公式，地方政府会结合当地情况选择具备某些特定技术经济特征的产业，达到提高土地出让收益的目的，构成推动中国产业结构演进的微观机制。接下来，本章通过比较静态分析拓展基础模型，以更好地刻画和解释现实中地方政府经营土地行为对产业结构的影响。

4.4　模型拓展及对有关现象的解释

本节根据式（4-4），在地方政府土地出让收入最大化目标下，工业用地的最优出让规模取决于两类参数，一是制度参数，二是产业参数。

4.4.1 分税制下地方政府出让工业用地的影响

在本章模型中，值得进一步探讨的关键制度是央地分税机制设计（t）。分税制改革后，中国税收分成了三种形式：中央政府固定收入（中央税）、地方政府固定收入（地方税）和中央政府和地方政府共享收入（央地共享税）。央地共享税包括国内增值税、营业税、企业所得税、个人所得税（非利息个人所得税）、资源税、城建税和印花税等，其中与工业相关税收的包括增值税和企

---

① 按照《闲置土地处置办法》（中华人民共和国国土资源部令第53号），闲置国有建设用地可能遭受缴纳土地闲置费，甚至被收回、扣减国有建设用地使用权的处置，因此闲置土地是有代价的。实践中，地方政府倾向于多出让土地，造成建设土地指标紧缺的现象，便于向上级土地管理部门争取更多的建设用地指标。因此，这既是均衡条件，也符合现实。

业所得税等。依照现行中央与地方分税比例，国内增值税为 3∶1，企业所得税
为 3∶2。总体而言，地方政府从工业企业获得的税收分成低于中央政府所得。
另外，在税收实务层面，地方政府从工业企业征收的地方性税费中，有相当大
的部分是在确定了地方分成的税收额之后，按照相应的税费比率征缴。因此，
分税制不仅直接影响到地方政府出让工业用地后的工业税收所得，还间接影响
到其他地方性收入。

更重要的是，对地方政府而言，合意的税收分成不仅是分成比例 t 的绝对值
的大小，而是相对其财政支出责任（expenditure responsibility）而言的财政收入
多寡。在事权不断下放，而财权配置格局未做出相应调整的情况下，当事权与
财权的不匹配造成财政收支缺口扩大，而工业创造税收的能力相对不足时，地
方政府对 t 的实际估值也会有所下降。按照式（4-4）和式（4-5），t 下降意味着
地方政府将减少出让工业用地，而将更多土地用于商业开发。1988~2014 年地方
公共财政收支缺口与规模以上工业企业应交增值税的变化见图 4-6。

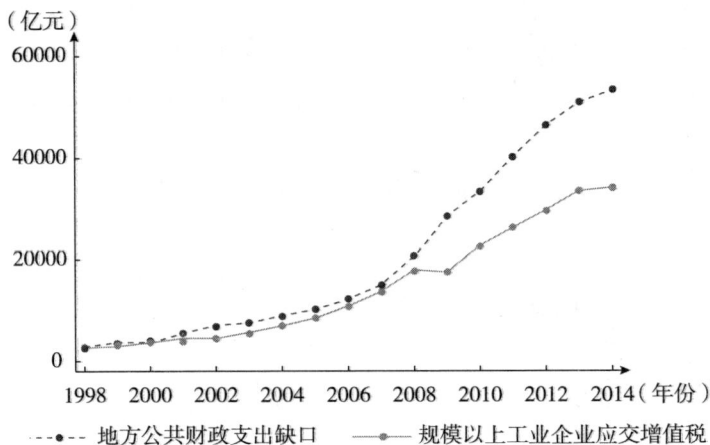

图 4-6　1988~2014 年地方公共财政收支缺口与规模以上工业企业应交增值税

资料来源：国家统计局。

推论 1：给定其他因素不变，在现有分税制和二元土地管理制度下，地
方政府出让工业用地的意愿有下降的倾向。

推论 1 得到了统计数据的支持。根据土地市场网收集的微观数据，2011~2014
年，全国地级市平均工业用地出让面积呈现出递减的趋势，从 543.4 公顷下降至
386.8 公顷（见图 4-7）。推论 1 得到了诸多调研情况的印证。在近来的调研中
发现一些地方已经出现了由工业用地减少导致的产业空心化或去工业化的现象。
在区域层面，以华北地区 B 市政府提供的抽样调查为例，2010~2013 年，全市

29 家外迁工业企业腾退土地面积达 1 万亩,已过半数的土地性质变更为商业(住宅)用地,导致工业用地本已稀缺的 B 市进一步丧失了工业发展空间,即使坐拥国内首屈一指的科技资源,也因制造业的萎缩和产业链的碎片化造成科技成果难以本地转化。类似地,河北省 B 市内大量工业企业腾退出的工业用地被用作商业性开发,同时该市所辖 17 个县(含县级市)中 15 个县明确反映工业用地指标严重不足,制约了产业项目的落地,导致该市在京津冀协同发展战略下承接产业转移的能力不足。在企业层面,以华中地区某省 W 市某市属大型国有工业企业为例,改制后,该企业将过去数十年内政府累计划拨的千余亩工业用地用于商业开发,仅保留少数的工业用地用于体现其工业企业的属性。这些看似不相关的现象表明,工业用地收益率相对低下已经导致部分地区出现了"去工业化"的趋势。未来,工业用地供给趋紧能否对产业结构升级形成有效的"倒逼"机制,已成为未来中国产业发展面临的严峻挑战之一。

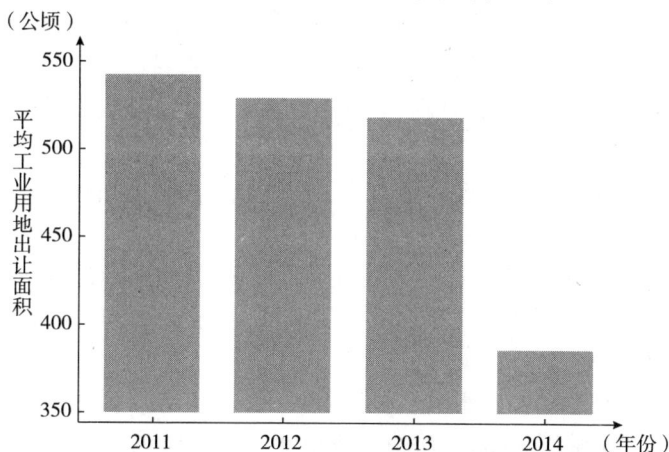

图 4-7 2011~2014 年城市平均工业用地出让面积

资料来源:笔者根据中国土地网数据整理而来。

4.4.2 均衡条件下的产业结构演进分析

在中国现有的制度安排下,地方政府并无充分的权限改变财政分权和土地管理制度,难以扩大产业发展的剩余索取权。推进产业转型升级成为地方政府的现实选择。全国各地正在开展多种形式的产业转型升级,具体实践、做法和"口号"有所差异,但在经济理论上都可用本章的最优土地配置均衡加以解释。产业结构的特征体现为一系列技术经济特征,包括工业项目的生产技术(A)、资本的边际产出弹性（β）、单位土地的工业投资强度（γ）及工业产品定价机制（P₀）等（$L_i^* \propto A$，β，γ，p_0）。地方政府调整辖区产业结构的措施，也是通过调整这些参数实现福利的改进，在此过程中也影响了未来中国产业结构演进趋势。

（1）对产业区域结构的影响。在产业技术层面，地方政府倾向于将土地配置于更高产业技术水平（A）和资本产出弹性（β）的产业项目，提高工业用地的边际收益。为此，地方政府通过直接或间接的财税资金补贴、银行贷款贴息、加速固定资产折旧的方式，鼓励企业加速资本深化，实施技术改造，引进资本和技术密集性更高的生产线，或者在产业新项目选择时甄别新兴产业，从而使得产业结构的技术密集性和资本密集度更高。[①] 这些做法固然符合国家的产业发展导向，但更重要的是符合地方政府的私人收益。在这一点上，中央政府和地方政府都满足参与约束和激励相容。

根据调研情况，在产业结构相对高端的长三角地区和珠三角地区，地方政府正在实施诸如"腾笼换鸟""助强扶优"等计划，在传统制造业"关、停、并、转"过程中，将腾退的工业用地用于承载高端产业项目，形成良性的产业升级格局。相反，在一些产业结构相对落后的地区，产业基础较弱，转型升级的配套条件较差，产业对地方政府收入的贡献较低，地方政府反而将稀缺的土地要素优先用于商业性开发，表现为多数三、四线城市房地产市场过热，积累成为当前供给侧结构性改革的"去库存"压力。

推论2：产业发展水平高的地区更具产业升级的基础条件，地方政府出让工业用地的意愿高于产业发展水平低的地区，从而加剧中国区域间产业结构的不平衡性。

（2）对产业组织结构的影响。根据公式（4-6），理性的地方政府更愿意将工业用地出让给产品定价能力强的工业企业（p_0）。通常大企业具有更强的产品定价能力，容易成为各地政府竞相争夺的对象，"大项目带动大投资、大投资推动大发展"仍然是诸多地方工业发展的典型思路。这种情况在市场一体化程度和产业集中度较低的地区更为常见。例如，在一些资源依赖型地区，地方政府常采取扶持龙头企业的方式，提高资源产品的定价能力，在出让工业用地时优先向大企业倾斜，使得生产要素进一步向大企业倾斜。又如，近年来一些国有（特）大型企业利用产品市场定价权优势，成为地方政府招商引资的重点

---

① 需要注意的是，符合这类标准的并不一定是环境和生态友好型产业，如化工、钢铁、冶金等高能耗、高排放、高资源依赖型产业，虽造成强负外部性，但仍可得到地方政府的支持，容易形成过剩产能。

对象，大型企业也加速在全国各地产业布局。[1] 相反，绝大多数产品定价能力较弱的小微企业谈判能力较弱，工业用地需求更难得到满足。[2] 此外，提高本地企业在区域性市场的定价能力，也可能增加地方政府出让工业用地的收益，这可能导致市场分割或强化地方保护主义。

推论 3：地方政府倾向于将工业用地出让给产品定价能力强的企业，可能会进一步推高产业集中度，或降低市场一体化程度。

（3）对产业布局的影响。单位工业土地投资强度（γ）也是影响地方政府出让工业用地决策的重要因素之一。单位工业土地投资强度在产业水平相对更高、工业用地供应更紧张的地区已经成为地方政府甄别项目最核心的指标。一些地区甚至将单位工业土地投资强度设定为准入门槛，未达到该门槛的工业项目不予立项，其执行标准堪与环评一致。地方政府提高工业用地投资强度的常见做法，是在产业布局上促进产业园区化发展，引导工业企业入园，提高工业公用设施的利用率，进而提高园区土地投资强度。

地方政府在引导园区化发展方面也出现了诸多新的实践。一是各地热衷于规划建设新的工业园区，在工业园区设立派出机构，加强引导工业项目向工业园区集聚。二是引导既有工业企业向工业园区搬迁，腾退原有工业用地后调整规划，变更土地性质另作他用，并以商业开发（特别是房地产开发）为主要利用方式。三是依托当地龙头企业或特色产业布局特色产业园区，提高产业集聚程度。2016 年 3 月，在浙江省杭州市等地调研受多方关注的"特色小镇"建设模式时发现，多数"特色小镇"的建设路径都体现了这些实践，尤其是后两种盘活存量工业用地的做法成为建设特色小镇的主要模式。[3] 按照浙江省的规划，每个"特色小镇"的规划面积一般控制在 3 平方公里左右，建设面积控制在 1 平方公里左右，3 年内需完成约 50 亿元的固定资产投资。按照本章的解

---

[1] 感谢云南省曲靖市、吉林省延边朝鲜族自治州、广东省中山市、浙江省温州市、湖南省长沙市和北京市有关部门提供的调研支持。

[2] 正是小微企业在发展空间上存在着大企业挤压的可能，自 2015 年开始，国家财政部、科技部、工信部、工商总局和商务部五部委联合开展小微企业创业创新示范城市试点工作，截至 2017 年已有两批共 30 个地市级城市（区）成为试点，得到 6 亿~9 亿元的中央财政支持。中央财政带动地方财政配套，吸引民间资本参与，对各类小微企业创业创新载体（众创空间、小企业创新基地、科技孵化器和特色商贸区等）进行财政补贴和税费减免，拓展小微企业发展空间。

[3] 按照官方说法，浙江省建设的"特色小镇"既不是行政区划单元上的"镇"，也不同于产业园区、风景区的"区"，而是相对独立于市区，有明确产业定位（突出产业特色和差异化）、文化内涵、旅游特色和一定社区功能的发展空间平台。暂且抛开这些概念上的说明，可以认为"特色小镇"的经济本质是土地集约利用的一种重要方式。

释框架，可将其视为设立土地投资强度的一种实践。浙江省建设一批茶叶、丝绸、黄酒、中药、青瓷、木雕、根雕、石雕、文房等"特色小镇"，这些产业本来是当地的传统产业，但是按照"特色小镇"的建设标准，传统产业向"小镇"集中的趋势将会更加明显。

推论4：随着工业用地日益稀缺，产业园区化、园区特色化的趋势将会更为明显。

（4）地方债务压力驱使地方政府行为短期化。地方政府对未来收益的估值（δ）也会影响土地配置决策。由于商业用地的平均出让价格明显高于工业用地，假如地方政府更关心短期的利益，则倾向于增加商业用地的出让，相应地减少工业用地的供给，反之则相反。因此，在财政缺口不断扩大的情况下，特别是随着偿债高峰期的临近，且地方政府依赖于土地出让收益作为主要收入来源，那么偿债压力会驱使地方政府行为趋于短期化，降低工业用地的出让意愿，从而对产业结构产生潜在的影响。

推论5：地方债务高企会不断"挤出"产业发展的承载空间，以工业用地的配置为中介，地方债务周期与产业周期之间的协同性会进一步强化。

总之，地方政府土地出让收益最大化的理性选择会对辖区内的产业选择造成直接影响，而地方政府的理性行为又嵌入中国特定的制度环境，从而使得中国产业结构的演进路径具有鲜明的制度特征。

（5）对地方政府增加用地指标的进一步讨论。地方政府并不会完全被动地遵守上级政府分配的用地指标，而是通过多种方式增加建设用地指标，归纳各地的实践模式主要有如下四点：①盘活存量城市用地。常见做法是改造"棚户区""城中村"，外迁原城区内工业区和商贸设施等，整理出可供重新开发的建设土地。这类土地在用地性质上原属于城市建设用地，因此在重新开发时，无需变更土地用地性质而颇受青睐，但是土地拆迁和整治的成本相对较高，对地方政府的融资难能力提出了较大挑战。[①] ②将归农村集体所有的农业用地转变为国有城市建设用地，常见的做法如撤县设区（市），在城市建成区外建设新城区，成建制地变更土地性质。[②] ③在用地指标增减挂钩的政策下，用新增耕

---

① 城市拆建和农村征地引补偿标准和补偿分配造成的社会问题，已是当前中国群体性事件的主要诱因，也是滋生官员腐败的温床，足以见得地方政府在突破用地指标约束中的冲动。

② 根据国家发展改革委城市和小城镇改革发展中心调查显示，2013 年调查的 12 个省份的 156 个地级市和 161 个县级市，90% 的地级市正在规划新城新区，部分城市新城总面积已达建成区的 7.8 倍。此外，12 个省会城市共规划建设 55 个新城新区，个别省会城市就要新建 13 个城区（资料来源：http://news.xinhuanet.com/politics/2014-04/20/c_1110319687.htm）。

地面积置换出同等面积的建设用地指标。常见做法如将农村居民的宅基地及乡镇企业和农村公共设施等农村集体建设用地复垦为耕地。[①] 这类做法的"变种"包括鼓励农民用其所占有的农村土地换城市户口、城市社会福利等原城镇居民所享有的社会服务等。[②] 另有一些地区将山地、坡地、荒地等地块改造成可耕作用地,置换出一定面积的耕地作为工商业开发使用。有些地方积极探索跨区用地指标交易的试点,即一些地区将部分用地指标"余额""转移"至用地指标缺口大的地区,两地再对工业税收、生产总值等指标协议分成。只要两地配置用地总量不超出用地指标,但可以通过土地指标交易提高土地利用效率。[③] 地方政府上述增加可用土地指标的做法,都可能通过工业用地指标这一渠道,对地方产业结构产生间接的影响。

4.5　本章结论与进一步讨论

制度多样性塑造了产业结构演进路径的多元化,中国产业结构的演进与中国特定的制度相匹配。本章研究了财政分权和二元土地管理制度下,面临财政缺口和用地指标约束下地方政府最优工业用地出让决策对中国产业结构演进的多重影响。

本章认为,目前关于地方政府辖区竞争的"保护市场的联邦主义"和"政治晋升锦标赛"两个主流假说并不能准确刻画地方政府的土地出让动机,单一的以地生财和以地引资也不能充分体现地方政府同时出让不同类型土地时的最优决策,现实中地方政府是在以地生财和以地引资之间权衡,达到土地出让收

---

①　2015 年 5 月,安徽省住房和城乡建设厅等 12 部门联合出台《关于促进房地产市场平稳健康发展的意见》(建房〔2015〕105 号),"鼓励农民退出宅基地进城购房。自愿退出宅基地并还耕、还林的农民,进城购买商品住房(含二手住房)的,当地政府可按其退出合法宅基地的面积,给予一次性购房奖励"(资料来源:http://www.ahjst.gov.cn/front_ahjst/InfoDetail/?InfoID=52dfc0e3-52d7-463a-b5f4-927196e96845&CategoryNum=005013007)。虽然一些地方亦有此做法,但是在一省全省范围内,实施退出宅基地复垦奖励的仍不多见。根据对北京市某城区的调研资料,一些区域推进农村城镇化的典型做法是对土地进行分类补偿:一是对农村宅基地,按照人均 50 平方米的住房标准给予商品房补偿,外加一定的现金,置换农村家庭的宅基地用于建设开发;二是按照人均 50 平方米的产业用地的标准置换农村家庭联产承包的农业生产用地,原土地所有者再将建设用地入股合作社或集体投资公司,获取土地开发收益的红利。经过这一流程,农村土地变成了建设用地,有效扩大了建设用地禀赋。

②　重庆"地票"模式是这一方式的典型代表。

③　一些地区甚至出现了某些县专业化新增耕地(如依山造梯田),不断增加建设用地指标,并把土地指标交易至专业于工业发展地区使用的极端案例。

入最大化目标。本章构建了一个地方政府最优用地出让决策模型,将中国产业结构演进的制度背景和产业技术经济特征作为政府决策的参数,得出地方政府土地出让收入最大化目标下最优工业用地出让水平。基于该均衡模型,本章从产业技术、产业组织和产业布局等方面分析了中国产业结构演进的特征。

理论预测和大量实地调研都表明,随着地方财政收支缺口不断扩大,且工商业用地价格扭曲的情况下,全国范围内普遍存在着工业用地供应趋紧的趋势,对未来中国产业结构升级将产生深远影响。同时,各地产业升级的路径也存在地区差异。产业发展基础好的地区产业结构将会呈现出资本和技术密集度提高的产业技术特征,企业规模不断扩大和产业集中度提高的产业组织特征,以及工业用地集约化的产业布局特征。而产业基础较弱的地区反而出现用商业用地开发简单代替产业升级的"去工业化"的现象,加剧中国地区间产业结构不均衡的问题。

根据本章的分析,在中国现代产业结构的构建过程中,不仅要重视新兴产业和新兴技术的发展,促进传统产业调整升级,还要求在全面深化改革的战略目标下,通过体制机制的调整"矫正"地方政府的激励结构和行为模式,在微观层面上引导中国产业结构升级。

第一,进一步完善财政分权制度,通过调整中央和地方政府之间的财权和事权,让地方政府能够从产业结构升级中分享更多的结构红利,形成推进供给侧改革的微观动力。其中,税制改革已经迫在眉睫,也是地方政府政策需求的重点。在工业税收中提高地方政府的分税或税收返还比率,避免地方政府投机行为造成产业政策短期化的弊端,影响企业形成长期、稳定的预期,树立长期支持实体经济发展的信心。调整当前直接税和间接税的结构,改变现在地方政府主要依靠增值税、营业税的税收结构,未来应更多地依靠所得税、房产税、遗产税和赠与税、社会环境税等税种为主体的税收体系,减少地方政府过分依赖于以土地出让金为主的,从而优化工业用地和商业用地的出让结构。

第二,建议开展建设用地指标跨地区流转试点工作,完善建设土地开发收益共享机制,促进工业用地指标向产业效率高的地区流动,强化产业转型升级的要素保障。已经有相当多的地区存在用地指标跨地流转的政策强烈需求,一些地方政府之间也在进行小范围的尝试,但只能在现行土地管理制度之下进行,仍然面临着较多的制度性约束,难以建立成稳定、长效的合作机制,实际效果是抑制土地要素的配置效率。建议在建设用地指标总量控制的前提下,明确地方政府之间建设用地指标跨地区流转规则,提高建设用地跨地区流转的交易和配置效率,完善地区间利益分成机制,提高建设用地要素的利用率。

第三,深化以理顺要素价格形成机制为核心的要素市场改革,建立城乡统一土地市场，改变当前工业用地和商业用地价差过于扭曲的制度因素，从而矫正地方政府"重商抑工""重城轻农"的土地配置偏好，达到抑制地产泡沫和发展实体经济的双重效果，在微观层面促进实体经济发展并维持宏观经济的稳定。

　　本书根据理论模型和典型地区调研情况，对今后中国产业结构的演进方向提出了若干推论，立足于系统、清晰的中国地方政府土地出让行为。本章的不足也是显而易见的：本章所提出的若干推论，虽然得到了一些地区广泛调研资料的印证，部分得到了初步统计数据的支持，但仍需要更为系统的统计资料和计量模型加以识别检验。本章将是一系列研究的起点，下一步研究计划在本章的分析框架下，构建土地配置与地区产业结构的数据库，对若干假说进行更为严格的因果机制识别。

第5章
中低技术劳动密集型中小企业
转型升级融资研究

5.1 问题的提出

改革开放以来，中国逐渐形成了按照比较优势参与国际分工的发展模式，即依靠劳动力相对丰富、产业配套较为完整和后发国家技术进步的后发优势驱动工业化进程，实现经济快速增长。这一恢宏的历史变迁过程基本符合罗斯托模型：以农业居于首位、消费水平很低的"传统社会"，通过积累和投资过程，为经济起飞创造前提条件（罗斯托，1962）。但是，中国的经济发展模式又不完全符合罗斯托模型，即中国从传统社会向成熟社会的演进并不是依托于农业生产力的革命性变化，而是按照刘易斯模型，将大量农村剩余劳动力转移至工业部门所释放的结构红利驱动经济增长（Lewis，1954）。这一变化在产业层面表现为技术和资本门槛相对较低的劳动密集型制造业迅速扩张，大量的劳动密集型中小企业在促进经济增长、增加财政收入、扩大人员就业、促进科技创新和优化经济结构等方面发挥了不可替代的作用，成为奠定中国经济增长奇迹的微观基础。但经过40余年的发展，当前劳动密集型制造业中小企业已经进入了转型升级的新的发展阶段，其转型升级的成效直接关系到中国经济发展方式的转变成效。

本章研究中国劳动密集型制造业中小企业转型升级过程中所面临的融资问

题，试图回答如下三个研究问题：第一个问题是，劳动密集型中小企业转型的经济含义是什么？或者说，怎么从经济理论上阐述劳动密集型中小企业的转型升级？转型升级有什么特征？第二个问题是，劳动密集型制造业中小企业转型融资的基本特征和金融供求结构特征分别是什么？或者说，如何将劳动密集型中小企业的融资研究纳入规范的经济理论分析框架？第三个问题是，中小企业公共服务体系建设在应对劳动密集型中小企业融资难问题中发挥什么样的作用？或者说，如何通过中小企业公共服务体系建设应对中小企业转型融资市场失灵的问题？前两个问题系实证分析，后一个问题系规范分析。

按照切入点不同，现有研究转型的文献可被分为宏观层面经济发展战略转型、中观层面产业转型和微观层面企业战略转型三个层次。相比于前两类转型，企业战略层面的转型研究相对较少。代表性的文献研究了企业升级的理论模型、转型与升级的界定，并对中小企业转型升级的情况进行了调查研究。例如，金碚（2011）提出了中国工业企业转型升级的总体方向和七种可供选择的转型升级方向。总体方向是向高附加值产业端攀升，可供选择的转型升级方向包括基于比较优势的空间转移战略，基于全制造产业链技术优势的一体化战略，向全球制造体系渗透的精致制造战略，跨业转型战略，向服务业延伸的二、三产业互融战略，向重型高端制造领域的顺势攀进战略和进入高端、新兴产业的新技术突进战略。吴家曦和李华燊（2009）对浙江中小企业转型升级的方式、分布特点、影响因素进行了分析。杨桂菊（2010）以提升企业核心能力为视角，通过多案例研究提出了中国代工企业转型升级路径的理论模型。孔伟杰（2012）基于大样本的问卷调查，研究了影响制造业企业转型升级的主要因素。赵昌文和许召元（2013）对转型升级动因和影响因素进行了综述，并利用调研和问卷调查资料检验了影响企业转型升级成效的主要因素。

与本书主题密切相关的另一类文献是中小企业融资问题。相比于中小企业转型升级研究，中小企业融资问题则受到更多的关注。概括起来，现有文献的主要研究问题包括中小企业融资的现状（林汉川等，2003；梁冰，2005；巴曙松等，2013），融资难的形成原因、国际经验比较及其对策建议。林毅夫和李永军（2001）认为，发展劳动密集型中小企业是符合中国资源禀赋特征的生产组织方式，中小企业融资难的根本原因在于长期实行违背资源禀赋结构的"赶超"战略，唯一的解决办法是发展中小金融结构，提高为中小企业提供贷款的金融市场的竞争度。不少学者将信息成本引入中小企业融资问题，为中小企业融资问题提供了主流研究框架，研究银行信贷配置、金融成长周期、银行市场竞争结构、企业规模对中小企业融资的影响（李志赟，2002）。张捷（2002）认为银行的决策过程受其自身规模的影响，决策的信息成本与代理成本之间存在最优权衡，并以此分析大银行和小银行在进行中小企业关系型贷款决策时的比较优势和专业化分工。林毅夫等（2009）认为非正规金融拥有中小企业的"软信息"优势，能够改进整个信贷市场的资金配置效率。这一观点已经成为主张发展地方性中小金融机构，为中小企业提供金融服务的主要理论依据。

虽然现有研究对中小企业融资相关的主要研究问题均有所积累，但总体而言，现有研究仍需在如下三个方面加以拓展：一是"转型升级"的研究需要从政策概念向理论研究转变，二是加强对劳动密集型中小企业转型升级的专门研究，三是重视处于转型升级阶段的劳动密集型中小企业所面临的独特融资需求关注不足。

本章余下部分安排如下：第二部分借用最优金融结构理论，分析中国劳动密集型中小企业转型升级的经济内涵和风险特征。第三部分分析劳动密集型中小企业转型融资的特征，并基于调研数据和案例研究，从资金供给和需求两方面分析劳动密集型中小企业转型融资面临的主要困难。第四部分是本章结论，并从金融体系和公共服务体系两方面提出了纾解劳动密集型中小企业转型融资难的政策建议。

5.2　劳动密集型中小企业转型升级及其风险

5.2.1 劳动密集型中小企业的转型升级

按照中国统计部门的惯例，只有规模以上的工业企业才有连续的统计数据，而为数众多的规模以下工业企业尚游离于统计监测范围之外，因此难以利用翔实的统计资料刻画它们的特征。[①] 按照产业发展的一般规律，处于工业初中期发展阶段的国家和产业，企业规模与劳动密集度之间存在正相关关系，因此数量众多的规模以下制造业中小企业劳动密集程度要比规模以上企业更高。2010年，在规模以上工业企业中，中小型工业企业数量占比高达 99.2%。由于广大中小企业具有鲜明的劳动密集型特征，该比值也在相当大程度上反映了中国工业仍然具有鲜明的劳动密集型特征。如图 5-1 所示，2003~2011 年，规模以上工业企业人均资产从 29.3 万元 / 人快速增长至 69.2 万元 / 人，反映了中国要素

---

① 按照中国的统计口径，2010 年之前年主营业务收入在 500 万元及以上的法人工业企业为规模以上工业企业。自 2011 年起，中国对规模以上工业企业的口径进行了调整，年主营业务收入在 2000 万元及以上的法人工业企业。本章有关中小型工业企业的相关统计数据资料，均来自各期《中国中小企业年鉴》。

结构逐渐由劳动相对丰裕向资本相对丰裕转变的特征。同期，规模以上中小型工业企业人均资产从 23.1 万元 / 人增加至 56.1 万元 / 人，增幅高于规模以上工业企业，但规模以上中小型工业企业人均资产是规模以上工业企业人均资产的 81.1%，表明中小型工业企业的劳动密集程度更高。这一判断得到了中小型工业企业和就业行业分布特征的进一步印证。2010 年，全国超过 60% 的规模以上中小型工业企业集中于十大劳动密集型制造业部门，且在劳动密集度高的 12 个工业行业中，超过九成的就业岗位由规模以上中小型工业企业提供。[①]

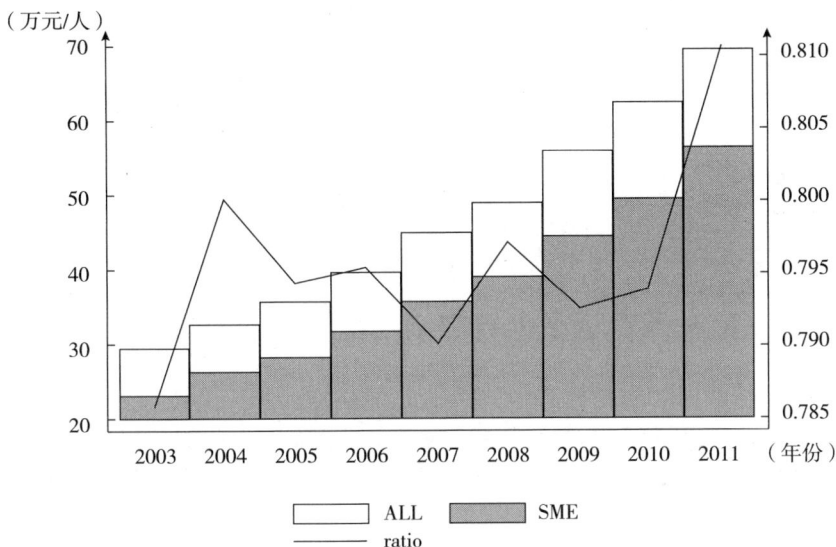

图 5-1　2003~2011 年规模以上工业企业与中小企业平均劳动资本比

资料来源：《中国中小企业年鉴》（各期）。

　　上述统计数据精准地反映了改革开放以来，内生于中国经济发展战略的企业特征，即按照劳动相对丰裕、资本相对稀缺的要素禀赋结构发展与之相适应的劳动密集型产业，企业以劳动密集型中小企业为主。一方面，在此发展阶段，劳动密集型中小企业面临的风险类型与大型企业有显著差异，融资需求也会表现出明显的阶段性。另一方面，在计划经济时期为实行"赶超"战略，中国形成了高度集中的金融结构难以满足中小企业的融资需求，加上中小企业自身难以克服融资活动中的信息不对称和交易成本高的问题，中小企业融资难、融资

──────────

　　① 需要指出的是，中国中小企业主管部门于 2011 年调整企业划型标准，提高了规模以上工业企业的标准，统计意义上的规模以下工业企业数量可能进一步增加。即便中国科技部门对科技型中小企业进行了认定，但数量相对于中小企业总数而言相对较少。

贵的问题在中国长期存在（林毅夫和李永军，2001）。而对于劳动密集型制造业中小企业而言，融资难、融资贵的问题则尤为严重（罗仲伟和贺俊，2013）。

经过40余年的高速发展，中国的要素禀赋结构正在发生深刻变化。在劳动要素方面，中国的劳动年龄人口正趋紧峰值[①]，出现了劳动力短缺和工资持续提高为特征的"刘易斯拐点"，人口抚养比不再降低也表明"人口红利"正在逐步消失（蔡昉，2010，2011；蔡昉和都阳，2011），中国劳动力无限供给的格局难以为继。在资本方面，中国国民经济持续快速发展加速了资本积累，外国投资大量流入，人民币汇率快速升值和高等教育的普及等因素都使得中国资本禀赋不断积累。中国逐渐从劳动力相对丰裕、资本相对稀缺的落后经济体演变为劳动力相对稀缺、资本相对丰裕的中等收入国家。[②]

中国要素结构的变动，导致劳动密集型中小企业普遍面临工资上涨的压力。根据笔者在珠三角劳动密集型中小企业集聚区的实地调研情况[③]，东部地区劳动密集型企业的一线普通工人月平均工资已达4500元，具有技能工人的月工资达7000元，高于同期当地城市平均月薪，[④]且最近几年保持双位数的增速。为了减少员工离职，企业通常还需要发放额外工资，设立奖金激励员工在节假日后回厂复工。[⑤]企业的用工成本除了支付员工货币工资外，还需支付与工资成一定比例的社会保险和福利支出，因此企业的实际用工成本高于货币工资。随着中国用工制度的规范化和社保网络的健全，企业支付的员工福利支出随着货币工资的增长而上升，实际用工综合成本快速上涨。[⑥]而在产品市场方面，劳

---

① 劳动年龄人口是指年龄处于15~64岁的人口。

② 据我们所掌握的文献，尚未发现已有研究测算过中国要素禀赋结构的变动，现有通常测算劳动、资本、土地等单要素规模，作为解释变量或者控制变量识别要素禀赋丰裕程度对其他变量的关系。

③ 2013年5月，笔者对广东省深圳市的电子产业集群，东莞市虎门镇的纺织产业集群和童装产业集群，厚街镇的家具产业集群，广州市狮岭镇的皮革皮具产业集群，番禺区的服装产业集群进行了密集调研。通过实地企业走访和企业家、行业组织座谈相结合的方式，了解劳动密集型中小企业（如纺织、服装、制鞋、家具和皮具等行业的企业）转型升级的情况。本部分的资料均来自笔者的调研记录。

④ 根据某知名招聘网站发布的《2013春季职场才情报告》，2013年春季深圳市和广州市的平均月薪分别为6787元和4917元。

⑤ 春节假期后，企业通常面临着20%员工不再返厂复工的问题，调研中企业普遍反映"一到春节人力资源部就头疼"。

⑥ 根据有些研究的估算，如果企业严格执行相关的用工政策，企业除了支付工人工资外，所承担的保险和福利费用为工资的30%~40%。按此水平估算，如果工人平均工资为4500元/月，企业实际的用工成本约为6000元/月。

动密集型中小企业通常处于完全竞争市场，是市场价格的接收者，难以将要素成本转嫁给下游市场，利润空间"薄如刀刃"。劳动密集型中小企业的转型升级具有明显的被动性、迫切性。

研究劳动密集型中小企业的转型仍需要将之嵌入产业转型的背景之下，以经济理论和历史经验为依据。关于产业转型的转型升级的经典模型之一便是"雁行形态理论"（Akamatsu，1962；Okita，1985；Kojima，2000）。该理论最初被用来表述工业化与经济发展形态，后来常用于研究产业和经济结构的动态演进。[①] 日本和亚洲"四小龙"的发展经验均表明，经济发展是循序渐进的过程，成功的经济发展要求在每个发展阶段发挥当时资源禀赋的比较优势，一国经济的发展促使资本积累和人均资本拥有量提高，资源禀赋结构也将逐渐从劳动密集型转变为资本密集型和技术密集型（林毅夫，2012；林毅夫等，1999）。当要素禀赋结构变化使得要素相对价格发生变动时，要素将转移至生产效率相对更高的部门，这一变化在宏观上表现为"结构红利"，在微观上则表现为企业的转型。因此，本书将转型定义为产业或者企业按照要素禀赋结构，或者要素的相对价格变动时企业做出的动态调整。

从企业实践看，转型升级通常有如下几种方式：外销转内销，沿产业链向上下游延伸，空间上的产业转移，产品升级换代或创新，生产设备升级推动工艺创新，打造企业自主品牌等。无论企业采取哪种或者哪几种方式进行转型升级，其本质却是相通的。对于劳动密集型中小企业而言，转型升级的本质是为了应对劳动和资本要素相对丰裕程度的变化，逐步提高资本—劳动比率，提高边际劳动生产率，抵消劳动工资率上涨对企业利润空间的挤压。对此，可用企业利润最大化均衡条件表述劳动密集型中小企业的转型升级。假设劳动密集型中小企业所处的产品和要素市场是竞争性的，那么企业利润最大化条件为 $w/r=MP_L/MP_K$。其中，w 和 r 分别表示工资率和利率，MP_L 和 MP_K 分别为劳动和资本的边际生产率。当要素禀赋结构升级时，表现为劳动力成本 w 上涨，此时减少劳动投入和（或）增加资本投入符合企业利润最大化条件，意味着劳动密集型中小企业需要增加资金投入进行资本深化。如果中小企业的自有资本不足以满足这种投资需要，需要进行外部融资。在要素相对边际生产力不变的情况下，工资率的上涨将导致利率的上涨，表现为融资成本增加；如果金融供

---

① 雁行形态理论（又被称为"雁阵理论""雁行模式"）自提出后，根据研究对象的不同，衍生出两大理论变种：一是被用于研究特定一国的经济发展形态；二是被用于研究多个国家之间序贯出现的经济发展形态。赤松要最先提出的雁行形态是一国模型，用来表述追赶型国家的产业演进，又被进一步细分为一国一种产品模型和一国多种产品模型。

给结构不利于劳动密集型中小企业的融资需求，融资难的问题随之而生。

按照最优金融结构理论，金融结构安排应该服从实体经济的融资需求，在特定发展阶段，特定的产业结构和企业特征有独特的融资需求，因此存在一个最优的金融结构与之相适应（林毅夫等，2009；Lin et al.，2009；龚强等，2014）。以此理论，在研究劳动密集型制造业中小企业融资问题时，必须结合其风险特征及相应转型融资需求特征，提高融资需求结构与金融供给结构之间的匹配度，才能有效解决劳动密集型中小企业的融资难问题。

5.2.2 劳动密集型中小企业转型升级的风险分析

当要素禀赋结构升级，劳动密集型中小企业作为一个群体普遍面临着转型压力时，所引致的融资也可以称之为转型融资，特指用于满足劳动密集型中小企业转型所需的资本投入。按照上述最优金融结构理论的逻辑，本章将劳动密集型中小企业转向资本密集型或技术密集型视为经济发展的一个特定阶段，那么在此阶段也应该存在一个最优金融结构，能够根据劳动密集型中小企业转型的风险特性，为其提供转型所需的金融服务。因此，在讨论转型融资之前，有必要更细致地研究劳动密集型中小企业转型风险及转型融资的特点。

最优金融结构理论认为，给定宏观经济环境，企业主要面临三方面的风险，即技术创新风险、产品风险和企业家风险（Lin et al.，2009）。以此逻辑，本章讨论劳动密集型中小企业转型面临的风险。

第一，劳动密集型中小企业转型以提高劳动生产效率为目标，要求企业进行技术升级，技术创新风险随之而生。在中国劳动密集型中小企业形成和发展过程中，由于中国工业技术水平与全球技术前沿之间的技术差距较大，企业可发挥技术创新的"后发优势"，引进相对成熟的技术以降低技术创新风险。当后发企业的技术水平与技术前沿之间的差距缩小时，引进技术的难度日益增加，后发企业的技术战略可能从技术引进策略逐渐转变为自主研发策略（Acemoglu et al.，2006），技术创新风险也随之增加。尤其是全球工业技术更新周期日趋缩短，企业技术创新风险越来越大。劳动密集型制造业中小企业的技术升级主要包括两方面的内容，即产品技术的升级和工艺技术的升级，前者要求加大R&D投资，后者需要加大投资用于生产设施的更新和改造，两者都包含着较大的风险。

第二，在劳动密集型中小企业转型过程中，产品的转型具有不同的形式，但是每种形式都会伴随着一定的风险。产品转型的第一种典型方式是产品改进，例如，对产品的品质、功能、性能和界面进行调整。即便产品的技术创新获得成功，但是新产品能否成功实现商业化仍面临着一定的风险。第二种典型方式在一些外向型劳动密集型中小企业中较为普遍，一些企业在转型以前，产品主要用于外贸出口，以满足国外消费者的偏好为导向，但受全球金融危机的影响，海外市场需求减少，加之启动内需发展战略的推行，促使外向型中小企业转向国内市场，企业所面临的产品风险包括国内外市场上消费者偏好、市场结构、产业组织、产业政策等方面不一致所造成的风险。[①] 类似地，传统上专注于国内市场的劳动密集型中小企业开拓国外市场时，也可能遇到上述的风险。上述两种产品转型都是产业内升级，而第三种典型方式更为"激进"，即部分传统劳动密集型中小企业投资于资本、技术更为密集的新兴产业，实现产业间的升级。[②] 根据调研情况，浙江宁波某文具办公用品企业进入新材料领域，某著名服装企业已完全退出服装制造，投资锂电池业务，山东威海某鱼竿生产商进入碳纤维产业，四川某生猪屠宰企业投资生产医疗设备，等等。以这种方式转型的企业不仅面临更大的产品风险，而且产品风险和技术创新风险相互叠加。伴随着产品升级，一些劳动密集型中小企业同时进行着空间上的产业转移，在新的投资地经营还面临着地方政府的政策风险、产业和基础设施配套的风险等。

第三，劳动密集型中小企业的转型对于企业家的管理才能也是一项严峻的考验。在企业转型之前，由于技术创新风险和产品风险均相对较低，企业家创业和经营的风险也相对较低。但是转型过程中技术创新风险和产品风险逐渐增加，要求企业家在更为不确定的环境中作出决策，对企业家的创新精神和冒险精神提出了更高的要求（Knight，1921；熊彼特，1991）。特别地，随着中国改革开放后第一代中小企业家群体逐渐步入退休年龄，代际传承问题加剧了企业家风险（黄阳华和贺俊，2010）。为了适应转型升级的需要，企业战略、组织行为及人员结构的调整都伴随着管理风险。

上述三类风险都基于给定的宏观经济环境条件，适用于一般性的情景。但是，近几年来，中国实体经济经营环境不理想，虚拟经济的投资收益率高于实体经济，出现了资本从实体部门流向虚拟经济的势头。社会信用体系建设滞后，一些企业缺乏契约精神又进一步放大了企业间的债务风险，引发相互拖欠货款的债务连锁反应。从中长期看，中小企业负担过重，产能过剩的问题长期存在，国家倡导放开民间资本投资领域的政策落实困难，限制民间投资的"玻璃

---

① 对外贸型劳动密集型中小企业转向国内市场所遇到的转型问题的归纳，来自对广东广州狮岭皮具产业集群的调研。

② 这种转型方式在历史上不断上演。例如，"二战"时丰田公司的产品线从纺织业转向卡车，三星公司从生产服装转向生产电子产品，LG从生产日用品转向投资收音机等。

门""弹簧门"仍然存在。除了外部环境的问题,中小企业自身也有一定的问题,较多中小企业难以适应上述经营环境的转变,经营不善、投资不当、扩张过快、过分依赖民间借贷的问题突出(罗仲伟等,2014)。外贸相关行业集中了大量劳动密集型中小企业,普遍面临着国际市场需求萎缩、订单减少的窘境。劳动密集型中小企业经营困难使得融资难的问题尤为突出,中小企业融资难在一定程度上反映的是经营难(黄阳华,2013)。

综上,劳动密集型中小企业转型过程中,除了面临着常规经营风险,还面临着内生的转型风险,转型融资的需求特征根植于企业转型的风险特征。这也就意味着劳动密集型中小企业的转型融资需求既有常规融资的特点,又有应对转型风险的融资需求。提高劳动密集型中小企业转型融资需求与金融供给结构之间的匹配度,是纾解劳动密集型中小企业转型融资问题的关键所系。下文将更深入地研究转型融资的供求关系。

5.3 劳动密集型中小企业转型融资供需矛盾突出

5.3.1 劳动密集型中小企业转型融资具有"长、大、稳、综"的新特征

如前文所述,中小企业融资难问题具有普遍性、长期性,原因在于中小企业融资时资金的提供者和使用者之间信息不对称,容易产生逆向选择和道德风险,因此中小企业需要支付更高的资金成本以补偿资金提供方面临的风险(林毅夫和李永军,2001)。中国以大型金融机构为主的金融结构难以满足中小企业的融资需求。那么对于劳动密集型中小企业而言,它们在转型过程中,常规融资所遇到的信息不对称和交易成本高的问题是否会在转型融资中延续?中国金融制度安排在满足劳动密集型中小企业常规融资时存在局限性,这种制度性障碍是否会继续阻碍劳动密集型中小企业的转型融资?解答这些问题,首先需要剖析劳动密集型中小企业融资的特征。

处于转型升级阶段劳动密集型中小企业,融资需求呈现出与常规经营阶段显著不同的特征。不同的转型升级路径对融资的额度、期限、条件等提出了不同的要求。如果劳动密集型中小企业转型面临的风险越大,那么转型融资的风险也相应越高。因此,相比中小企业常态融资需求具有的"短、小、频、急"的典型特点,劳动密集型行业中小企业转型升级的融资需求具有"长、大、稳、综"的新特征。

第一,劳动密集型中小企业沿着产业链向资本密集型或技术密集型环节垂直转型,或者向劳动力、土地成本更低的地区产业转移,均要求企业对生产工

艺、技术、设备等进行改造和升级，增加研发投资，建立自主品牌，开拓营销渠道，探索新的商业模式。这些新增投资常常以固定投资为主，因此，外部融资的周期相对更长，融资额度也相对更大。

第二，劳动密集型中小企业转型进行的固定资产投资，如新设备、新工艺流程、新建厂房等，通常具有专用性资产的特点，一旦中途资金断裂，则前期投入将变成沉没成本。因此，按照新产权理论，劳动密集型中小企业转型进行的固定资产投资需要更稳定的融资，以避免事后的机会主义行为，保证事前的投资激励水平。

第三，劳动密集型中小企业转型升级落实在具体的运营实践上具有不同的形式，例如横向转型需要大额启动资金支持，制造型企业产品研发和技术改造需要长期贷款周转，出口型企业随着贸易额扩大需要银行提供贸易融资、跨境结算、汇率避险等服务。不同的转型方式对融资的需求也各具特色，使得劳动密集型中小企业的融资也更为综合，显著不同于以应付流动资金不足的常规融资。

5.3.2 劳动密集型中小企业转型融资的供求分析

为了了解劳动密集型制造业中小企业转型融资的基本情况，笔者向福建省三明市、河南省偃师市等地共发放 150 份企业调查问卷，回收 104 份有效问卷，回收率为 69.3%。受访企业平均年龄 12.5 岁，最年轻的企业创立于 2011 年，最早的创立于 1958 年；受访企业主要分布于通信设备、计算机及其他，通用设备，化学原料及化学制品，纺织业，非金属矿物制品和专用设备等行业。企业员工人数主要集中于 20~300 人。

5.3.2.1 企业融资需求是多重需求的叠加

问卷调查结果显示，大多数劳动密集型中小企业面临着数额不等的资金缺口，仅约 20% 的中小企业表示不存在资金缺口，表明中小企业融资难的问题仍然普遍存在。进一步分析中小企业资金的主要用途后发现，企业自有资金的用途和融资需求之间存在高度相关性，表明企业的融资需求主要用于补充自有资金的不足。[①] 企业的融资用途除了维持正常生产外，更侧重于对生产线升级、技术改造、自主研发和新产品开发，这几类融资需求占比合计接近总需求

---

① 本章对企业自有资金的用途和企业融资需求的 t 检验，结果表明二者之间并无显著差别。

的一半，而用于归还拖欠货款等与转型关系不甚密切的资金用途需求相对较少（见图5-2），表明中小企业的融资需求是常规融资需求与转型融资需求的叠加。这一结果也体现了上文对劳动密集型制造业中小企业转型特征的分析，即企业将更多的资金用于技术、产品的升级或进行自主研发，以提高企业的资本劳动比，促进企业的转型升级。

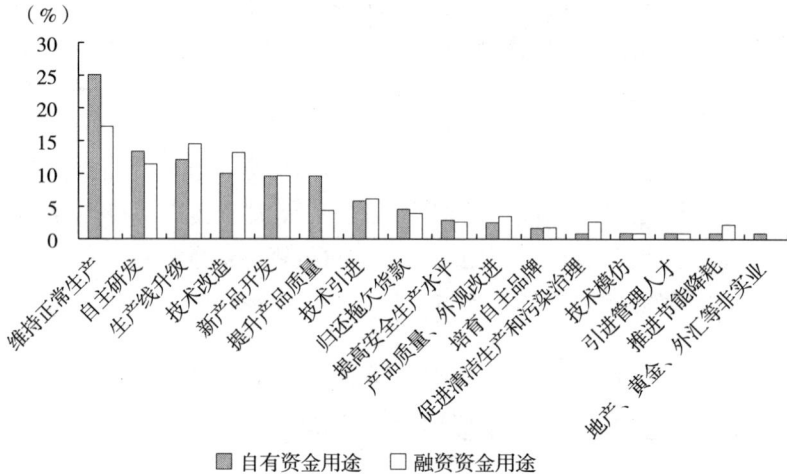

图 5-2　中小企业自有资金和留存利润主要用途对比

资料来源：问卷调查。

5.3.2.2 银行仍然是中小企业最为重要的融资来源

问卷调查显示，银行仍然是现阶段劳动密集型中小企业最为主要的外部融资渠道。在中小企业的资金来源结构中，自有资金和外部融资约各占一半（分别为47.1%和52.9%），中小企业仍然在较大程度上依靠自有资金经营。而在外部融资的各种来源中，银行贷款是最主要的资金来源，2/3的受访企业通过银行进行外部融资，银行贷款的重要性显著高于民间借贷和地方信用社、农信社等地区性中小金融机构。在各种融资渠道中，银行贷款的融资成本低于民间借贷、城乡信用社贷款、融资租赁等融资方式。进一步对比不同类型的银行融资成本后发现，股份制商业银行、地方性商业银行（城市商业银行）的融资成本均高于中国银行、中国工商银行、中国农业银行、中国建设银行四大国有商业银行。若以融资成本计，大型国有商业银行应成为中小企业的主要外部融资渠道。然而，以银行为代表的间接融资具有债权融资的特点，对企业自身规模和自有资金要求更高，风险管控也更为审慎，即便银行融资的成本相对较低，但是规模相对较小的劳动密集型中小企业并非都能达到银行设定的门槛。这也得到问卷调查结果的印证：近六成的受访中小企业认为在进行融资时，需要做好的工作是做大企业规模和维持盈利。而抵押品、企业信用信息和企业财务信息等因素对中小企业融资的影响程度相对较低。

转型融资需求与间接融资方式之间的矛盾进一步激化。如前文所述，劳动密集型中小企业转型融资的周期更长、规模更大，对中小企业的自身规模和成长性均提出了更高的要求，因此，以银行为主导的间接融资结构不仅难以满足中小企业的常规融资需求，也难以为劳动密集型中小企业转型提供有效融资服务。此外，劳动密集型中小企业转型融资还具有综合性，对银行的风险管理技术、金融产品的多样性等均提出了新要求，否则会影响劳动密集型中小企业融资成本（资金成本、时间成本、其他隐性成本等）和融资的可获得性。

上述发现也从侧面反映了中国直接融资渠道功能相对较弱的现实。劳动密集型中小企业转型风险高于常规经营风险，风险分散能力更强的直接融资方式更符合转型融资的特点，在中小企业转型融资服务中应该发挥更为重要的作用。然而，风险投资基金等在中国尚处于起步阶段，不仅没有形成成熟的运作机制，并且关注点也多在高新技术行业；中小板、创业板、新三板等股权融资市场由于成本高、门槛限制、程序复杂、审批时间长等因素，难以解决大多数劳动密集型中小企业的融资需求；债券市场对中小企业的开放程度则更低，且支持力度非常有限，难以有效纾解劳动密集型中小企业的转型融资困难。

5.3.2.3 中小企业融资的主要问题是融资难而非融资贵

在受访中小企业看来，影响其获得贷款的主要问题并不是资金成本高企，而是交易成本过高。约 2/3 受访企业实际支付的贷款利率为基准利率的 1~1.3 倍，约 1/3 的实际贷款利率超过基准利率的 1.4 倍。同时，约 80% 的受访企业表示能够承受的贷款利率水平为基准利率的 1~1.3 倍，剩余 20% 的受访企业能够承受的贷款利率水平为基准利率的 1.4~2.0 倍。因此，仅就银行贷款而言，多数中小企业能够承受银行贷款的资金成本。

那么，限制中小企业享受银行贷款融资服务的主要因素又是什么？问卷调查结果显示，约 1/3 的受访企业认为手续复杂、审批时间过长是制约中小企业从银行获得贷款的首要原因，远高于贷款成本、资产质押、信用等级、担保方、贷款附加成本和产业政策限制等其他因素。对此现象，已有大量的文献从信息经济学和交易成本理论的视角进行了解释。对此，有论者提出大力发展地方性中小金融机构（如中小银行、小贷公司等），利用中小金融机构对本地中小企业的信息优势发展关系型贷款，以中小金融机构科层更少、经营效率更高的优势，克服大银行在服务中小企业融资中的信息劣势和交易成本高的问题。但是，相比于大银行，地方性中小金融机构也需要加强自身的能力建设。根据笔者的问卷调查结果，股份制商业银行、城乡信用社和地方性银行（城市商业银行）的贷款灵活度甚至不及四大国有商业银行，为中小企业提供融资服务时存在能力不足的问题。①

5.3.2.4 助推中小企业转型升级的公共服务体系有待加强

第一，劳动密集型中小企业转型升级所需的软硬基础设施不足，增加了企业融资的压力，放大了融资风险。在劳动密集型中小企业的历史发展过程中，典型的产业组织方式是劳动密集型中小企业产业集群，依托产业集群发展出了各具特色的基础设施。例如，皮革加工、纺织产业、制药集群需要统一的污水处理设施，塑料制品产业集群需要油气管道的供应，采掘业产业集群需要尾矿处理设施，服装、鞋、帽、玩具等出口产品生产企业依靠港口的建设，食品、药品、保健品等产业依赖于专业物流园区的支持。在"软"基础设施方面，常见的基础设施例如共性技术、质量检测、信息咨询等各类公共服务平台和地方专业市场等。基础设施的缺失增加了劳动密集型中小企业的交易成本，推高了它们的融资需求。随着劳动密集型中小企业进行转型升级，既有的基础设施可能难以满足中小企业的转型需求。换言之，基础设施也需要随着产业升级而升级。当基础设施的转型与劳动密集型中小企业的转型之间形成协同效应，那么可以有效降低劳动密集型中小企业的转型成本，纾解其融资压力。但是基础设施具有公共物品的性质，在中小企业的私人收益和社会成本不一致的情况下，要求公共部分（如政府）或者其他主体提供相应的基础设施。

第二，中国尚未设立成体系的政策支持体系和专项基金，用于克服中小企业转型升级的融资难题。政府出台了一系列旨在纾解中小企业融资困境的政策措施，包括增加贷款规模和建立财政补贴机制、建设财政支持担保机构等。但

---

① 建议发展地方性中小金融结构主要有两方面的原因：一是根据信息经济学的理论分析，二是根据美国、日本、德国、中国台湾等地的发展经验。但中国大陆的地方性金融机构的放开较晚，尚处于发展的初期阶段，主要由传统的信用社转变而来，服务能力较弱。地方性金融机构较为普遍地采取以跨区经营做大规模的策略，并不像先行地区的中小机构那样，扎根本地金融市场，发展关系型借贷服务本土中小企业。

现有的政策措施大多根植于行政体系，指导思想上较多依赖直接的行政手段，缺乏长效机制，既有的政策扶持措施对于劳动密集型中小企业的转型升级并不开放。这其中自然也包括融资政策。[①]

第三，劳动密集型中小企业转型升级还通常需要综合服务的支持。大多数劳动密集型制造业中小企业并不拥有转型过程中所需的技术信息、产品信息、市场信息、管理信息、培训信息和法律信息。如果在一个公共服务体系相对健全的经营环境中，中小企业借助或者购买公共服务可以有效地降低或者分散转型风险，相应地转型融资风险也可以得到一定程度的缓解，克服劳动密集型中小企业因为信息不对称对其融资造成的不利影响。目前，中小企业服务主体、服务平台、服务产品、服务机制和服务队伍建设还远远不能满足广大中小企业转型发展的要求，公共服务体系的整体构架还没有完全建立起来，服务体系的发展速度、发展质量远不能满足中小企业"转方式、调结构、上水平"的需要。

5.3.3 案例研究：高阳纺织产业集群转型升级融资

河北省保定市高阳县纺织业具有传统劳动密集型产业的典型特征，在自然、自发的演进过程中，逐步形成产业体系较为完整，产品特点突出，以少数规模以上骨干企业为引导、数量众多的小微企业和家庭织户为主体的"小规模、大群体"特色纺织产业集群，高阳也由此成为全国纺织产业集群化发展试点地区。但随着国内外传统低端纺织业竞争日益激烈，低端市场日趋饱和，生产能力严重过剩，结构性、组织性矛盾和周期性、阶段性矛盾交织、叠加，高阳纺织产业集群一些深层次问题日益暴露出来：低成本同质化竞争战略难以为继，市场开拓能力弱及网络建设滞后，技术装备相对落后，要素制约进一步加紧，转型升级迫在眉睫。

纺织产业是典型的装备驱动型制造业，纺织产品的品种、质量、档次和市场竞争力，在很大程度上取决于工艺和装备水平，工艺装备的快速升级换代已经成为这些行业竞争优势的主要来源。伴随着科技发展，纺织工艺和装备的技

---

① 例如，2012 年国家财政部、工业和信息化部联合发布《工业转型升级资金管理暂行办法》，针对工业转型升级目前存在的薄弱环节和突出问题，并根据每个环节的特点，创新财政资金的支持方式，充分发挥财政资金使用效益。但是工业转型升级资金的支持范围具有较强的指向性，工业领域自主创新重点支持软件、集成电路产业，以及计算机、通信、网络、数字视听、测试仪器和专用设备、电子基础产品等电子信息产业核心领域技术与产品研究开发、产业化和加大电子信息技术推广应用，大量劳动密集型中小企业并不适用支持范围。

术进步加快，装备的升级换代周期大大缩短。例如，在针织等子行业，这一周期已经从 20 世纪 80 年代的 15~20 年缩短为目前的 5~8 年。以等量替换的方式大规模淘汰现有有梭织机，使家纺织机无梭化率从目前的 10% 提高到 95% 以上，[①] 使绝大多数小微企业和家庭织户的工艺装备技术水平跨越一个大台阶。还有一个重点改造、升级的领域是印染。淘汰小漂染，巩固建设染整集中区所取得的成果，按高标准、严要求全面提升装备水平和染整工艺。如果高阳纺织产业集群要实现转型升级，那么融资需求无疑会成倍增加，现行的资金供给结构将远远无法予以满足。

如果按照 5 年均摊计的 4 万台织机"存量"替换改造，年度平均所需资金约为 34.6 亿元（见表 5-1）。进一步提高产业的研发强度，达到年销售额 5% 的研发费用，以 2013 年纺织产业总产值 280 亿元计，年设计研发费用为 14 亿元。两项合计 48.6 亿元。也就是说，高阳纺织产业集群要实现转型升级，则在目前维持原有生产水平的资金供给基础上，需要另外增加至少 48.6 亿元的资金，这里还不包括家纺产业链中其他生产环节装备与工艺升级换代和产业配套所需的投资。实施转型升级两年后，虽然两个综合平台基本建成，产业集群信息化改造升级完成，但综合平台仍需要维持并不断提升，织机替换改造还要继续三年，公共服务平台网络建设还要继续两年，设计研发费用也需要逐年递增，资金需求仍处于高位。

表5-1 织机"存量"替换改造资金估算

	占比（%）	平均单价+配套（万元）	数量（台）	总金额（亿元）	年度平均金额（亿元）
简易剑杆织机	40	20 + 5	14000	35	7
中高档剑杆织机	35	40 + 10	16000	80	16
大型剑杆织机和喷气织机	15	65 + 15	6000	48	9.6
智能化织造设备	5	80 + 20	2000	10	2
合计	95		38000	173	34.6

注：配套包括设备安装调试费用、工人操作培训费用和设备启动运行所需的流动资金。

资料来源：笔者调查整理。

---

① 其中，简易剑杆织机占35%，中高档剑杆织机占40%，代表国际先进水平的大型剑杆织机和喷气织机占15%，最新一代多功能、智能化织造设备达到5%左右。

调查表明，高阳县的资金来源主要是传统大型商业银行，资金使用的行业特色十分明显。2013 年用于工商业的贷款余额为 66 亿元，其中约 80% 用于纺织业企业，为 52 亿元，其中又有约 50% 用于中小企业，即 26 亿元，主要用于中长期固定资产投资。在资金供给方面，融资品种近几年有不少创新，如仓单抵押、票据抵押、联保户融资、农贷通、速贷通等。目前，全县共有三家小贷公司较为活跃，贷款余额 2 亿元，但规模有限。高阳地区民间借贷历来十分活跃，是满足小微企业流动资金等短期融资要求的重要渠道，经多方访谈，估计私人间资金拆借至少在 10 亿元以上规模。

通过高阳这一典型的劳动密集型产业集群的案例研究发现：劳动密集型中小企业转型升级融资具有本章第 3 节所概括的"长、大、稳、综"四大特征；传统的地区性金融供给服务难以满足产业集群转型融资的需求，在促进民间融资发展的同时，也助推了民间融资风险；公共服务体系的缺失放大了融资难的问题。这些发现与前文的分析基本吻合。而类似的情况在全国俯拾即是。

5.4　结论与政策建议

本章以最优金融结构理论的视角，研究了中国正处于转型与升级阶段劳动密集型中小企业的融资问题。通过分析劳动密集型中小企业转型升级的社会经济背景，剖析了企业转型升级的经济含义和转型融资的四大特征，认为当前中国劳动密集型中小企业的融资是常规融资和转型融资的叠加，不仅具有制度性和结构性特征，还具有周期性和阶段性的特性。本章还通过问卷调查和案例分析了劳动密集型中小企业转型融资的供求结构，发现以银行为主的间接融资渠道仍然是中小企业最为重要的融资来源，但并不符合转型融资的需求特征。同时，当前限制中小企业融资的主要障碍并非融资财务成本高企，而在于获取融资的交易成本过高。此外，助推劳动密集型中小企业转型升级的公共服务体系不健全，企业转型升级的综合成本和转型风险居高不下，也放大了中小企业融资难的问题。

根据前述理论分析，本章从完善中小企业融资体系和公共服务体系两个层面提出如下的政策建议。

5.4.1 完善中小企业融资体系

第一，完善个人和企业信用体系。加快建设国家金融信用信息基础数据库，推动企业外部信用评级发展，强化信用识别机制，有助于改善中小企业融资环境、提高其融资效率、减少其融资成本，从而推动经济的发展。整体而言，有必要建议国务院尽快设立相应的监督管理机构，促进、协调相关政府管理部门、银行、公共基础设施企业、电子商务企业等各类机构，加快建立中国企业信用体系，让分散在银行、政府机构等的信息通过信用体系集中起来为企业融资服务。具体措施包括建立完善的信用记录数据库，鼓励、支持各类资本投资经营征信机构发展，加速制定《社会信用信息法》，建立个人信用和企业信用的互通、传导机制。

第二，拓展中小企业直接融资渠道。融资期限长、融资额大的直接融资更符合劳动密集型中小企业转型融资的需求特征。从股权市场来看，加快发展多层次的资本市场，适当降低创业板等市场的上市融资门槛，完善中小企业上市育成机制，规范私募股权投资基金等措施，都有助于中小企业直接融资渠道的拓展。从债权市场看，加快发展公司债、私募债等固定收益类产品面向中小企业的开放，有利于企业的科技创新和转型升级。特别地，基于中小企业集群融资理论发展的集合债券、集合票据、集合信托等创新型直接债务融资为中国劳动密集型中小企业转型融资开辟了一条路径。对于地方政府来说，通过推荐产业政策重点支持的中小企业，有利于引导资金的流向，促进区域内中小企业的转型和发展。

第三，加强中小金融机构能力建设。区域性的中小银行在为信息相对不透明的劳动密集型中小企业提供融资服务方面具有比较优势，更容易开展关系型贷款。但是，区域性中小银行需要加强自身能力的建设，提高贷款的灵活度，降低融资成本，降低融资过程中的交易成本，才能在与大银行的竞争中取得优势。笔者在调研中也发现，目前小额贷款公司在解决中小企业融资方面具有效率高、放款快的特点，因而对于企业解决短期资金周转具有重要作用。然而，由于小贷公司存在借款成本高、期限短的问题，对于解决中小企业转型融资的贡献有限。需要在解决小额贷款公司身份的前提下，提供公平的市场竞争环境，并积极探索建立小贷行业协会、引入外部投资者和第三方评级机构、建立小贷保证保险制度、发展小贷同业拆借和再融资中心等方式，进一步拓展小贷公司的业务范围。

第四，加快商业银行的中小企业金融产品创新。本章研究发现，商业银行信贷对现阶段劳动密集型中小企业的转型升级融资具有不可替代的重要作用，加快行业银行的中小企业金融产品创新尤为重要。目前，中国商业银行涉及中小企业的金融创新包括供应链金融、融资抵质押机制创新、商业银行信贷技术和产品创新等形式。首先，供应链金融在业务管理中通过协调物流、资金流和信息流，能够较好地缓解信息不对称问题，从而降低融资的交易成本。其次，阻碍中小企业从商业银行获得融资的一个重要原因是缺乏满足银行要求的合格抵押品，因此创新抵质押机制，如引入专利权、商标、经营权等的质押，以及存货、机器设备、宅基地、矿业权、土地承包经营权等抵押，均能够在一定程度上实现对传统不动产抵押贷款的扩容，解决创新类抵押品在权属关系、估值和流动性等方面存在的不足。最后，鼓励银行在传统交易型贷款技术上进行创新，包括：开发适合中小企业转型升级的信贷产品（如针对中小企业推出的设备购置贷款对企业的技术改造、设备更新具有非常重要的作用），推出中小企业信用评分技术，积极发展关系型借贷模式，建立快速审批机制，降低中小企业缺少实物抵押而受到的融资约束。

第五，完善融资担保体系。为了促进担保机制由政府主导型转变为政策性引导、市场化运作类型，并充分调动民间资本的积极性，在继续坚持政策扶持与市场化相结合的原则下，针对中国担保行业发展过程中存在的问题，有必要采取以下措施：加强担保体系的制度环境建设，构建有效的行业监管体系；合理选择政府扶持方式，探索多渠道的风险补偿机制，公平对待不同所有制性质的担保机构；积极发挥民间资本作用，规范商业性担保机构的发展；促进金融机构间的相互协调，强化银行与担保的合作；推动互助性担保机构的发展，实现银企共赢。

第六，发挥融资租赁的作用。在中小企业融资渠道多元化的探索中，融资租赁行业为企业转型升级提供了一条切实可行的路径。融资租赁对于企业的技术改造等具有明显的支持作用，该方式可以延长资金还款期限，降低资金支付压力。中小企业只需支付少量的租金，就可以获得设备等资产的使用权，这既解决了它们对中长期资金的需求，又可满足其生产经营的需要。对于资金实力不太雄厚、研发能力弱的中小企业来说，通过融资租赁业务可以加快其技术改造和设备更新，以达到提高技术水平，促进产品更新换代，增强市场竞争力，降低融资风险等目的。所以，融资租赁灵活的操纵模式、独特的风险评估体系、稳定的合作预期等都有助于缓解中小企业的融资困境。

第七，建立中小企业政策性金融机构。面向弱势中小企业群体的金融业务是一种"弱势金融"，这种金融往往具有高成本、高风险和低效益的"两高一低"特点；解决这种市场失灵则需要投入政府的公共资源，建立一个面向中小企业的政策性银行是一些发达国家的选择。基于国外经验，可组建中小企业政策性银行，通过信用担保、补助金、优惠贷款等形式提高中小企业信用等级的方式，对处于转型升级阶段的劳动密集型中小企业给予融资支持，并提供政策性贷款支持。

5.4.2 推进中小企业融资服务体系建设

不同于大中型企业，中小企业的金融服务需求具有两方面特征：一是大多数中小企业并不掌握金融产品和融资渠道的充分信息，二是中小企业的融资需求通常与技术需求、市场信息需求、法律需求等结合在一起。这两方面的特点决定了如何将金融供给与中小企业的金融需求"对接"起来，成为缓解中国中小企业融资难、提高金融服务效率的一个重要环节。就中国传统劳动密集型产业而言，一个尤为突出的现象是，沿海地区一些以产业集群形态存在的中小企业，之所以融资难问题解决得相对较好，不仅是因为这些地区具有更加发达的金融服务体系，更是因为这些地区具有更加完善的政府服务和社会服务体系。例如，一些组织灵活的地方协会和商会对于促进银企对接，甚至融资模式创新都起到了重要的推动作用。

因此，建议在省、市两级建立综合性的中小企业服务机构，建立协助中小企业转型升级的公共技术研发平台和综合信息服务平台等，整合财政、税收、科技、银行等各条线的涉及企业的优惠政策和专项资金，让企业充分了解各项优惠政策；在区、县建立主要依托协会或商会的专门性（行业性）的中小企业服务机构，例如，搭建银企网络信息平台，实行贷款信息公开、企业信息共享等；省、市服务机构以引导金融服务资源的集中为核心，区、县服务机构以组织落实金融和企业对接为工作重心，通过互联网或实体的"金融超市"等形式，提升各类金融机构和金融资源对中小企业金融需求的服务和转化能力。

第6章

以消费升级促进中国制造品质升级

6.1 引言

在市场经济条件下，企业创新的目的是满足消费者的需求。随着近年来我国发展阶段的转变，居民消费升级趋势明显，对企业的创新战略带来了机遇和调整。特别是经济发展水平相对较高的地区，消费升级与制造业企业的影响尤为明显。因而制造业企业补创新短板更具代表性。

以互联网为核心的信息经济已经是浙江省经济转型升级的一张亮丽名片，一批具有全国示范意义的"特色小镇"、众创空间，正成为全省推动供给侧结构性改革的重要抓手和特色。然而，集中于传统产业的广大民营企业，不仅在浙江经济社会发展中扮演着重要的角色，而且民营企业家的创业创新精神仍是"建设物质富裕精神富有现代化浙江、建设美丽浙江创造美好生活"的重要支撑力量。因此，在积极发展新经济的同时，依然要高度重视传统产业中民营企业的"补短板"问题，着力激发民营企业家精神。作为我国民营经济发展的一面旗帜，浙江民营企业"补短板"的探索与实践，还将对其他地区产生示范效应，其现实意义将远远超出一省一地。

有鉴于此，笔者随中国社会科学院工业经济研究所和中共浙江省委党校联合课题组，于2016年3月上旬在浙江省温州市、绍兴市和杭州市等民营企业集聚区开展调查研究，深入了解"三期叠加"阶段民营企业经营状况，研判民营发展环境的变化趋势，剖析民营企业转型发展的"短板"，探讨浙江民营企业重塑辉煌之路。

相比于其他地区而言，浙江民营经济发展水平和市场化程度均已达到较高水平，民营企业的"短板"已经远超经济周期性调整所暴露的传统问题，集中表现为：在市场需求从"数量型短缺"向"品质型短缺"转变的趋势下，民营企业既有经营模式和适应能力尚未调整到位，出现了能力"短板"。因此，浙江民营企业"补短板"的关键，是要加强企业自身能力建设，特别是要提升民营企业家群体的素质，加快形成适应市场需求变动趋势的组织能力。地方政府要积极营造引导民营企业加强能力建设的社会环境，政策也要针对民营企业的能力"短板"加以校准，有效增强不同政策之间的协调性。在中央层面，应该主动顺应居民消费升级的趋势，加强消费者权益保护、产品质量监管的立法、执法，增强民营企业适应市场需求升级的动力与能力。

6.2 浙江民营经济发展问题辨析

计划经济时期，国家在浙江省布局的重点工业项目极少，反令浙江在改革开放后成为民营经济繁荣的沃土。改革开放以来，在激烈的市场竞争中形成了一个浙江民营企业家群体、一批浙江民营企业品牌、一笔可观的浙江民营资产、一种浙江特色的协作型政企关系（徐明华，2008）。2015 年，"中国民营企业 500强"共有 138 家浙江民营企业上榜，占比超过全国的 1/4，连续 17 年蝉联榜首。

从宏观层面看，浙江民营经济贡献了全省 60% 以上的税收、70% 以上的GDP、80% 以上的外贸出口和 90% 以上的就业。这种"六、七、八、九"格局决定了浙江民营经济对全省主动适应经济新常态具有至关重要的影响，与其他国有经济、外资经济占主导或资源型地区相比，均有显著差异。就此而言，浙江经济"补短板"应重视民营经济发展中面临的"短板"，在相当大程度上，协调推进"去产能、去库存、去杠杆、降成本、补短板"五大任务，都应围绕着"补短板"展开部署。

从行业分布看，浙江省约半数民营企业集中在传统制造业。在纺织业、金属制品行业、橡胶和塑料制品业、非金属矿物制品业和通用设备制造业等行业，民营企业工业产值占全省的半壁江山。这些行业均属于高度竞争性市场，民营企业生来就面临着激烈的市场竞争。因此，继续发挥市场机制在资源配置中的决定性作用，是促进浙江民营企业调整升级的根本力量。

针对浙江民营经济发展面临的主要问题，代表性观点可归纳如下：一是盈利能力弱。民营企业转型升级步伐较慢，同质化竞争仍较为普遍，相当多产业仍处于价值链的低端。二是要素成本高。资源要素约束不断加强，生产成本和财务费用较快上涨侵蚀了企业的利润空间,要素成本低的传统比较优势逐渐丧失。三是投机冲动强盛。受实体经济经营环境影响,部分民营企业家缺乏发展实体经济的信心,经营行为出现短期化和投机化倾向。这些观点虽然准确把握了当前民营经济发展的问题,但是并不足以揭示深层次的原因。

第一,上述问题中有相当部分的问题(如盈利能力弱、要素成本高),并非近年来才出现,甚至有些问题是民营企业"与生俱来"的固有问题,将当前民营经济发展的困难归咎于这些"老问题",忽视对经济发展新特征的深入分析,不仅难以找准"短板",而且容易错失民营经济发展面临的新机遇。

实际上,即便近年来浙江民营企业的生产成本和税费负担持续上涨(如"融资贵""用工贵""用地贵"和"税负重"等)[1],但 2012~2014 年民营企业平均成本费用利润率为 5.08%[2],高于 2005~2009 年平均 0.69 个百分点,表明近年来浙江民营企业的综合盈利绩效仍要好于金融危机之前。2015 年,浙江私营企业工业销售产值比上年增长 0.6%,高于全省平均 0.4 个百分点。可见,全省民营企业通过提高要素产出效率,或将"要素成本高"的负担向下游转嫁,仍可以维持相对稳定的利润空间。所以,不能简单地以成本上涨来说明民营企业的困难。应该客观认识到,在激烈的市场竞争中存活下来的民营企业整体盈利能力有所增强,而部分"盈利能力弱"的民营企业退出市场或对外转移,恰恰说明了市场优胜劣汰机制的效力,应视为正常现象,而不应认定为问题。

第二,尽管受宏观经济增速换挡的影响,民营经济的外部发展环境出现了不利因素,如对外贸易下行、要素成本上涨和实体经济收益率相对低下,但是笼统地将民营经济的困难归咎于"外因",容易掩盖了民营企业自身能力不足的"内因"。认识问题的不同视角,对应着不同的政策取向和政策工具的组合。如果外部环境是造成民营经济困难的主因,宜采用优化外部环境的宏观政策。在这方面,政府已经积累了丰富的政策实践经验。然而,现阶段政策效果存在减弱的趋势,也说明了外部环境不是造成民营企业发展困难的主因。如果民营企业自身能力不足是主因,那么政策思路应该通过微观政策引导民营企业加强自身能力建设。对此,政府的政策实践经验较为欠缺,政策创新的空间较大,导致了一边政府频繁出台政策,另一边企业仍然感到"不解渴"的困局。

因此,浙江民营企业"补短板"的思路,应是在评估民营企业自身能力建设的基础上,深入剖析市场外部环境变动带来的新挑战与新机遇,提高政府政策的效力。

---

[1] 根据《浙江统计年鉴》测算,2014 年浙江民营企业成本税负总计约为 2005 年的 3 倍。

[2] 此处成本费用=主营业务成本+主营业务税金及附加。

6.3 浙江民营企业"短板"探源

综上所述，浙江民营企业集中于竞争性市场，民营企业"找短板"必须注重我国市场消费特征的变动趋势。

6.3.1 "数量型短缺"下的消费、生产与政府行为

在计划经济体制下，受生产体制的约束，我国诸多领域长期存在供不应求的数量型短缺现象（科尔奈，1986；中国社会科学院工业经济研究所课题组，1999）。改革开放后，浙江"草根"民营资本涌入放松管制的行业，抓住数量型短缺经济"预留"的盈利机会，衍生出了一大批民营企业。在数量型短缺之下，"饥渴的"消费者偏好商品数量，在相当大程度上对低质产品采取了容忍态度。同时，较低的收入水平制约了消费者的购买力，消费需求富有价格弹性，从而形成了"量大、同质、低端和低价"的消费需求模式。

民营企业家行为和政府政策都与该模式相匹配。第一，民营企业家的核心能力是填补商品数量短缺，筹集生产要素（特别是稀缺的资本），以增加产量、降低价格为典型的竞争策略。由于民营企业优先进入准入门槛低的行业，它们的理性选择内生出了民营企业"低、小、散"的产业组织特征。同时，中国区域经济发展不均衡形成了梯队化的市场需求结构，即当市场需求饱和时，民营企业"向下"调整市场定位替代"向上"提升产品品质，仍可以保持一定的利润空间，缺乏转型升级的外部压力。第二，政府政策思路可以概括为降低民间投资的政策性进入门槛和经营成本。在降低政策性进入门槛方面，主要做法包括弱化消费者权益、知识产权、劳动和生态环境保护，鼓励企业扩大产能。在降低企业成本方面，主要政策措施包括税收减免、财政奖励、贷款贴息、投资补贴、低价供地等，引导生产要素向企业集中。在这样的市场和政策环境下，民营企业家决策与行为模式可以概括为：重产品产量轻产品质量、重短期盈利轻长期升级、重政府支持轻能力建设。

因此，传统消费需求、民营企业经营行为和地方政府政策构成了一个自洽的体系。只要消费需求模式不发生结构性变化，即便市场出现周期性变化，民营企业和地方政府都可以在既定的模式下凭借经验加以应对。立足当前，面向未来，对民营企业（和地方政府）的行为模式造成严峻挑战的原因，恰恰是传统的消费需求模式正在发生结构性变化，由此导致了民营企业的"短板"。

6.3.2 由"数量型短缺"向"品质型短缺"转变带来的挑战

作为经济"新常态"的主要特征之一，我国过去模仿型排浪式消费阶段基本结束，主流的消费更具个性化、多样化，保证产品质量安全、通过创新供给激活需求的重要性显著上升。我们认为，在消费能力提升、信息技术与服务大发展、城镇化快速推进、新生消费群体成长等多重因素的共同作用下，我国消费已经逐渐从"数量型短缺"转向"品质型短缺"。

第一，耐用消费品在城乡基本普及，未来的趋势是性能升级。以家用电器为例，消费者已经不再满足于过去数量型短缺下的单一选择，更加注重家电的容积、功能和能效等综合性能，更为注重产品的外观设计和使用的便利化等，变频空调、滚筒洗衣机、大尺寸平台电视、精品厨电产品的占比不断提高。这对民营企业的技术能力、工艺水平、设计能力和服务响应能力都提出了更高的要求。

第二，非耐用消费品呈现出更加注重产品安全性、个性化、品牌和保健环保的趋势。新一代信息技术促进了信息流、物流和支付系统的快速发展，不仅有效降低了生产者与消费者的信息不对称性，拓宽了交易渠道，而且试验性消费者的示范效应更快地传递至普通消费者。在这种趋势之下，民营企业一方面要在一体化程度更高的市场上竞争，另一方面还要面对逐渐成为主流的个性化、定制化、多样化消费，不仅过去低价营销的效果加速减弱，而且区域市场差异化策略要向产品差异化策略调整，对民营企业的技术能力提出了更高的要求。

第三，消费形态由物质型向服务型转变，线上线下融合的消费方式快速发展。产品的用户体验和服务是消费品质的重要组成部分，在产品原有的单一功能之上"嫁接"新的功能和服务成为消费新趋势。同时，消费者更多地通过在线平台完成搜寻、交易和体验商品。这对企业传统的产品开发管理和营销管理都带来了严峻挑战。

消费品品质升级不仅对单个企业提出了新的要求，还对企业的供应链管理能力提出了更高要求。产品的设计与工程化定型、生产制造过程的良品率控制、关键零部件和原材料的供应都对终端产品的性能产生影响，要求供应链各环节的企业按照终端产品品质升级的要求进行全面提升。这既挑战企业家的管理能力，也在考验政府的协调能力和中介组织的服务能力。

近年来，引起广泛关注的中国消费者全球采购奶粉、婴儿纸尿裤，中国游客在海外抢购智能马桶盖、电饭煲的现象背后，正是消费品质升级与全球市场一体化进程加快的集中体现。课题组在调研中发现，民营企业对市场前景的判断存在两种截然不同的情绪：一方面在对传统市场表示悲观的同时，另一方面则对高品质产品市场前景表示乐观。民营企业的实际绩效也与此存在密切关联。在提升产品品质方面准备得越充分的企业，当前的经营绩效受市场下行的影响越小。在行业下行的情况下，仍有些民营企业专注于细分市场，持续提升产品品质，在市场"洗牌"中逆势上扬，表明消费需求升级的趋势下挑战与机遇并存。

综上，当前民营企业最突出的"短板"，是如何克服在过去"数量型短缺"阶段固化的组织"惯例"，构筑适应"品质型短缺"阶段市场需求模式的能力。归纳起来，在新的"品质型短缺"阶段，要求企业具备如下核心能力：在技术上生产出性能更佳的产品，在组织上更具柔性以应对多样化的需求，在服务上注重线下线上的融合。正是核心能力的不足，才进一步放大传统的"融资贵""用工贵"和"用地贵"的成本问题，造成民营企业自身能力建设不足的"短板"被这些"老问题"所掩盖的假象。不仅如此，民营企业过于将"短板"归咎于成本问题，那么也相应地对"降成本"产生政策依赖，与政府的"降成本"政策相互作用，进一步强化既有的组织"惯例"，忽视市场需求结构变动所蕴藏的机遇。

6.4 民营企业"补短板"的难点

笔者在调研中发现，一些民营企业仍然沿袭传统的经营模式，试图依靠以往的经验应对当前的形势。更多的民营企业在市场"倒逼"和政府引导之下，充分认识到了转型升级的重要性，但是在转型方向和实施路径上仍然处于探索和徘徊阶段。一些转型升级较为成功的民营企业结合行业特征，以不同的方式改造生产经营模式。一是对生产流程自动化改造，逐渐采用自动化装备代替手工劳动，甚至大规模采用自动化生产线。二是投资多元化，通过资本运营进入新兴产业，发展新的业务板块。三是"走出去"，在海外兼并重组创新能力强的小企业，或者在科技资源丰富的地区（如北京、上海和深圳等）设立研发机构，缓解本地创新要素不足的问题。四是加强装备产品与工程建设和制造服务的融合，延伸产业链。民营企业采取这些措施都是主动适应经营环境做出的现实选择，应进一步加以鼓励和引导。

总体而言，民营企业在转型过程中存在"重技术、轻管理"的现象，过于依赖硬件技术和工艺的升级，企业组织能力建设并没有引起高度重视。笔者认为，更多的民营企业应明确地将提升产品品质作为一项长期战略，并在此战略下调整企业组织结构，将提升产品品质培养成为新的组织"惯例"。提升产品品质是一个相对长期的过程，需要企业制定并执行长期的战略，不仅要进一步激活浙江民营企业家的创新精神，更应该重视培育企业的组织能力。一方面，要进一步完善企业治理机制，增强企业战略的执行力。另一方面，加强构建企业学习机制，通过组织化的学习过程稳步形成企业的创新能力。

浙江民营企业发展至今，仍然保留着以企业主个人或家族集中决策的治理方式。该治理方式脱胎于过去"数量型短缺"市场环境，由于进入门槛低，要求民营企业家依靠有限信息高效决策，以强有力的执行力抢占市场先机。这种治理方式是浙江民营经济能够先人一步的重要因素。按照一般理论和不同地区的比较经验，分散决策的企业（如美国式股份公司）倾向于追求短期经营利益，而集中决策的企业（如以欧洲大陆式家族企业）执着于长期战略（Soskice，1977）。相比之下，浙江民营企业则处于一种混合状态：组织上集中决策，但又偏好短期盈利目标。当提升产品品质被设定为民营企业的一项长期战略，民营企业集中决策能否支撑该战略的实施，将会是民营企业"补短板"最为核心的问题。

鉴于浙江民营企业主（或家族）集中决策仍然较为普遍，那么民营企业家的个人素质便需要加以审视。虽然浙江民营企业家群体具有吃苦耐劳、敢为天下先的企业家精神，但是一个不容忽视的事实是：浙江经济总量、人均收入、市场主体密度、民营经济综合实力等指标均名列全国前茅，但有学者根据人口普查数据测算，浙江省人口平均受教育年限低于全国平均水平（文盲率比全国平均水平高出1.54个百分点），专业技术人员位居全国中等，民营企业家的受教育水平甚至落后于全国私营企业主平均水平（杨轶清，2009）。

因此，提升民营企业家自身素质，可能是民营企业"补短板"的切入点。在民营经济根基深厚的温州调研时，有一些具有国际经营经验的民营企业家在对比国内外企业经营方式差异的基础上，反省当地民营企业家群体自身存在的共性问题：一是低估产品质量的重要性，虽然民营经济发展起步早，但产业升级步伐缓慢；二是长期战略意识薄弱，投机冲动强盛，"温州炒房团"甚至成为温州企业家的代名词；三是供应链合作意愿低下，利益共同体意识淡薄，压价采购不利于供应商增加创新投资；四是缺乏契约精神，极个别民营企业家"跑路"不仅产生恶劣的连锁反应，还对全体企业家的声誉造成严重影响。这些问题与民营企业提升产品品质所需的长期投入与合作格格不入。

所幸的是，近年来，民营企业家素质提升面临三个机遇。一是一些民营企业积极实施国际化战略，接入国际化大企业的供应链，逐渐习得了先进的产品质量管理和供应链管理的经验，从过去以成本控制为导向的竞争型供应链转向以品质升级为导向的合作型供应链。二是一些民营企业跨国并购了国外企业，为适应新的经营环境下，尝试改变过去依靠企业家个人经验的管理方式，企业管控模式更多地呈现出制度化、组织化的特征。三是民营企业家进入群体性"接班"的阶段，新一代民营企业家在教育背景、成长经历、视野等方面均有显著的变化，对市场趋势的判断更具时代性（黄阳华和贺俊，2010）。

多地地方政府也在集成工业设计服务、搭建互联网平台、提供研发资助、推进产学研合作等公共服务方面为民营企业提供必要的支持，对民营企业构筑新的核心能力发挥着积极的促进作用。浙江省还在积极开展"机器换人"行动计划，设立了新增 1 万台机器人的年度工作计划。毫无疑问，"机器换人"是企业提质增效的重要手段，但也要注意到工业机器人可细分为不同的类型和功能，并不必然提高生产的柔性，企业不能单一依赖"机器换人"解决提升产品品质和生产柔性的问题，更不能有效应对民营企业组织能力升级的挑战。

6.5　民营企业"补短板"的思路

浙江民营企业的一大短板是尚未顺应消费需求模式变化的趋势，在全国范围内具有典型性。归根结底，民营企业"补短板"是要加强民营企业自身能力建设，要逐渐树立以提升产品品质为导向的经营战略。但是，这并不意味着政府应无为而治。相反，政府要着力营造有利于推动民营企业重视产品品质的社会环境，引导和支持民营企业加强自身能力，借助消费升级的契机，促进中国制造品质提升。

第一，调整舆论导向，引导民营企业正视自身能力的不足。应尽量减少简单重复民营企业发展的"老问题"，避免民营企业家被传统"老问题"误导，失去对市场需求结构性变化的敏锐性。引导民营企业家正视企业能力的不足，形成主动加强自身能力建设而不是被动等待市场"回暖"的实干氛围。对专注实业、持续投资产品品质提升的民营企业，要加强舆论宣传，引导企业家高度重视产品质量控制体系建设，提振企业家发展实体经济的信心。

第二，营造社会环境，充分发挥市场竞争的筛选机制。在中央政府层面，要调整过去数量型短缺时代形成的偏向生产者的政策取向，加强消费者权益保护、知识产权保护和生态环境保护的立法和监管，切实保护创新者的创新收益和消费者追求高质量产品的正当利益，有效提升消费者对"国货"质量、安全、环保的信任感。地方政府可通过加强行政执法力度，完善企业信用体系，加强企业产品质量信用体系与银行征信、税务等系统的衔接，对粗制滥造、非法"山寨"、侵害消费者权益的企业，要加大处罚和媒体曝光力度，营造公平竞争的市场环境，形成"重品质、讲品质、比品质"的社会氛围。

第三，加强政策协调，加强提升民营企业家的素质。进一步明确"降成本"

政策和"补短板"政策的主次关系。在"降成本"层面，政策重点是降低民营企业的行政成本，特别是要规范税费征管行为，坚决杜绝普遍存在的"过头税""包税"和税收摊派等不合规的征税行为，有效降低企业的隐性成本。对生产成本，应进一步深化要素市场改革，理顺生产要素价格形成机制，更多地由市场机制引导民营企业升级，谨慎使用财政补贴、税费减免等行政化"降成本"政策。政府政策应将过去支持民营企业降成本的政策资源，逐渐转向促进民营企业家素质和企业管理能力的提升，提高政策资源的配置效率。同时，地方政府应充分利用民营企业国际化和民营企业主代际交接的有利时机，通过管理培训、企业家联谊、专题讲座等方式，引导民营企业主转变经营理念，增强自我调整的内在动力。

第7章

技术经济范式转变与生产组织变革

7.1 引言

　　18世纪英国工业革命爆发出的巨大能量使得经济首次实现了持续增长，人类社会发展轨迹也得以改弦易辙。机器、能源和材料的推陈出新及广泛应用促进了劳动生产率史无前例的增长，与人均收入、人口总量、知识、投资及技术创新形成了正反馈机制，助力人类最终跳出了"马尔萨斯陷阱"（哈巴库克和波斯坦，2000）。诚然，一系列重大发明的产业化是促成这一切的必要条件，但是如果没有与之相适应的生产组织方式变革，技术进步只能是一种"潜力"，那么伴随技术创新扩散过程而渐次出现的经济社会巨变也仅是一种可能性。本书试图在微观层面上从浩浩荡荡的工业发展史中抽离出历次重大技术变革中生产组织方式的变革规律，并以这种"理性化的历史"为启发式，展望当前方兴未艾的新一轮产业变革中生产组织方式的演变特点与趋势。

　　本章的研究思路是在演化经济学经典的技术经济范式分析框架下，剖析新一轮产业变革中初现端倪的新的技术经济范式的核心构件的演进。本章结构安排如下：第一部分对生产组织方式与技术浪潮进行历史考察，重申演化经济学家对"工业革命""技术浪潮""康德拉季耶夫长波"和"技术经济范式"等概念的界定，并主张以创新及其扩散作为工业革命分析框架的核心，指导后文对技术经济范式演进的研究。第二部分对历次康德拉季耶夫长波中的生产组织方式变革进行细致梳理，说明历史上典型生产组织方式的演进并不是自发的，而是与要素结构、产业结构和基础设施形态所构成的特定情境相匹配，其基本功能是有效提升生产管理效率，降低企业组织的制度成本。基于上述理论与历史的研究，第三部分展望新一轮工业革命中技术经济范式各核心构件的演进，特别关注演进过程更漫长、更复杂的生产组织方式的变革，以全面增进我们对新一轮产业变革的理解，思考工业绿色转型的演变路径。第四部分以一些政策性评论进行总结。

7.2　作为六次技术浪潮的三次工业革命

相比于历史学家常用"工业革命"概念，深受熊彼特创新理论影响的演化经济学家更青睐"技术浪潮"概念。在传统工业革命史研究中，技术虽然居于重要地位，但是技术在工业革命中的作用常被视为是外生的和线性的。在演化经济学家看来，工业革命史更为复杂。

第一，重大技术演进本身就是一项重要的研究课题。如果仅仅将技术作为外生冲击，那么对工业革命的解释就不可避免地存在局限性，这也是以新政治经济学家为代表的制度主义在解释工业革命时面临的主要批评。例如，图洛克（G. Tullock）认为英国大刀阔斧地削减特许专营数量、废除限制性制度提高了寻租成本[①]，引导了人们从寻租活动转向生产活动是工业革命发生英国的主要原因（Tullock，1988）。类似地，阿西莫格鲁（D. Acemoglu）等指出1500~1850年大西洋贸易孕育了对私有产权保护怀有强烈诉求的新兴商业阶层，以多种方式限制了王室权力侵犯私有财产，[②]为工业革命的爆发奠定了制度基础（Acemoglu et al.，2005）。笔者认为，这些研究中过于强调制度是英国工业革命的充分条件，以至于忽视了技术创新是工业革命的必要条件，故不能充分解释为什么其他私有产权得到有效保护的时代（或国家）没有出现工业革命。解答这些问题必须对技术本身的演进加以研究。

第二，技术创新对产业的影响不是简单明了的"冲击—反应"模式。如果机械地认为技术突破将自发导致工业革命，那么容易陷入技术决定论。演化经济学家坚持发明都必须经成功的商业化才能成为创新，才能引发产业、经济和社会系统的变化。这个过程极为漫长、复杂且不确定，应成为工业革命史研究

---

① 为了论证这一观点，图洛克还以同时代的法国为案例。法国王权独揽，权力集中更便于寻租，导致重商主义在法国存续多年，不具备爆发工业革命的制度环境。

② 包括1642~1649年"英国内战"和1688~1689年"光荣革命"两场决定英国政治体制的重要战争中支持议会。

的重点。创新可分为非连续的激进创新和既定技术路线上的渐进创新，对产业结构的影响也存在明显差异，那么引爆"工业革命"的是激进创新还是渐进式改进？对此，弗里曼（C. Freeman）和卢桑（S. Louçã）认为激进创新带来了通用技术的更替，导致全要素生产率出现跨越式增长（Freeman and Louçã，140）。因此，在工业化历史长河中打捞里程碑式的激进创新，成为研究工业革命的切入点。

第三，研究创新及其扩散的历史甚至比技术史更为重要。激进创新通常是在某些先导产业率先出现后向其他产业扩散，对其他产业的带动效应是多种形式的，例如提供关键原材料和通用装备，或者改善交通和通信基础设施。因此，聚焦先导产业的成长有助于深入揭示工业革命的发展过程。在给定技术机会的前提下，先导产业的发展受制于三方面的因素，即核心要素的可得、基础设施的支撑和经济组织的支撑。先导产业与这三方面的因素共同构成了技术经济范式的核心构件。可见，管理与组织变革贯穿于历次长波当中（Freeman and Louçã，2001；Lazonick，1990；Chander，1977），以至于钱德勒（A. Chandler）以"组织能力"所处的制度环境、组织能力的构建和扩散分析历次工业革命中典型国家产业竞争力的形成，提出"组织能力即为核心能力"这一著名命题（Chander，1977）。

综上，在注重过程分析的演化经济学家看来，工业革命的发展过程可用图 7-1 表示。首先，从技术突破到非均衡产业结构变化是一个漫长、复杂但层次清晰的历史过程。在此过程中，创新的发生及其扩散居于核心地位，先导产业是激进创新的载体。其次，激进创新的扩散需要与核心投入、基础设施和生产组织协同演化，促进先导产业部门的成长。最后，先导产业通过直接或间接的产业关联和示范效应，带动产业体系发生显著变化。整个过程也被称之为技术经济范式的转变。演化经济学家借助该分析框架，通过翔实的史料分析，不仅全景式分析了 18 世纪工业革命以来的产业演化史，而且还精巧地将历次激进创新浪潮与康德拉季耶夫长波相匹配（见表 7-1），赋予了创新浪潮更丰富的经济学意义（Freeman and Louçã，2001；Perez，2002）。所以，在技术层面看似跳跃的工业革命在经济层面却是连续展开的，"革命"一词虽然突出了工业革命对经济社会的巨大影响，但模糊了技术创新及其扩散过程的连续性。因此，弗里曼和卢桑主张使用"连续发生的工业革命"反映波澜壮阔的产业演进过程。相应地，他们提出 18 世纪中期英国第一次工业革命实现了工业机械化实质是第一次、第二次创新浪潮的演进过程，19 世纪第三次、第四次创新浪潮实现了以工业自动化为特征的第二次工业革命。依照上述理论分析框架和历史过程研究，有学者推断 20 世纪下半叶以来的"第三次工业革命"，很可能是

第五次、第六次创新浪潮的涌现与拓展过程（贾根良，2013）。当前引起热切
关注的新一轮产业变革极可能是第六次创新浪潮，应该继续按照成熟的技术经
济范式加以系统化的深入研究（见图 7-1）。

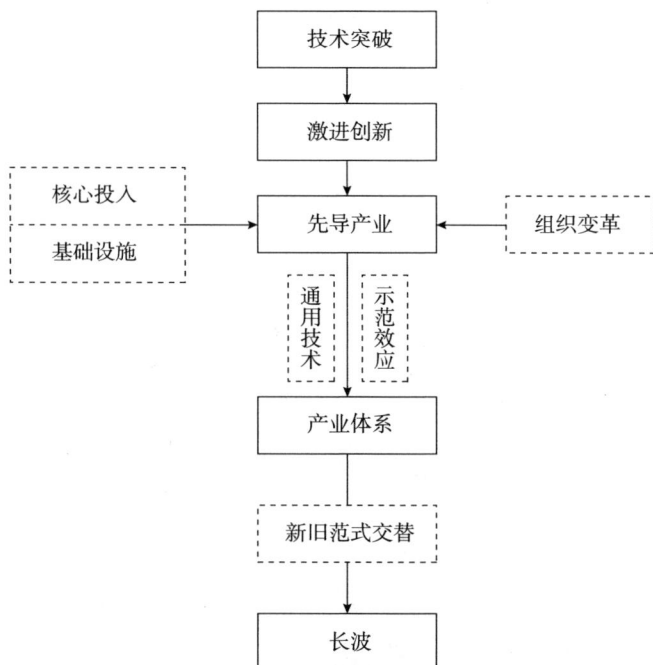

图 7-1　以创新为核心的工业革命分析框架

表 7-1　技术创新浪潮与康德拉季耶夫长波

技术和组织创新浪潮	技术与商业创新的明例	"先导"产业和主导产业	核心及关键投入	交通与通信基础设施	管理与组织变革	繁荣／衰退
工业的水力机械化	阿克怀特的克罗福德作坊（1771 年）	棉纺、铁制品、水车、漂白剂	铁、原棉、煤	运河、收费公路、帆船	工厂制、企业家、合伙制	1780~1815 年
	科特搅练法（1784 年）					1815~1848 年
工业与交通的蒸汽机械化	利物浦—曼彻斯特铁路（1831 年）	铁路与铁路设备、蒸汽机、机床、制碱业	铁、煤	铁路、电报、蒸汽船	股份制、技工承包制	1848~1873 年

续表

技术和组织创新浪潮	技术与商业创新的明例	"先导"产业和主导产业	核心及关键投入	交通与通信基础设施	管理与组织变革	繁荣／衰退
工业与交通的蒸汽机械化	布鲁内尔的"大西方"跨大西洋蒸汽船（1838年）	铁路与铁路设备、蒸汽机、机床、制碱业	铁、煤	铁路、电报、蒸汽船	股份制、技工承包制	1873～1895年
工业、运输和家庭电气化	卡内基的贝西莫钢轨厂（1875年）	电气设备、重型机械、重化工、钢制品	钢、铜、合金	钢轨、钢船、电话	职业经理人、"泰勒制"、大企业	1895～1918年
	爱迪生纽约珍珠发电站（1882年）					1918～1940年
交通、军民摩托化	福特海兰德公园装配线（1908年）	汽车、卡车、拖拉机、坦克、柴油机、飞机、炼油厂	石油、天然气、合成材料	无线电、高速公路、机场、航空公司	大规模生产与消费、福特制、科层制	1941～1971年
	伯顿重油裂化工艺（1913年）					1971～1997年
国民经济计算机化	IBM1410和360系列（1964年）	计算机、软件、电信、设备、生物技术	"芯片"（集成电路）	"信息高速公路"（互联网）	内部网、局域网和全球网	1971～2000年
	英特尔处理器（1971年）					2000～2020年

7.3　前五次技术创新浪潮与生产组织变革

7.3.1 第一次工业革命中的生产组织变革

第一次工业革命也被称为"制造业的机械化革命"，是第一次和第二次康德拉季耶夫长波的组合。在这两次长波中形成的典型生产组织方式是工厂制和技工承包制。

7.3.1.1 第一次长波与工厂制度的形成

棉纺织业是第一次工业革命重要的经济增长点，在工业革命史研究中一直占据重要地位。纺织机械的技术进步极大地提升了生产效率，棉花加工效率从1780年的1磅／小时上升至1830年的14.3磅／小时，单个工人在一个童工的配合下可同时操作4台动力织布机，生产效率相当于20名手织工（兰德斯，2002）。铁是轧棉机的主要原料，铁的成本在相当大程度上决定了轧棉机成本。所以，在演化经济学的分析框架下，铁成为制约先进生产工艺大规模推广的瓶颈。[①]18世纪焦炭炼铁法和科特搅炼法两项关键炼铁技术的突破使得铁能够廉价供给，促进了以蒸汽机和轧棉机为代表的机械装备被广泛采用，工业革命才真正步入了快车道。蒸汽机的广泛应用引致了煤炭需求，采煤业引入蒸汽机后生产效率得以提升，煤炭价格下降又降低了蒸汽机的使用成本。因此，受棉纺织业刺激而发展起来的铁和煤成为工业革命的核心投入要素，不仅极大地推动了其他产业的机械化，而且还推动了运输力从水力转变为蒸汽动力。

1890年，前后纺纱经历了从分包制到工厂制的转变。一方面，传统生产工艺下纺纱业劳动密集程度高，早期企业不具备雇用、培训和监督工人的管理能力。另一方面，以农民为主的劳动者尚不适应工厂的工作制度，不愿意进入工厂生产。按照经典的企业理论（Coase，1937），企业主倾向于采用市场交易的方式，将纺纱外包给纺织工（即"外包制"），降低企业招聘、培训和监督工人的管理成本。随着企业增加专用性固定资产投资，外包会导致高昂的交易成本，不利于发挥规模经济。工厂制度凭借资本集中、企业内分工、再生产和分销网络的优势，以及更好地执行劳动纪律，到18世纪90年代成为纺织业的主流生产组织。工厂制产生了极强的示范效应，诸多行业纷纷效仿。蒸汽动力代替水力、风力等自然力，为工厂的选址带来更大的自由度，也促进了工厂制的流行。早期工厂内部管理分工尚不发达，限制了工厂规模的扩张，随后出现的合伙制在很大程度上克服了这一限制。

7.3.1.2 第二次长波与技工承包制

瓦特改良的双动蒸汽机虽然数倍地提升了功率，但由于成本高昂，在相当长时间内并未取得商业成功。直到两个条件具备后瓦特蒸汽机才被广泛采用：一是在供给方，机器、铁、煤被广泛应用，特别是机床的出现降低了蒸汽

---

① 甚至因为廉价铁不可得，延缓了瓦特蒸汽机的大规模推广。

机的成本；二是在需求方，铁路网的扩张拉动了蒸汽机车制造、铁路车辆和铁路装备产业的成长。机床作为通用装备可被广泛应用至其他产业[①]，由此形成了"铁—煤—蒸汽机—铁路装备—精密机床"之间的协同效应，不仅提高了工业生产率，而且促进了工业革命向更广阔地区（特别是欧洲大陆）传播。第一，工厂增加机器和专用设备种类后，专用性投资随之提高，企业规模不断扩大，工厂组织的制度成本也不断上涨。为此，工厂内部兴起了技术工人承包制（即"内包制"），即将生产责任发包下放至技术工人或领班，由他们组织工人生产和管理机器（Freeman and Louçã，2001；Lazonick，1990）。这一时期的分包制是在工厂内部分包（"内包制"），而18世纪90年代以前则是"外包制"，在一定程度上是外包制与工厂制的结合。相比于工厂制，技术工人承包制增加了生产的科层，形成了多层委托代理关系，降低了监管成本。相比于外包制，工厂又可以实行指令管理，节约了交易成本。技术工人承包制持续了约一个世纪，促进了英国产业工人积累专业技能、提升行业合作精神和技术工人的责任感，塑造了精益求精的工匠文化。第二，铁路对现代企业制度的形成带来了示范效应（Chandler，1999）。今天高效企业所具备的属性很多源于铁路运营和扩张（特别是长距离运输）的实践。例如，守时、前向服务规划、惯例化检修、控制关键供应商、及时配送、总部管控、分段运营形成的科层制、层次分明的职责体系，乃至围绕铁路建设运行创新投融资体系（如股份制）等对19世纪下半叶以来大型企业的经营尤为重要。

7.3.2 第二次工业革命中的生产组织变革

第二次工业革命被称之为"制造业的电气化革命"，由第三次和第四次长波的组合，依次形成了泰勒制和福特制两种典型的生产组织方式。

7.3.2.1 第三次长波与泰勒制的诞生

电力对第二次工业革命的意义堪比于铁和煤之于第一次工业革命。19世纪中期，电枢、交流发电机、转子等发电设备的核心部件得以突破后，一些国家率先实现了大规模发电和输变电。电力作为一种新兴工业品，初始市场是有轨电车和城市电气轨道交通，在推广过程中涉及昂贵的设备、先进的技术、复

---

① 铁轨和蒸汽动力结合的关键是制造出比以前笨拙的静止发动机更紧凑、更轻、更高效的蒸汽发动机。

杂的保养、繁琐的会计核算及各类协调。过去所有者和经营者不分的马车市政管理当局已经难以胜任电气化交通的管理任务，受薪职业经理人阶层应运而生（Freeman and Louçã，2001），从而对工厂制形成了较大冲击。电力通过改善工作环境和优化工业流程两个渠道重塑了工业生产组织方式（Nye，1992）。在使用电力之前，生产线依靠多台蒸汽机协作提供动力，任一蒸汽机故障都会影响整条生产线的运转。经电气化改造后，生产流程变得简洁、稳定、灵活，电网不断扩张也提高了工厂选址的灵活度。电力还改变了机械装备的设计、制造和操作，进一步优化了生产流程。在这些创新的驱动下，不仅工业生产效率快速增长，而且工业生产组织方式也发生了重要变迁（Nye，1992）。

在制造业电气化浪潮的推动下，一大批新兴产业特别是原材料工业快速发展，并且产生了极强的溢出效应。钢材具有良好的延展性且可被有效压缩，价格下降空间大，以钢为原材料的中间产品创新提升了下游产业的效率，形成了中间产品和终端产品相互促进的"内生增长模式"（Agion and Howitt，1998）。在交通运输方面，工程性能更优的钢轨替代了铁轨。铜是理想的导电材料，电解铜技术的采用降低了铜价，廉价铜线压低了输电成本和电价，又反过来降低了铜的成本，形成了"铜材—输变电—电价"的正反馈效应。这一时期，蒸汽船、铁路得到长足发展，电话电报和打字机促进生产和分销的快速扩张，全球市场一体化达到了前所未有的水平，形成了早期的国际产业分工网络，工业领域内出现了最早的跨国公司，工业生产组织方式出现了新的形式。一是小工厂演变成了对产业和国家具有重要影响的大企业（Chander，1977，1999），对传统的企业治理结构提出了新挑战。二是产品复杂度不断提高，生产流程持续延长和技术知识快速增长，不断提高了管理的专业化水平，企业内部的协调成本急剧上升。三是技术工人难以掌握全部生产知识，职业经理人管控模式逐渐形成。四是企业主和管理者不分的私人企业演变为所有权和管理权分离的公司治理结构，被后世称之为"管理革命"（Chander，1977）。企业管理的职业化、专业化促进了成本会计、生产流程控制、营销等发展成为专业技能，企业内部的研发设计、人力资源、公共关系、信息、市场研究等管理活动也逐渐专业化。以专业管理团队为基础的"泰勒制"随之发展起来，企业管理逐渐从车间上移至管理团队（Lazonick，1990）。专业管理团队的分工协作也增强了企业的动态能力，多元化战略也逐渐流行起来，经典案例便是杜邦公司实施多元化战略后管理部门的演变。此后，企业管理也逐渐发展成为一门独立的学科。

7.3.2.2 第四次长波与福特制的形成

福特制的建立标志着制造业进入了自动化阶段，常被视作是第二次工业革命的标志。[①] 制造业自动化可追溯至 18 世纪末的"美国制造体系"（Pisano and Shih，2012；罗森伯格，2004）。"美国制造体系"脱胎于美国军工产业，基本特征是产品（武器）标准化，可互换零部件和采用大功率生产设备。这种基于标准化制造的理念不仅有效提高了军工产业的生产效率，而且衍生了庞大的制造体系，成为美国工业化重要的推进器。这一时期，以新型机床为代表的装备工业大发展进一步强化了以高效率、标准化、可互换性为特征的"美国制造体系"，为推广流水线奠定了产业基础，并最终使其成为第四次长波的典型组织方式，推动了国民经济从电气化向自动化跃升。在本次长波中，产业结构的突出特征是耐用消费品制造业成为先导部门，需求因素超过供给因素成为拉动产业成长的首要驱动力。第一，1929 年"大萧条"抑制了第一次全球化，国家之间的利益冲突激化，全球笼罩着战争阴霾。铁路投送军队不再适应机动化作战的需要，军事列强纷纷加速了摩托化和机械化的进程。巨大的军事需求刺激了汽车、卡车、坦克和航空器的增长。第二，汽车、卡车和拖拉机等耐用消费品虽颇受民用市场青睐，但居高不下的生产和使用成本抑制了需求。在福特"T型车"之前，主流的生产方式是用户直接向汽车制造商"定制"汽车，虽满足了用户的个性化需求，但缺乏规模经济，汽车价格昂贵，交付周期较长，汽车是富人标榜社会地位的炫耀性商品。[②] 福特"T型车"实现了从订制生产到标准化生产的转变，极大地降低了汽车生产成本。以伯顿裂化炼油工艺和胡德利催化裂化工艺为代表的炼化技术进步降低了汽油的价格，加油站和公路网的拓展降低了汽车使用成本。[③]

福特制利用标准化生产打破了工人技能对产量的限制，上下游工序流程再造形成了流水线，专业化分工提高了各工序生产效率，标准化零部件产生了规模经济，这些因素综合起来有效降低了生产成本。劳动生产率的大幅提升提高

---

① 今天关于流水线的起源有两种观点。一是认为 1913 年福特"T型车"下线标志着流水线生产首次成功应用。此观点流传甚广，以至于福特制和流水线常被当作同义词。二是认为早在 1870 年，辛辛那提的屠宰场便建立了自动化流水线。

② 根据笔者 2010 年 10 月在北京市顺义区某大型汽车厂的调研，因为汽车组装线高度自动化，大部分的工序由工业机器人完成，今天的汽车生产线须达到年产量百万辆以上才能获得较高的规模经济。

③ 当然，汽车生产和使用成本的快速下降取决于有若干重大创新，包括内燃机的改进、燃料成本的下降、保养维护成本的降低、加油站网络的形成、道路里程和通行条件的改善等。

了工资水平与消费能力，金钱外部性又刺激了对其他产品的市场需求。[①] 这种"大规模生产、大规模消费"方式至今仍是主流。产品标准化程度提高后，企业主要竞争策略有二：一是产品多样化策略，即设立不同的产品线，用更丰富的产品型号开拓细分市场并差异化定价。采取这种策略的企业规模也会随之扩大，如美国通用汽车公司。二是成本控制策略。实施福特制的必要条件是零部件的标准化和及时供应，那么供应链和车间管理效率对福特制的成败具有决定性意义。该策略的成功案例便是日本丰田汽车公司采取的精益生产方式（即"丰田制"）（Ohno，1988；Fujimoto，1999）。

总之，在第三次和第四次长波构成的第二次工业革命中，不仅涌现了资本和技术更为密集的新兴产业、复杂耐用消费品，高效率的长流程生产工艺，新材料、新能源被广泛应用，交通和通信基础设施具有更强的网络效应，而且为了提高对日益增加的生产复杂度的管理效率，企业管理现代化快速推进，泰勒制、福特制（和丰田制）等代表性生产组织方式相继被建立起来，主宰工业生产组织方式长达一个世纪之久。

7.3.2.3 第五次长波与生产组织变革

20 世纪 70 年代进入了工业信息化时代，可以视作是第五次长波。在这次长波中，电子芯片扮演了核心投入的角色。自 20 世纪 50 年代末第一块集成电路诞生后，将电子元件集成在一块硅芯片上促进了电子产品小型化、高精度、高稳定、高能效和智能化。与前四次长波类似，核心投入的供给速度决定了先导产业和基础设施发展的水平。"摩尔定律"很好地归纳了电子芯片技术的演变特征，即每隔 1~2 年芯片容量就会翻倍，大幅提高了电子芯片的性价比，加快了电子计算机的普及和应用。在这一阶段，通信基础设施对于核心投入的大范围应用具有不可替代的作用。

计算机的出现对工业的影响是极为深刻的。从 20 世纪中期开始，机床植入了计算机系统后形成了数控机床的雏形，逐渐发展出了工业控制系统，促进

---

① 流水线将生产过程分割成一序列相互关联的工序，每道工序上的工人从事单调的重复劳动，不仅强度高，而且容易消磨工人的劳动精神，令工人头脑迟钝，激化劳资矛盾，维持工人队伍的稳定性对企业管理提出了严峻挑战。为此，1914 年，福特不仅减少工人的工作时间，而且翻倍了日工资水平（从 2.5 美元／天提高到 5 美元／天）。福特的高工资战略有效降低了员工的流动率（从 380% 下降到 90%）和旷工率（从 10% 下降至 0.3%），吸引了优秀的技术工人。工人收入水平的提高增强了购买力，通过"金钱外部性"促进了产业的发展。

了工业设计、控制和编程的持续改进。值得一提的是，1972 年英特尔处理器大幅降低了计算机的成本，计算机同时在消费品市场和资本品市场加快了应用。制造业信息化促进了自动化水平的显著提升，出现了至今仍具有广泛影响的"柔性制造系统"（FMS）。建立在标准化之上的大规模生产减少产品种类以追求规模经济，但是数控机床出现后厂商可将消费者的个性化需求分门别类，减少生产设备的调整，缩短生产延时，生产出不同批次的、具有一定差异化的产品。这种柔性生产方式对企业竞争策略具有显而易见的意义，于是自 20 世纪 70 年代开始，美国、欧洲、日本和韩国等纷纷着手构建 FMS。得益于计算机芯片、传感数控机床、软件工程、目标导向数据库、可视化工具和数控检测设备的改进，FMS 不断地更新换代，到了 20 世纪 80~90 年代，"灵活制造"（Agile Manufacturing）风行一时，不仅实现了更高水平的自动化，而且制造柔性更高，适应小批量生产之需。

生产工艺的巨变促成生产组织方式发生如下变化：第一，企业组织结构扁平化。在大规模生产方式下，企业为了实现产品差异化，通常是在内部设立不同事业部负责不同的生产线，科层组织可以更有效地协调部门之间的信息传递，降低企业内部的交易成本。但是随着企业规模的不断扩大，特别是一些企业横向一体化不断变大后，部门间信息传递效率低下的"大企业病"日益严重。但是到了信息化时代，信息的收集、传递和分析的成本明显降低，企业管理对科层结构的依赖程度也相应下降，企业结构呈现出扁平化的趋势。第二，企业网络这一新型产业组织兴起。在第二次工业革命时代，生产高度一体化要求企业具有较强的资源动员能力，要求企业掌握技术、职能和管理三类的知识。通常而言，一体化大企业能够利用相对稳定的盈利支撑这三类知识的获取，因而更具优势。但是到了信息化时代，生产一体化转向碎片化，原先在企业内部完成的业务流程越来越多地由企业间协作完成。更重要的是，信息大爆炸一方面降低了企业的知识学习成本，另一方面企业间信息传递效率的提高也更方便利用知识的互补性。因此，在某些产业，企业网络这种新型产业组织方式的重要性不断提升。

7.4 第六次长波与技术经济范式转变

目前关于新一轮工业革命最常见的表述有二：一是第三次工业革命，二是工业化的第四个阶段（又称"工业 4.0"）。无论采用哪种表述方法，均认为呼之欲出的"工业革命"将助推工业从信息化向智能化跃升。按照技术经济范式理论，新一轮工业革命并非孤立事件，而是 200 多年"连续发生的工业革命"

的拓展与升华。因此，本书遵循贾根良的习惯，将新一轮工业革命称之为第六次技术浪潮。本小节笔者将严格按照技术经济范式的分析框架，结合当前主要工业化国家及我国应对新一轮工业革命的探索实践和政策调整，研判第六次长波发生与拓展过程，展望生产组织方式可能的变革及相应的理论含义。[①] 受传统工业革命史研究思路的影响，人们最好奇的首要问题是新工业革命的"标志性"技术是什么。各界对此问题的关注引起了对 3D 打印、工业机器人、人工智能等新型制造技术的热切关注（中国社会科学院工业经济研究所课题组，2012；黄阳华和吕铁，2013；黄阳华等，2015）。按照演化经济学家的观点，这些新型制造技术更准确的表述是先导产业，它们虽然对产业和经济社会的转型升级具有不可替代的作用，但是其自身的发展并不是自我实现的，而是严重依赖于两个前提条件：一是核心要素变得物美价廉，二是基础设施及时升级以满足先导产业发展所需。因此，虽然各界普遍关注新一轮工业革命中的标志性技术或者先导产业，但是更本质的问题有二：一是什么要素是这些先导产业部门扩张所必需的核心投入？二是这些先导产业扩张需要什么新型基础设施的支撑？

7.4.1 数据将成为核心投入

种种迹象表明，不同于以往技术经济范式的转换高度依赖于物质资料的升级，驱动第六次长波的核心要素将是数据。换言之，数据要素将会成为决定未来工业化水平的最稀缺要素。因此，相比于先导产业的更替，核心要素的更替更具革命性。虽然工业机器人、3D 打印、人工智能等新型制造装备进一步提升了生产的自动化和柔性，但是仅生产效率的提升尚不足以引发"革命性"的变化。按照目前美国"工业互联网"、德国"工业 4.0 计划"和我国"互联网＋"战略的设计和部署，迅猛发展的新一代互联网技术加速向制造业领域渗透，与新型制造技术深度融合后推动既有制造系统发生重大转变，也就促使数据要素成为驱动生产组织方式变革的关键要素。自 20 世纪 70 年代工厂引入"可编程控制器"（Programmable Logic Controller，PLC）后逐渐完成了初等信

[①] 根据前五次康德拉季耶夫长波的周期（特别是第五次长波拓展期）判断，第六次长波的导入期可能发生在 2020 年前后，到 21 世纪 30 年代中期都将是长周期的上升期，之后进入拓展期，延续到 21 世纪中期结束。这与德国"工业 4.0"计划规划的愿景将于 21 世纪 30 年代实现相吻合。

息化，但是与智能制造仍然有显著区别。[①]PLC 仅实现虚拟信息世界向现实物理世界的单向输出，物理世界并不能向信息世界做出反馈，数据的产生、采集、分析和利用也都是单向的，数据要素对企业边际利润的贡献附着于物质资本，缺乏显著性和独立性。对物质资本的依赖是传统工业化模式的基本特征，也是工业绿色转型面临的一大挑战。

新一代互联网技术向生产的全面渗透将彻底改变这种局面，大幅提升数据对企业边际利润的贡献。当前，代表全球制造业最高水平的国际知名企业的探索实践征兆着数据的获取和配置不仅进一步提高生产效率，而且正在挑战流水线生产方式。博世集团和西门子集团等德国的工业巨头是德国"工业 4.0 计划"的主要倡导者和实践者，正在围绕数据构建智能环境和以此为基础的"智能工厂"，即在制造装备、原材料、零部件、生产设施及产品上广泛植入智能传感器，借助物联网和服务网实现终端之间的实时数据交换，达到实时行动触发和智能控制，实现对生产进行全生命周期的个性化管理。智能工厂为智能产品的生产奠定了坚实的基础。智能产品记录了消费者的需求特征以及从生产、配送到使用的全过程数据，在生产过程当中可根据消费者的个性化需求，以数据交换的形式与生产设备"对话"，选择最优的配料和排产方案，极大地提高了制造系统的柔性。曾被福特制替代的"大规模订制"这一生产组织方式重新具有了技术和经济可行性。从"大规模生产"转向"大规模订制"，是切断"大规模生产"和"大规模消费"闭环的基础，这是传统工业化模式转型的技术经济基础。

数据要素对于生产系统重构的意义还在于形成了智能工厂和智能产品的闭环。依托物理—信息系统，生产数据和消费数据形成大数据系统，经实时分析和数据归并后形成"智能数据"，再经可视化和交互式处理后，实时向智能工厂反馈产品和工艺的优化方案，从而形成"智能工厂—智能产品—智能数据"的闭环，驱动生产系统智能化。这一切的实现既依赖于数据这一新型生产要素的生成和利用，也依赖于"云设施"的升级与完善。如同资本要素的供给来自资本积累，劳动要素的供给来自人口增长和教育，数据要素的供给则依赖于传感器和高速通信设施的广泛应用。因此，在数据要素成为核心投入的过程中，"可以廉价获得"的传感器便是新一轮长波中派生出的核心要素。按照德国"工业 4.0"计划的部署，新型传感器单价将降至 1 欧元以下，即便广泛植入也不会造成使用成本的显著增加，这样便可以有效提高数据要素的积累效率。

---

① 可编程控制器即工业控制计算机，其基本架构与个人计算机类似，即通过可编程存储器执行顺序控制、定时和计算等操作指令，通过输入和输出接口控制各类制造设备，达到干预生产过程的目的。

7.4.2 通信基础设施的重要性将超过交通基础设施

核心投入与基础设施的动态匹配是促进先导产业快速发展的必要条件。历史经验表明，核心投入"可以廉价获得"是基础设施快速完善的产业基础，基础设施建设的巨大需求为核心投入产业的发展提供了初始市场，从而形成正反馈效应。例如，与铁、煤相匹配的基础设施是运河和铁路，与钢相匹配的基础设施是钢轨和钢船，与石油、天然气相匹配的基础设施是高速公路、机场等，与集成电路相匹配的是互联网。随着数据要素（及其相派生的传感器）成为新一轮长波的核心投入，那么问题是：第五次长波中形成的基础设施——互联网是否与新兴的数据要素相适应？对此问题的解答，需从互联网的演进历程加以剖析。

互联网发展至今经历了三个阶段。第一代互联网（1969~1989年），即军事和科研阿帕网，主要用于公共部门的内网使用。第二代互联网（1990~2005年），即基于个人计算机的万维网，刺激了电子商务爆炸性增长。在互联网取得巨大成功的同时也面临着严峻的挑战：一是架构灵活性不高，难以适应不断涌现的新业态的需求；二是难以满足未来海量数据增长的需求；三是实时性、安全性和灵活性尚不能满足产业融合发展所需，工业互联网、能源互联网、互联网金融、车联网等对互联网的升级提出了强烈且迫切的需求。为了克服这些问题和局限性，互联网技术正在通过多条技术路线向第三个阶段演进。其中，传统IP网络向软件定义网络（SDN）转变便是一大趋势，可实现数据层和控制层的分离，定义和编程网络设备资源，实时反馈网络及网络设施的运行状态，提高网络部署的灵活化和稳定性。

当前，新一代互联网基础设施对核心要素和先导产业的支撑还远远不够，但是已经在加速集聚爆炸式发展所需的资源。首先，在政府层面，美国、欧盟和日本等公共研究机构已经立项研究新一代互联网技术路线，讨论和制定新一代互联网的协议。例如，2011年美国通过了《联邦政府云战略》，将1/4联邦政府IT支出（约200亿美元）转为采购第三方公共云服务；2012年欧盟发布"发挥欧洲云计算潜力"战略，在各领域推广云计算的应用。其次，在产业层面，2012年，13家全球主要电信运营商共同发起了网络功能虚拟化组织，截至2014年10月，已有250家网络运营商、电信设备供应商、IT设备供应商以及技术供应商参与。同时，2013年全球主要电信设备和软件公司联合开发SDN控制器和操作系统。再次，在技术层面，新一代光网络、新一代无线网络（5G、Wi-Fi）、物联网、云计算（云网络）等网络基础设施在硬件设备开发、网络协议和标准制定、网络传输速度和频谱利用率提升、功耗和延时降低、兼容性、灵活性和安全性提升等方面取得了一定的进展。最后，新一代互联网基础设施在应用层的潜力逐步显现。在企业应用层面，除了上述德国企业正在利用物联网和服务网构建智能工厂，谷歌公司数据中心通过 SDN 将链路平均使用率从 30% 提升至 95%，并于 2014 年第一季度投入 23 亿美元，采用最新网络技术构建骨干网满足公司快速增长的需要。在政府应用层面，2014 年 6 月新加坡推出建设世界上首个"智慧国家 2025 计划"，为大多数家庭提供超快的 1Gbps 网速，在线提供 98% 的政府公共服务。我国政府也提出了"互联网+"，大力促进互联网技术更广泛、更深入地融入到各行各业（黄阳华等，2015）。

我们认为，新一代互联网基础设施的逐步完善将为数据要素的积累和配置提供有力支撑，同时数据的利用能够提升新一代互联网基础设施的投资收益率，从而形成第六次长波的两大核心构件。

7.4.3 制造智能发挥先导产业的作用

新一代互联网技术与制造业融合后，将为制造业的效率提升和价值创造带来新的机遇。第一，引领产品的智能化和网络化。"硬件 + 软件 + 网络互联"正逐渐成为产品的基本构成，并呈现出个性化和差异化趋势。例如，消费领域的智能手机、可穿戴设备、智能家电、智能家居，工业领域的智能机器人、智能专用设备以及新型传感器、视觉识别装置等组件。智能产品可通过网络实时和厂商、第三方服务提供商或上层智能控制平台通信，拓展产品功能和延伸服务需求。第二，推动生产和管理流程智能化。企业内部制造流程将整合至一个数字化、网络化和智能化平台，各种机器设备和数据信息互联互通，为优化决策提供支持。制造业的柔性进一步提高，消费者的个性化需求能够得到充分满足。第三，推动研发设计的网络化协同发展。研发设计部门和生产制造部门的界面信息进一步整合，"虚拟制造"有效提高研发效率，客户还可以通过网络参与在线设计融入个性化需求，有效缩短研发设计周期，提高资源要素的配置效率。第四，推动企业组织变革。不同层面的数据和信息可通过高速网络便捷传递，企业组织进一步扁平化。企业间组织趋于模块化，最大程度降低信息成本，重塑产业价值链。第五，推动制造业企业服务化转型。制造过程高度数字化，产品数据全生命周期集成，企业通过互联网及时获取消费者需求从而实现服务型制造，"私人定制""按需定制"和"网络定制"等服务模式将更加普遍。这种通过增加增值服务以减少物质生产的企业战略，其效果是减少实物的生产与消费，推动工业朝着绿色化的方向发展。

制造业智能化将为其他领域提供通用技术。第一，在生产端，智能工厂生产的智能化装备和中间产品是其他产业的投入物。无论是新一代互联网设施的建设，传感器价廉量大地供给，还是智能交通、智能电网、智能物流、智能家居等智能系统的建设，都依赖于智能中间品的供给。第二，在消费端，应该认识到满足消费者对智能化、个性化产品需求的前提是生产系统的智能化，没有制造业智能化的商业模式的创新将是空中楼阁。第三，智能制造还对其他产业产生了较好的示范效应。以美国通用电气公司的工业互联网为例，该公司的新一代 GEnx 飞机发动机上装有 26 个传感器，以 16 次／秒的频率监测 300 个参数，仅一次长途飞行就可以存储 1.5 亿份数据，翔实地记录了航班的运行状态、发动机性能与效率。这些数据被传送至驾驶室和地面数据中心，经分析后用于监测、预测和改进发动机性能，有效地缓解了飞机的维修压力，从而降低航班延误的损失。仅此一项，就可以节约 20 亿美元／年的成本。这种通过提前干预减少不必要的物料消耗，是未来制造业的基本形态。

7.4.4 新型生产组织方式的兴起

零部件的标准化是流水线生产的前提，这就限制了产品的多样化，导致产品多样化大幅度减少。之所以出现产品多样化（个性化）和产量（规模经济）之间的权衡，主要有两种原因：一是制造业的生产流程投资具有专用性，调整产品种类需要转换生产线；二是产品零部件标准化程度高，零部件的调整成本高。过高的生产线和零部件转换成本使得产品调整不经济。因此，以标准化为核心的福特制虽然提高了生产效率，但是必须支付制造系统柔性低下的机会成本。

以数据为核心投入的新型制造系统具有更高的柔性。[①] 第一，刚性生产系统转向可重构生产系统，客户需求管理能力的重要性不断提升。可重构生产系统以重排、重复利用和更新系统组态或子系统的方式，根据市场需求变化实现快速调试及制造，具有很强的兼容性、灵活性及突出的生产能力，实现生产制造与市场需求之间的动态匹配。例如，德国大众汽车开发的"模块化横向矩阵"实现在同一生产线上生产所有车型的底盘，可及时根据市场需求在时间和空间上的变化灵活调整车型和产能。这一过程也表明制造业从产品模块化演化为生产线模块化，能够有效地减少工业企业的库存，提高资源利用效率。

---

① 快速成型技术（俗称3D打印）的发展也将提高生产流程的柔性。根据笔者在印度的调研，印度一家以柔性制造著称的领先的精密加工企业已经将 3D 打印列为未来几年企业重点开发的工艺，以进一步提高企业的柔性，满足不同客户对精密产品的定制化需求。

第二，大规模生产转向大规模定制，范围经济可能超过规模经济成为企业的优先竞争策略（Chandler，2005）。可重构生产系统使得大规模定制具备经济可行性，企业依靠规模经济降低成本的竞争策略的重要性也将有所下降。满足消费者个性化需求将取代规模经济成为企业的主流竞争策略，生产者主导的经济模式也将转向消费者主导，企业也会相应地减少广告营销引导消费者增加冗余的消费。

第三，企业内部组织结构需要调整，以提高数据要素的附加值。制造业智能化显著增加了生产的复杂度，对企业管理复杂度的能力也提出了更高要求。为此，企业内部的组织结构，从产品设计、原型开发、企业资源、订单、生产计划获取和执行，物流、能源到营销、售后服务，都需要按照新的产品价值链加以整合，增加给定资源要素的产出效率。包括：顺应制造业服务化的趋势，提升企业内部支撑制造的服务部门的重要性；顺应从提供单一产品到提供一体化的解决方案的趋势，增强与消费者的互动能力；利用新型基础设施进行投融资方式和商业模式创新；加大对员工（特别是技术工人）终身学习计划的投入。

第四，工厂制造转向社会化制造，产能呈现出分散化的趋势。企业组织的主要功能是降低生产的信息成本，随着大量物质流被数字化为信息流，生产组织中的各环节可被无限细分，从而使生产方式呈现出碎片化，企业的信息成本可能成为不可承受之重，生产出现了"去企业化"从而呈现出社会化制造的势头。一些地区已出现专门为网络设计者、用户提供制造和产销服务的在线社区工厂，有效降低了产业的进入门槛；社交网络上出现了由个体组成的"虚拟工厂"，个人能够通过在线交流进行产品的研发、设计、筛选和完善，社会制造这一新型产业组织逐渐形成（Agion and Howitt，1998）。这将有利于向全社会疏散产能，有效防范产能的集中和过剩风险，这对深受产能过剩问题困扰的中国制造业绿色转型升级有着重要的意义。

7.5　本章结论

本书提出，新一轮产业变革中涌现出的技术经济范式的核心构件具有如下特征：数据要素将成为新一轮产业变革的核心投入，数据的分析与利用能力将成为国家之间竞争力的重要决定因素。新型通信基础设施的重要性或超过交通基础设施，信息标准的竞争与合作将成为国际产业分工体系调整的基础。智能制造仍然是国民经济体系进步的先导部门，范围经济的重要性可与规模经济比肩，智能制造的发展还将影响服务业的发展层次，重塑产业价值链。大规模定制将与当前主流的大规模生产方式分庭抗礼，企业内部结构也必须按照新的价值链加以重新整合，企业组织的变革促使生产呈现出平台化和社会化的趋势。

本章还研究了新一轮产业变革各核心构件为工业绿色转型带来技术经济机遇。从这个意义上讲，中国工业的绿色转型的可行路径，是产业政策和创新政策按照技术经济范式核心组件的变化规律进行系统性的调整，在工业的智能化升级中推动工业的绿色转型。

首先，从重视"硬"装备到重视"软"系统。我国将引导社会各类资源集聚，大力推动新一代信息技术、高档数控机床和机器人、航天航空装备、海航工程装备及高技术船舶、先进轨道交通装备等十大重点领域突破发展。虽然这些复杂装备是我国制造业高端化的重点，也是推动我国制造业发展水平整体升级的重要支撑，但相对而言，低估了数据要素在制造业智能化中的核心地位。实际上，长期对数据要素的重视不够，不仅是我国高端装备产业发展相对滞后的原因之一，也是影响我国高端装备产品品质（如产品稳定性）提升的制约因素。更重要的是，对数据要素的轻视不符合制造业智能化的发展趋势。横向比较看，相比于美国工业互联网、德国"工业 4.0"计划以数据要素重新定义制造业，发展以"智能装备+智能软件+网络互联"三位一体的智能制造架构，我国"重装备、轻软件"的局限性必将显现出来，可能在未来的全球价值链中处于不利地位。特别地，我国需要培育出类似西门子、博世、通用电气这类提供全流程数字化解决方案的集成企业，加强数据要素的积累和开发利用，促进制造装备、工艺、产品和服务的智能化，作为推动工业绿色转型的原动力。

其次，信息通信基础设施升级需要加速推进。我国作为后发国家，已经在宽带基础设施建设方面取得了长足发展，社会信息化水平和信息化渗透率等指标都上升较快，但是距离满足"互联网+"向各领域融合的需求仍有较大差距，要在网络传输速度、降低网络能耗和降低数据服务资费方面继续加强。目前，我国通信基础设施的发展局限于信息通信技术本身，发展重点着眼于消费领域，对制造业智能化的支撑作用直到最近才开始引起注意。通信基础设施升级是数据要素的廉价且大量供给的必要条件，是制造业智能化的基础。今后在通信基础设施升级中应加强信息通信服务商与工业企业的对接，避免信息通信服务与企业智能化改造的需求不匹配的问题。同时，在信息通信技术的标准制定方面加强国际合作，以信息通信技术标准的国际合作推动智能制造的国际化发展。

再次，数据要素和新一代互联网技术向制造业领域的渗透亟须加速。制造业智能化是驱动国民体系智能化的主要驱动力，脱离制造业升级的商业模式创新难以为继。我国互联网服务最广、数据要素积累最多、利用水平较高的是商业服务领域，如百度积累的用户需求数据、阿里巴巴积累的消费数据和腾讯积累的社交数据。但是，这些在我国互联网高速发展中涌现出的具有全球影响力的互联网企业尚未将资本、数据、品牌、人才和技术优势导入至制造业领域。应鼓励这些企业集合各方面的资源，积极探索适合我国国情的制造业智能化、绿色化发展之路。

最后，以开放、包容的态度对待生产组织方式的变革。相比于核心要素、基础设施、主导产业的演变，生产组织方式变革过程中新旧利益集团的斗争更为激烈和漫长。生产组织方式变革过程顺利与否，直接影响到技术经济范式转变的效率。目前的产业规制和政策形成于上一轮技术经济范式，过去行之有效的公共政策可能会成为新型产业组织成长的阻碍，如产业边界划定、行业准入标准、知识产权保护和产业政策等都可能难以与新型生产组织方式相匹配。在这种情况下，应该给予新型生产组织试错机会，及时调整不合时宜的管制和政策。

第8章

德国产业创新模式与"工业 4.0"计划对我国的启示

8.1　引言

本轮国际金融危机后，一方面西方主要发达国家深刻反思危机爆发的根源，对比产业结构不同的国家在金融危机中的迥异表现，重新认识了实体经济对于一国经济增长和稳定的重要意义。另一方面主要发达国家纷纷出台反危机刺激政策，试图寻求经济增长新动力，实现短期经济复苏和长期经济再平衡。这些认识上的转变和实践上的努力促使全球资本主义呈现出新的变化趋势，即所谓的新工业革命。目前关于新工业革命有不同的提法，如"第三次工业革命"，(The Economist，2012 ；里夫金，2012)，"工业 4.0"(Industrie 4.0 Working Group，2003)，或"第六次技术浪潮"(贾根良，2013a)，但基本认同当前主流的制造技术和生产组织方式都面临着重大调整。[①]

新工业革命提出之时，适逢我国宏观经济增长进入换挡期，产业转型与升级处于阵痛期。因而，新工业革命概念一经提出，便在我国引起了广泛关注，学术研究界和政策研究界对新工业革命的关注已经形成了一系列的研究成果。如按研究问题加以综述，现有研究主要关注如下三方面的问题：第一，针

---

① 有关新一轮工业革命不同提法的讨论，可参见吕铁和邓洲（2013）。

对新工业革命的学理探讨，包括新工业革命的定义、内涵与特征研究（吕铁等，2012；黄群慧和贺俊，2013；贾根良，2013b）。第二，支撑新工业革命的生产技术发展状况研究，主要是快速成型技术（俗称 3D 打印）、工业机器人和新能源技术的进展与产业化应用情况（如黄群慧等，2014a；吕铁和黄阳华，2013）。第三，主要发达工业化国家应对新工业革命的战略部署和政策措施，以及对我国可能产生的影响及应对措施（贾根良，2013c；黄阳华和卓丽洪，2013；中国社会科学院工业经济研究所课题组，2012；黄群慧等，2014b）。

本章更为关注的是德国应对新工业革命的战略部署和政策实践，这一研究兴趣起源于如下典型事实：首先，德国依托强劲的实体经济，在国际金融危机中的稳健表现得到了广泛的认可和推崇，不仅是欧元区国家走出国际金融危机的中坚力量，而且成为美、英等国实施"再工业化"战略的"灵感来源"。其次，至少到 2010 年，按照可比价格计算，德国制造业增加值仅次于中国、美国和日本，位居全球第四，[①] 考虑到德国人口仅为中国的 1/16、美国的 1/4 和日本的 2/3，若以人均制造业增加值比较，德国虽不及日本，但与美国相当，远超中国，基本上代表了全球工业化的最高水平。最后，德国是全球最重要的装备制造业生产国和出口国，在机械制造业领域存在着大量的中小企业"隐形冠军"，同时德国还是全球高端制造业的领先市场，具有十分明显的制造业全球竞争优势。然而，目前关于新工业革命的比较研究聚焦于美国和以日韩为代表的新兴工业化国家的动向，对德国的研究尤其匮乏。

令笔者感到好奇的研究问题至少包括如下两个层次：第一，处于工业化先进水平的德国是如何应对新工业革命的？其中，德国产业政策的指导思路是什么？有效的政策工具又有哪些？与其他工业化国家相比，德国应对新工业革命的战略和实践有哪些特点？第二，中国作为"世界工厂"，数百种工业产品（包括一些高技术产品）的产量全球第一，并于 2010 年进入了工业化后期阶段（陈佳贵等，2012），但中国工业必须加快完成从工业大国向工业强国的历史性转变。为此，中国的产业政策无疑需要进行战略性调整。虽然中德两国工业化水平相差较大，但在产业结构和产业发展面临的问题方面，两国仍存在较大的共通之处。以制造业立国的德国应对新工业革命的实践对我国产业政策的重新定向又具有哪些借鉴意义？本章试图对这些问题进行初步的探讨。

本章的研究设计和结构安排如下：第二部分首先简要介绍德国产业创新的典型模式和关键性支撑制度，作为理解德国产业政策作用机制的背景，这部分还将介绍德国产业政策的总体部署。第三部分研究德国正在制造业领域积极实

---

① 数据来自世界银行 WDI 数据库。

施的"工业 4.0"计划，包括该计划的背景和目标、组织实施、主要内容和重点工作等方面的情况，并对比该计划与其他版本"第三次工业革命"的异同。第四部分根据对德国产业政策的新动向和实践的研究，提出若干可供我国产业政策借鉴的经验启示。

8.2 德国产业创新模式与政策部署

8.2.1 德国产业创新模式

长期以来，对德国经济的研究主要集中于产业竞争力优势和出口经济模式，并由此引发了对德国产业集群、中小企业、技能工人培训、金融制度和社会经济制度等问题的研究（Herrigel，1996；Vitols，1997；Buigues and Sekkat，2009；巫云仙，2013）。自东德、西德统一以后，德国面临着经济结构调整和产业升级的巨大压力。在这样的历史背景下，产业创新和创新体系概念逐渐成为了解德国产业经济的重要工具（Soskice，1997；Matravas，1997）。

一般认为，德国的产业竞争优势不在于低成本的要素投入，而是在有限的产业（如机械、化工）内进行持续的产品开发和创新，不断追求产品品质的精益求精。因此，德国的产业创新模式被精炼为"提升产品质量的渐进性创新"（Soskice，1997）。从市场行为上看，德国企业的竞争策略是熊彼特式非价格竞争，而非古典式的价格竞争。在这样的创新战略下，德国企业治理结构、企业间关系及产业制度体系均不同于以美国和英国为代表的盎格鲁—撒克逊传统（Soskice，1997）。

德国的产业创新模式根植于本国的独特制度框架，受到德国就业政策和限制企业过度竞争政策的影响尤其明显。一方面，为了保障工人的基本福利，德国政府对劳动者的薪酬、工作条件、社会保险和裁员均实施严格管制。其中，工人的薪酬和工作条件是"劳资共决制"，即由代表工人利益的产业工会和代表企业家利益的雇主联合会谈判协商，一旦达成协定后，企业需遵照执行，单个企业对此缺乏充分的谈判能力。[①] 同时，企业内部的职工委员会就用工待遇、用工条件、工作安排和员工培训等问题依法享有谈判能力，均可与企业家谈判。这种就业管制制度弱化了企业压低生产成本的能力，也缺乏打价格战的条件，转而重视产品质量提升，为此重视员工的职业技能培育（Matravas，1997）。

---

① 工人和企业家广泛加入工会和雇主联合会是德国产业关系的一大特点。工会和雇主联合会都是按照产业组织的。

另一方面，提升产品品质不仅要求企业员工不断积累产品和工艺知识，而且还需要与关联企业（机构）紧密合作，交换产品和工艺改进的私人信息，共同寻求技术解决方案。这表现为供应链上的联合开发、联合设计、产学研合作和企业创新网络等形式。在共享信息过程中，企业还要防止创新信息被潜在竞争对手不当利用。因此，需要建立起有效的互补性外部治理制度，如产业标准政策和企业合作促进政策。[①] 其一，产业标准可以提高市场透明度，为企业（特别是中小企业）提供开放的市场准入机会，有助于产业价值链的完善，加速研究成果的商业化。其二，行业协会在促进企业合作、维持竞争秩序、制定行业标准和发展劳动培训方面也发挥着积极的作用，"分担"了较多的公共职能，是政府实施产业政府的重要渠道。其三，促进企业创新合作的政策，如产学研合作政策、创新联盟政策、产业集群政策等，是德国产业政策的重要组成部分。因此，现有文献中所经常讨论的典型德国产业政策，如上文提及的产业集群政策、中小企业成长政策、技能工人培训政策、金融政策、行业标准政策和产学研合作政策等，都是服务于德国创新模式的具体政策措施。如果不讨论德国的产业创新模式，单一地对其加以研究，研究价值局限于了解政策本身，有窥豹一斑之嫌。

德国"提升产品质量的渐进性创新"既有明显的优势，也有较大的缺陷。毋庸置疑，凭借该模式，德国在若干产业内积累起雄厚的创新能力，长期保持竞争优势。但该创新模式的劣势是难以导入激进式创新。按照新熊彼特学派的理论推测（Perez，2009），在新技术经济范式的导入期，德国新旧产业体系之间的斗争将会更为激烈。当新工业革命大幕或将开启之际，只有当一国的产业体系能够适应新工业革命的冲击，才能稳固既有的产业竞争优势，构筑新的竞争优势。德国产业创新模式能否经受新工业革命挑战？回答这一问题，我们首先要研究当前德国的产业政策。

8.2.2 德国产业政策的本质是创新政策

德国当前产业政策集中体现在"国家高技术战略"和制造业领域的"工业4.0计划"两方面。本节讨论德国的"国家高技术战略"，勾勒德国产业政策的轮廓，也为本章第三部分研究德国"工业4.0"计划提供必要的背景。

虽然新工业革命是2012年前后出现的新提法，但是德国早在21世纪之初

---

① 在盎格鲁—撒克逊制度下，行业标准的形成通常是通过市场竞争的方式达成的，而德国的行业标准通过是利益相关方寻求共识的过程。

便开始进行了战略部署。两德统一后，德国经济经历短暂的衰退和漫长的结构性调整，虽然是全球最重要的出口国之一，但制造成本不断上升，一些大企业将总部或制造基地向外转移的趋势不断增强。鉴于此，德国政府于 2006 年发布《国家高技术战略》，这是德国首次在国家层面发布中长期的创新战略，对德国后续的产业政策具有十分重要的指导意义。该战略的总体思路是推行创新驱动发展战略，重点培育和发展若干重大技术，继续推行熊彼特式非价格竞争战略。2010 年，德国联邦政府整合了各部门的研究和创新资源，推出了《国家高技术战略》的升级版，即《国家高技术战略 2020》（见图 8-1）。《国家高技术战略 2020》可以视作是德国应对新工业革命进行的"顶层设计"。《国家高技术战略 2020》指出，德国仍将面临巨大的经济和金融风险，知识、人才、技术和市场的全球性竞争日益激化，对德国的产业国际竞争力形成了巨大挑战。为此，德国必须充分利用经济的潜在增长率，通过持续的技术开发和创新推广，才能有效应对气候变化、人口结构变动、流行病传播、粮食供应短缺、化石原料和能源供应不足等一系列全球问题。在创新重点领域的选择上，两项战略之间存在较强的连续性，体现了政策的长期性、可持续性。

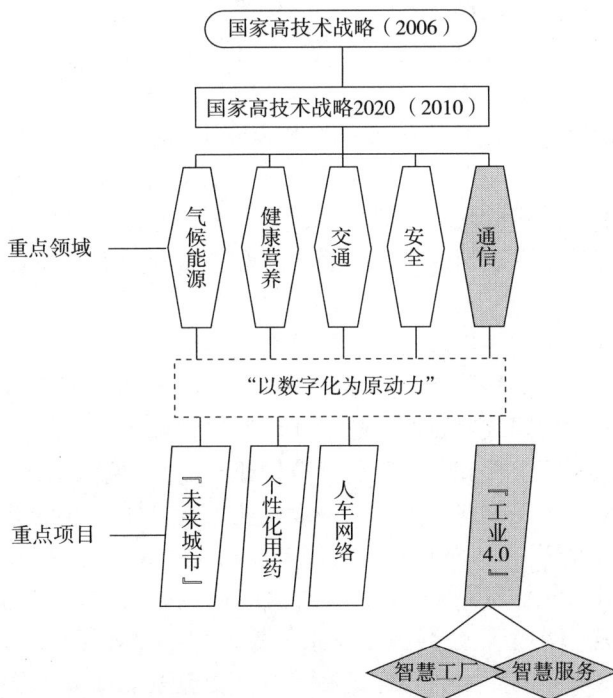

图 8-1 德国"国家高技术战略 2020"的重点领域与代表性重点项目

资料来源：笔者根据德国 *High-tech Strategy for German：Ldea·Innovation·Growth* 整理。

通过对金融危机后美国和德国产业发展战略的比较研究可以发现，德国应对新工业革命的战略部署并非单一的追求前沿制造技术的突破，而是系统性地进一步稳固德国典型的产业创新模式，这使得德国的实践经验别具一格。金融危机后，美国的制造业复兴计划旨在优化制造业领域的投资环境，降低制造业投资门槛，引导社会资源进入先进制造领域，政策重点是率先突破和使用先进制造技术和制造工艺（贺俊等，2013）。可见，虽然两国都重视先进制造业的发展，但是由于德国的产业结构保留着较强的实体经济，现代产业体系更为完善，所以与美国产业调整战略相比，德国的产业政策不仅停留在促进制造业投资，而是重视更高层次的产业创新发展，将创新置于技术和产业发展的核心地位，强化创新驱动发展模式。

按照熊彼特创新理论，创新与发明的区别在于是否获得商业上的成功（熊彼特，1991），那么产业创新过程就可以大致分为商业化前后两个阶段。德国"国家高技术战略"的基本思路按照经典的产业创新线性模式展开，即在前商业化阶段加强关键技术突破，在商业化阶段注重创新环境的不断优化，加速创新成果的产业化，缩短创新商业化的周期。即便如此，德国产业创新模式决定了"国家高技术战略"虽重视关键技术的突破，但将政策的重点设定在创新的商业化阶段更符合德国的优势。按照这一思路，"国家高技术战略"包括以下三方面的主要内容（见图 8-2）：

首先，政府资助关键技术突破。德国政府重点支持生物技术、纳米技术、微电子和纳米电子、光学技术、材料技术、生产技术、服务研究、空间技术、信息与通信技术等技术的发展，维持德国在这些领域的领先地位。德国政府希望依靠这些关键技术发展出新产品、新工艺和新服务，促进经济、社会和环境的可持续发展。

其次，全流程优化创新环境，引导社会资源流向创新活动。第一，德国的产业创新模式是典型的生产者主导型创新模式，全社会的创业精神较弱。[①] 为了激发创业活力，德国政府试图改善创业环境，积极培育创业精神。主要的政策工具包括：在高等院校和科研院所营造创业文化，鼓励学术创业；在初等教育、职业学校和高等院校课程大纲中增设创业教育，加大对高新技术企业的金融支持。第二，提升中小企业创新的创新能力。中小企业是德国经济的微观基础，大量中小企业"隐形冠军"是德国产业竞争的"软实力"。中小企业政策思路是完善中小企业公共服务体系，鼓励中小企业更多地进行中长期研发，以及形成制度化的产学研合作机制。主要的政策工具包括继续实施"中小

---

① 关于生产者主导的创新模式和用户创新模式的比较，可参见黄阳华和吕铁（2013）。

企业创新核心项目"和"中小企业创新项目"[1],加强公共研究对中小企业的支持,升级中小企业咨询与信息服务。第三,促进风险投资发展。德国渐进式的产业创新模式需要长期、稳定的资金供应,与之相适应的金融供给方式是依托银行制的间接融资,这也限制了德国风险投资产业的发展。为了减少对银行融资的依赖,发展与中小企业和创业企业金融需求相匹配的直接融资方式,德国政府希望优化经营环境,解决风险资本市场和直接投资发展滞后的问题,发展多层次的融资工具,激发风险资本的活力。第四,加强标准化建设。如前文所述,德国的行业标准体系是促进企业间创新合作、防止恶性竞争的必要制度,有助于促进产品质量的持续提升。为此,德国政府进一步加强标准化政策与研究资助政策之间的政策协调,以标准化促进科研发展。第五,提升工人技能。德国政府重视发展职业教育、继续教育和培训及高等教育等多层次的人力资源开发体系,培育高素质产业工人。针对中小企业在获取技术人才方面的困难,在政策上重点支持培养中小企业青年工程师。第六,德国政府采购资金中创新采购资金高达数百亿欧元,德国政府将统筹安排,将其配置于特定的创新解决方案,提高资金管理的效益,促进创新型企业的发展,加速创新的扩散。[2]

最后,加速创新成果的产业化。德国政府继续支持产学研合作,加速创新成果向市场和终端用户转化。主要的政策措施包括继续支持科研机构和中小企业专利申请与使用,促进学术成果的商业化,升级校园资助项目,继续实施"领先集群竞争"和创新联盟等行之有效的政策。

不难发现,德国产业政策的指导思想仍然是致力于持续提升企业的创新能力。一方面,德国政府试图增强传统渐进式创新模式对激进式创新的容纳度,克服传统模式下产业创新体系存在缺陷(如创业活动不足和风险投资发展滞后),应对重大的技术革命。另一方面,从主要政策工具看,德国产业政策进一步稳固德国产业创新模式赖以存在的制度基础的意图更为明显,行业标准、产业集群、产学研促进、创新联盟和技能工人培育等成功的德式政策工具被继续沿用和强化。德国"国家高技术战略"选择了面向未来社会的气候和能源、

---

① "中小企业创新核心项目"(ZIM)于2008年7月启动,为中小企业间和企业与科研机构间合作开展科研创新项目提供资助,科研内容不受技术领域限制。"中小企业创新项目"(KMU-innovativ)于2007年设立,为生物、信息与通信、纳米、光学、生产工艺、节能降耗、公共安全七个科研领域的中小企业提供研发资助。

② 德国的"领先集群竞争"政策是对联邦教育研究部对经遴选出的领先产业集群给予一定的资助,带动民间资本加强产业集群建设,发挥引领示范作用。

健康和营养、交通、安全和信息通信（ICT）五大重点领域，通过优先示范项目，分别对各领域的重点工作进行了规划部署（见图 8-2）。

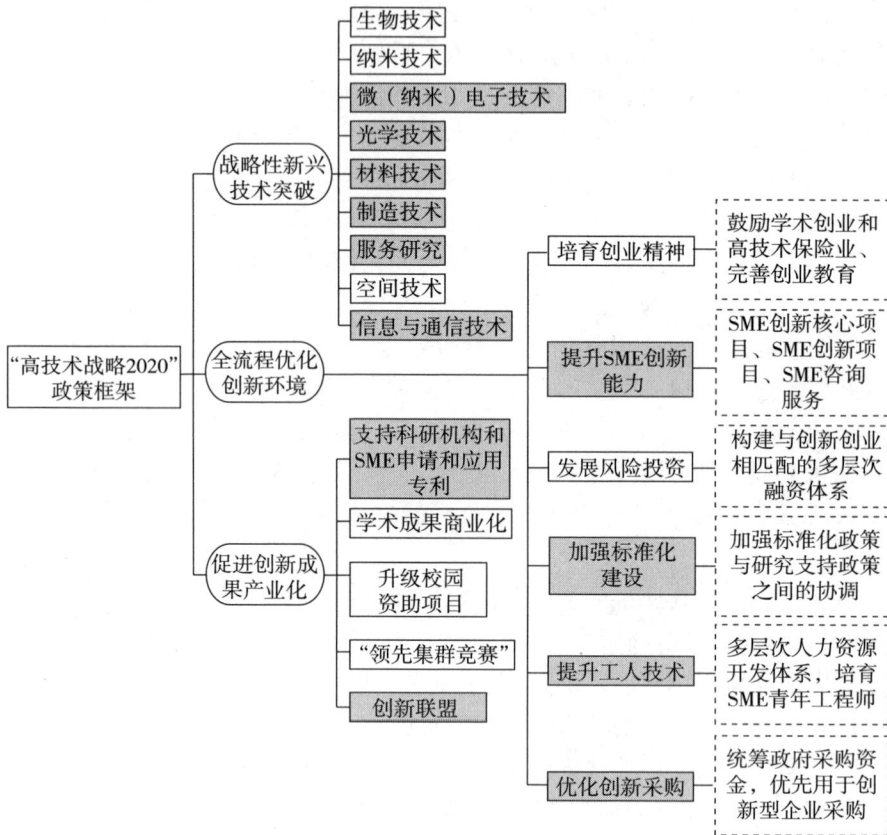

图 8-2　德国"高技术战略 2020"战略框架与重点政策

注：阴影部分与"工业 4.0"计划的实施存在政策关联。

资料来源：笔者根据德国 *High-tech Strategy for German：Ldea·Innovation·Growth* 整理。

8.3　德国"工业 4.0"计划

　　德国正在制造业领域积极推行"工业 4.0"计划，虽然在概念提法上别出心裁，一时颇受关注，但该计划绝非孤立事件，从其概念的提出到应用实践，无不与上述国家战略和产业创新模式密切关联。从该计划的渊源看，"工业 4.0"计划属于上述五大领域中 ICT 领域的重点项目，这就决定了"工业 4.0"计划的"边界"和特性，也成为理解"工业 4.0"计划的最佳切入点。① 对此，下文详细论述。

8.3.1 以产业驱动创新发展解决发展中的问题

德国实施"工业 4.0"计划并非空穴来风，而是具有深刻的国内和国际背景。在国际方面，以物联网（internet of things）和务联网（internet of service）为代表的新一代互联网技术迅速发展，加速向制造业领域渗透，欧盟、美国、印度和中国都正在加紧布局互联网技术与制造业的融合。美国积极推行"先进制造业伙伴"计划和亚洲新兴经济体快速成长，对德国产业竞争优势造成了较大威胁。在国内方面，德国"提升产品质量的渐进性创新"模式促进了持续的产业研发投入，推动了制造技术精益求精，对复杂工业流程管理的专业化程度不断提高，奠定了德国装备制造业的全球领先优势。德国是全球重要的软件和解决方案提供商，特别是在嵌入式系统和企业管理方面，② 德国积累了丰富经验。制造技术和 IT 技术的优势构成了德国实施"工业 4.0"计划的产业基础。德国实施"工业 4.0"计划的目的，就是通过制造技术和 IT 技术的融合，维持和提升德国既有的产业竞争优势，克服"高工资就业"对德国竞争力的不利影响，确保德国在新工业革命中占据一席之地。

从目前的实践情况看，德国"工业 4.0"计划是"官产学研"及社会组织通力合作的事业。第一，德国国家工程院和联邦教育研究部积极参与，体现了国家战略意图和相应的政策支持。第二，德国工业和 IT 业（包括软件和硬件）领先企业是"工业 4.0"计划的积极倡导者和实践者，为"工业 4.0"计划的落实提供了资源保障和试验场。③ 第三，德国主要技术型大学和著名的弗朗霍夫研究所为"工业 4.0"计划提供了解决方案支持。第四，德国主要的行业协会也深度参与到该计划当中，发挥组织协调和信息交流的作用。

在组织实施方面，为保证"工业 4.0"计划的有序推进，上述各方搭建了

---

① 现有关于"工业 4.0"计划的研究大多忽视了这一重要背景。

② 嵌入式系统（embedded system）是一种计算应用系统，通过在机器设备和工厂植入微处理器，实现对大规模设备的控制或者监视。

③ 博世、西门子、泰森克虏伯、ABB、SAP、Software AG、英飞凌、德国电信、德国邮政、宝马和戴姆勒克莱斯勒等德国知名企业，以及 IBM、惠普等跨国公司均参与了"工业 4.0"计划，有些企业已经开始按照"工业 4.0"计划重组生产方式。新闻资料显示，宝马集团已经使用移动智能终端实现更高层次的人机互动，西门子集团推行数字化企业解决方案，博世集团发展制造业物联网，戴姆勒集团通过 RFID 实现不同国家工厂之间供应链的整合，等等。

"工业4.0平台"，协调各方的合作。该平台在形式上与美国政府推行的"先进制造业伙伴计划"相似，设立了由各方代表共同参与的"指导委员会"，下设董事局和工作组。董事局下设秘书处，作为平台的办事机构，由3个机械、电子产业的行业协会联合运作。针对智能工厂、现实环境、经济环境、人与工作、技术要素等重大技术和管理难题，"指导委员会"下设5个专家工作组。2013年4月，"工业4.0平台"发布了题为《保障德国制造业的未来：关于实施"工业4.0"战略的建议》的最终报告，是该平台立足于德国工业发展现状，对工业未来发展趋势的展望。该报告是研究"工业4.0"计划最重要的参考资料，一经发布便引起了广泛关注。但深入理解该报告要求读者具有较为综合的知识背景，到目前为止，国内对该报告的解读仍然停留在表层，因此难以把握"工业4.0"计划与第三次工业革命的异同。需要强调的是，该报告仅代表"工业4.0"平台的观点和政策建议，虽有政府机构参与其间，但仍不能直接等同于德国的官方政策文本。

8.3.2 以制造业智能化引领智能社会

德国"工业4.0"计划对工业革命的划分标准，与流行的"第三次工业革命"既有共同点，也有差异。目前，"第三次工业革命"有两个代表性的版本。一是"新能源版本"，以美国趋势学家里夫金的《第三次工业革命》一书为代表，划分的标准是通信技术与能源技术的结合方式，互联网技术与可再生能源的结合将推动全球进入第三次工业革命（里夫金，2012）。二是"制造业版本"的第三次工业革命，以英国《经济学人》杂志刊发的题为《第三次工业革命》的"特别报告"为代表，将生产方式的根本性转变作为工业革命的划分依据，人类正在迎接的第三次工业革命是制造业的"数字化"，以此为基础的"大规模定制"很可能成为未来制造业的主流生产方式（The Economist，2012）。"工业4.0"计划则是以生产的复杂性作为工业革命的划分标准，将工业化分为相互连续但又存在结构性变迁的四个阶段。其中，前两个阶段与大多数工业革命的划分类似，即第一阶段是18世纪末英国工业革命，制造业实现了机械化，第二阶段是19世纪末电气化实现了制造业的自动化。不同的是，"工业4.0"计划把制造业实现自动化之后的工业化细分成两个阶段，即第三阶段是20世纪70年代可编程逻辑控制器（PLC）和信息技术的初步应用，进一步提升了制造业的自动化水平。[①] 当前，基于物理—信息系统（Cyber-Physical System，CPS）的新型制造方式正在将工业化送入第四个发展阶段，即"工业 4.0"。[②] 工业革命划分方式的不同，是德国"工业 4.0"计划区别于第三次工业革命的第一个要点。

可见，德国"工业 4.0"计划的核心是在制造业领域内构建物理—信息系统，不单是采用新型制造技术和先进制造设备，而且是要将迅速发展的物联网和务联网引入制造工厂，从而彻底改变工业生产的组织方式和人机关系。这就回到上文有关"工业 4.0"计划背景的介绍，即"工业 4.0"计划是德国《国家创新战略 2020》中 ICT 领域的重点项目，新一代互联网技术向工业渗透，是正确理解德国"工业 4.0"计划的重要甚至是唯一的切入点。显然，与"制造业版本"的第三次工业革命作比较，德国"工业 4.0"计划更重视新一代互联网技术的基础性作用，而非新型制造技术。与"新能源版本"的第三次工业革命相比，德国"工业 4.0"计划突出新一代互联网技术的融合对象是制造业，而不是新能源。这是德国"工业 4.0"计划区别于第三次工业革命的第二个要点。

相比于"工业 3.0"阶段广泛采用的可编程逻辑控制器，"工业 4.0"阶段的物理—信息系统在功能上可实现物理世界和信息世界的双向互动，此系统向工业领域全面渗透将推动工业从自动化升级为智能化。一方面，制造业将变得更为灵活、智能和个性化，尽量避免外界的干扰，实现自我维持和优化。另一方面，制造业从自动化向智能化演进，也是工艺流程复杂化的过程，企业驾驭复杂度的能力也必须配套地进行升级，才能充分发掘物理—信息系统的潜力。因此，"工业 4.0"计划不仅包括生产技术、生产组织方式的演进，还包括了企业管理复杂工艺的能力提升。这是德国"工业 4.0"计划区别于第三次工业革命的第三个要点。

德国"工业 4.0"计划包括如下三方面的基本内容：第一，工业的智能化水平将达到全新的高度。在"工业 4.0"阶段，新型的"智能工厂"借助"社交网络"，[③] 可实现"自然的"人机交互，这将打破传统制造工厂模式下控制—

---

① 可编程逻辑控制器（Programmable Logic Controller，PLC）即工业控制用计算机，基本架构与普通计算机类似，用户向 PLC 输入指令后，PLC 可操控制造设备干预生产。PLC 只能实现信息世界向物理世界的单向输出，被应用于制造业可视为工业化的初级信息化。

② 近年来，嵌入式系统和物理—信息系统取得了长足的发展。植入了可编程微处理器的装置都可视为嵌入式系统。所谓的物理—信息系统，是计算系统和嵌入式系统的融合。随着计算系统和嵌入式系统已经渗透到人们工作、生活的方方面面，特别是云计算服务的发展极大地促进了物理—信息系统的成长，大规模生产自动化可借助云端进行并行计算。物理—信息系统是可编程逻辑控制器的升级，可实现物理世界和信息世界的双向互动。有关物理—信息系统，可参见 Suh 等（2014）。

③ 社交网络通常是指帮助人与人之间建立起社会化网络的互联网应用服务。此处，社交网络不局限于人与人之间的网络交流，还包括人与机器之间的网络互动。

反应的机械式人机关系。为此，需要在制造装备、原材料、零部件及生产设施上广泛植入智能终端，借助物联网实现终端之间的实时信息交换、实时行动触发、实时智能控制，达到对生产进行个性化管理的目的。人还可以通过远程控制系统管理生产系统，这将使人类的工作与家庭生活之间的关系更协调。由此可见，构建物理—信息系统的目的是要实现制造设备、零部件和供应链的全生命周期、个性化、人性化的管理。

第二，以嵌入式制造系统推动智能社会发展。在"工业4.0"阶段，除土地、劳动、资本和企业家才能等传统生产要素外，数据将成为一种重要的新型生产要素。依托于物理—信息系统，智能工厂出产可实时生成数据的"智能产品"，形成大数据系统。大数据经实时分析与归总后形成"智能数据"，再将"智能数据"进行可视化和交互式处理，实时向智能工厂反馈产品和工艺优化的方案，从而形成"智能工厂—智能产品—智能数据"闭环，驱动生产系统智能化。而这一切的实现，依赖于云技术等互联网基础设施的建设和应用。按照"工业4.0平台"的设计，智能工厂和智能产品构成嵌入式制造系统，其功能是：企业间的业务流程形成横向价值链，企业内的业务流程形成纵向价值网络，再将横向价值链和纵向价值网络进行整合，从而实现产业价值链的全面升级，重塑企业内部的组织设计和企业间关系。德国还希望在智能工厂的基础上，借助物联网和务联网，将智能交通、智能物流、智能建筑、智能产品和智能电网等相互连接，以制造业的智能化引领全社会的智能化发展。

第三，"工业4.0平台"还建议德国实施"双领先"战略，部署和推广物理—信息系统。所谓"双领先"战略，一是对外实施"领先供应商战略"，其目标是发挥德国在先进制造技术解决方案和IT解决方案方面的优势，维持德国作为全球领先制造技术供应商的优势地位。该战略的基本思路是：按照制造业的特定需求优化互联网技术，促进制造业对接物理—信息系统；加强研发、技术创新和培训，展开应用试点工作；根据产业发展的新情况，创新商业模式，升级价值网络。二是对内实施"领先市场战略"，其目标是维持德国作为全球制造业领先市场的地位，利用本土市场促使国际化大企业和区域性中小企业共同接入全新的价值链。该战略的基本思路是：建立健全知识和技术转化机制，加速创新成果的商业化；实施示范工程和最佳实践政策，降低中小企业接入物理—信息系统的门槛；建设技术设施（如高速宽带），教育和培训技能工人；按照个性化、高效率的原则调整组织，有效管理复杂性。实施"双领先"具体化为 8 个方面的重点工作。[①] 这些重点工作可以分为三个层次：一是强化德国产业创新体系（标准化、行业规制、职业发展、提高资源效率）；二是促进物理—信息系统的发展（建设高速宽带设施、数据安全）；三是提升企业适应能力（管理复杂系统、调整企业组织结构）。

8.3.3 实施活动

"工业 4.0 平台"以现实问题为导向，重点关注四方面的工作（见图 8-3）。第一，提出内容建议。这是当前德国实施"工业 4.0"计划最为核心的工作，即要回答如下现实问题：制造业企业要"做什么"的问题？目前关于制造业智能化发展的趋势也成共识，但是制造业智能化在现实层面有哪些应用场景？有

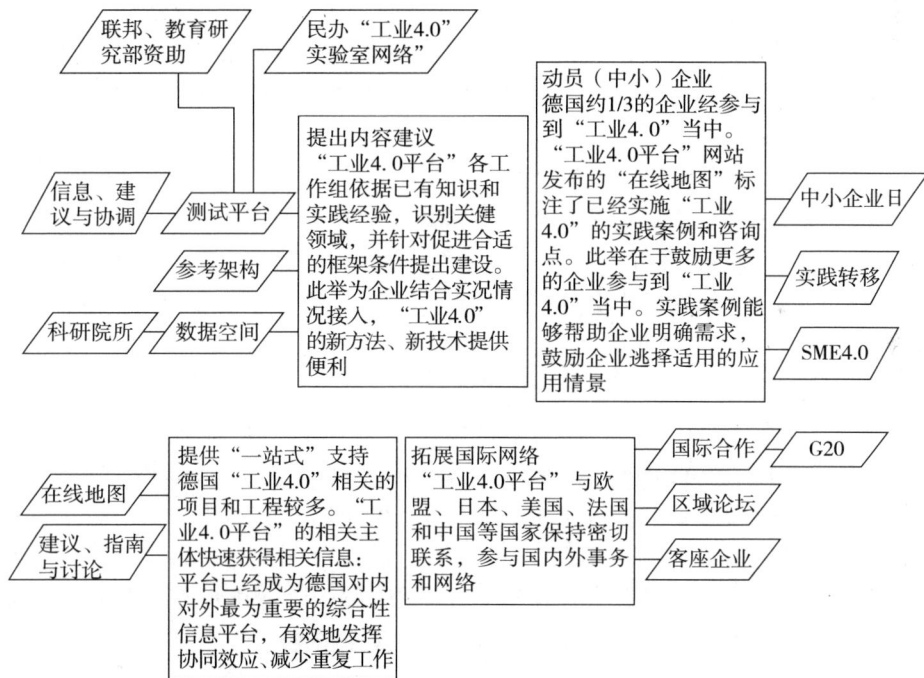

图 8-3 "工业 4.0 平台"重点关注领域与主要活动

---

① 这8个方面的重点工作分别是标准化和基准架构建设，管理复杂系统，建设满足产业需求的综合性宽带设施，完善规制框架，更新组织与工作设计，培训与持续的职业发展，加强安全与保障，提高资源效率。

哪些技术解决方案？有哪些可供推广、可复制的实践经验？这些问题的本质是企业如何利用"工业 4.0"创造新的价值。对此，"工业 4.0 平台"的主要工作是通过研究，识别出企业的需求并提供解决方案。

第二，动员企业，特别是中小企业积极参与到"工业 4.0"当中。这是由"工业 4.0 平台"是一个由企业和行业协会为主导的组织所决定的。吸引企业加入"工业 4.0"计划中，最有效和可持续的方式是让企业能够直观地体验"工业 4.0"的应用场景。为此，德国"工业 4.0 平台"制作了"工业 4.0""在线地图"（Online Map Industrie），并在其网站发布，方便企业快速接入"工业 4.0"网络，提高企业的参与度。此举对广大中小企业具有重要的服务功能，可以有效节约中小企业学习和搜寻"工业 4.0"的成本。

第三，提供"一站式"信息服务。对企业而言，参与"工业 4.0"涉及技术、融资、国际交流等多方面的信息需求。"工业 4.0 平台"所提供的"一站式"信息服务为企业（特别是中小企业）提供高效的信息服务，提高企业诊断和解决问题的效率。"工业 4.0 平台"还建立了"工业 4.0"线上图书馆（Online Library Industrie 4.0）

第四，拓展国际网络。作为德国"工业 4.0"计划最为重要的产学研官合作平台，"工业 4.0 平台"是德国"双领先战略"的重要推进主体。其中，对外推广德国"工业 4.0"解决方案也是该平台的重要工作。目前，平台与主要工业化国家都建立起了合作联系，提高德国"工业 4.0"在全球制造业智能化体系中的影响力。在活动上，平台通过"中小企业日""区域论坛"和"客座企业"（Visiting Business）等尝试，增加企业之间的交流与互动。

总之，德国"工业 4.0"计划的目标是：个性化、高度灵活、需求导向、工作与生活协调、智能辅助系统延长从业人员职业生命、基础设施可持续改进。其终极目标，是确保德国"高工资战略"下产业竞争力的提升，强化德国熊彼特式非价格竞争的产业创新模式。所以，"工业 4.0"计划既体现了新工业革命的智能化、网络化和个性化共同特征，同时直面德国经济社会的现实挑战，紧紧围绕着德国典型的产业创新模式，因此又独具德国特色。

8.4　中德智能制造范式对比与借鉴

德国和中国同为工业大国，两国的产业转型升级战略目标具有较多的相似之处，且都面临着新工业革命带来的机遇和挑战。因此，德国"工业 4.0"计划的诸多经验和实践，对我国产业的发展具有较强的借鉴意义，为我国从制造业大国向制造业强国转变提供了有益的启发。

　　表 8-1 按照技术经济范式变革的框架，对比了中德两国在推进制造业智能化的战略布局上的异同。在基本构架上，两国在制造业智能化发展的技术经济范式核心组件上都有布局，但侧重点有所不同。总体而言，德国"工业 4.0"计划具有如下特征：第一，"工业 4.0"计划战略更接近技术经济范式所强调的内在协同，特别是以数据要素的采集、产业化利用、配套基础设施升级和依托数据重构企业内、企业间关系等方面，更具全局性和一致性。第二，在谋求技术经济范式的内在协同时，德国"工业 4.0"计划将如何利用新的技术经济范式为企业和消费者创造价值作为推进"工业 4.0"的基本原则，更容易形成内生成长激励以自我强化，更少依赖于政府政策的直接支持。这两点特征对优化我国推进制造业智能化发展的战略设计，具有直接的借鉴价值。

表 8-1　技术经济范式视角下中德两国推进制造业智能化战略定位比较

技术经济范式	德国	中国
数据将成为核心投入	将数据作为"工业 4.0"的核心，围绕数据的采集、开发、交互、安全等部署技术研发、应用示范、标准化与立法研究，立志成为全球领导者	近期更重视工业基础能力建设和高端装备的升级
	在信息化的基础上，提出较为清晰的"智能工厂—智能产品—智能数据—智能制造—智能社会"发展思路	尚处于自动化、信息化"补课"的阶段
	挖掘数据要素的价值属性	利用数据要素的工具属性
	以制造相关数据为主	以社交与消费数据为主
	以数据安全作为基础制度	数据安全防护处于起步阶段
	推广应用型传感器降低数据成本	
通信基础设施的重要性超过交通基础设施	积极探索新一代通信基础设施的制造业领域的应用	参与新一代通信基础设施的技术研发
	建设高速宽带	布局新一代信息网络技术
	重视基础设施的网络经济属性	重视网络的通用技术属性
	标准政策与创新政策协同推进	标准政策滞后于创新政策
制造智能发挥先导产业的作用	以企业（特别强调中小企业）需求为导向选择多样化的智能化解决方案	以国家战略需求为导向选择重点领域和工程
	以示范工厂建设为政策载体，注重企业应用推广	重点企业实施示范工程

续表

技术经济范式	德国	中国
制造智能发挥先导产业的作用	端到端重构制造业价值链	市场需求端引致制造业服务化发展
	生产过程、产品的绿色化和全生命周期资源管理认证	按生态文明建设需要制订绿色制造路线图
新型生产组织方式的兴起	新型制造系统引领者	新型制造系统追随者
	企业间组织与企业内部组织变革并重	借助本地市场优势培育新业态
	在企业间数据安全、法律框架、格式合同管理等方面提供支持	鼓励商业模式创新

资料来源：笔者根据中德两国发展智能制造相关资源整理。

第一，以产业创新驱动发展解决发展中的问题。高速发展中的中国，出现了劳动力短缺和工资持续提高为特征的"刘易斯拐点"，"人口红利"正在逐步消失，中国劳动力无限供给的格局难以为继（蔡昉，2010）。除劳动要素外，土地、资源、能源的供应也面临着严峻的挑战，以要素投入驱动的传统工业化模式为基础的经济社会发展方式也将面临重大挑战。在思想界，越来越多的声音质疑工业发展的功能意义，甚至主张不应该继续发展工业，削足适履式地按照某些发达国家的产业结构调整我国的产业结构。[①] 笔者认为，这种观点如果不是错误的，也至少是片面的。不可否认的是，我国传统的工业化模式遗留了较多的问题，但是必须认识到解决这些问题的思路不是放弃工业、终止工业化，而是要在工业发展方式转变的过程中深化工业化。虽然中德两国之间的工业化水平存在较大差异，但是面临的国际和国内挑战却存在诸多相似之处，但德国并非弱化产业发展，而是加强产业创新，为来自各个方面的挑战寻求解决方案。从这个意义上说，德国的产业政策在本质上是创新政策，旨在强化创新驱动发展模式。借鉴德国经验，反思我国产业政策的指导思路，需要加快从塑造精英企业向培育产业创新生态转型。

第二，对拓展新型工业化道路内涵的启示。2002 年，党的十六大报告指出，

---

① 最常见的观点是，美国的三次产业结构中，第三产业的比重超过70%，远高于第二产业。相比之下，中国第二产业比重太高，第三产业比重太低，严重偏离了"理想形态"。中美两国三次产业结构差是由多种原因造成的，如统计口径、二三产业融合度，产品可贸易性与价格变动趋势差异等。两国三次产业结构差异仅仅是一种结果，简单加以对比而忽视导致结果的原因和过程，在理论上和方法上均值得商榷。

"坚持以信息化带动工业化,以工业化促进信息化,走出一条科技含量高、经济效益好、资源消耗低、环境污染少、人力资源优势得到充分发挥的新型工业化路子"。这是中国首次提出新型工业道路。但受限于有限理性,2002 年新型工业化道路提出时,人们对新型工业道路的认识仅停留在当时特定的工业技术、信息技术和组织管理发展水平上,难以预测技术的演化。经过十余年的快速发展,智能制造技术和新一代互联网技术的快速进步,新型工业化道路的内涵必须加以深化和拓展(贾根良,2013c)。首先,随着移动互联网的快速发展,智能终端设备发展和无线网络的普及,信息化必将完成从硬件向服务的转变。其次,新型制造技术的成熟不仅推动生产力的进步,而且还将推动生产方式的变革。因此,"以信息化带动工业化,以工业化促进信息化"不可能停留在过去的技术前沿上,必将表现为新型智能制造技术与新一代互联网技术基础之上的升级版"两化融合"。德国"工业 4.0"计划的核心在于推进新型智能制造技术与新一代互联网技术的深度融合,这在政策思路上契合了我国的新型工业化道路战略的内涵,使得德国的实践对我国走中国特色的新型工业化道路具有直接的示范意义。

第三,转变中小企业的政策思路。无论是德国传统产业政策的制度基础,还是当前的《国家高技术战略 2020》和"工业 4.0"计划,都特别重视中小企业和创业的发展。德国中小企业发展的经验表明,政府不仅要着力解决中小企业发展中面临的资金、技能、创新、管理等各方面存在的实际困难,更重要的是为中小企业营造透明、公平、开放的经营环境,构建有利于大企业和中小企业协同发展的产业组织结构。在政府可用的政策工具中,如公共采购和产业引导基金等,应尽量向中小企业倾斜,使得中小企业充分享受国内的政策资源。目前,我国中小企业政策的基本思路是扶持性的和援助性的,缺乏长期性、协调性和可操作性。借鉴德国经验,我国的中小企业政策应加快从帮扶型政策向完善中小企业公共服务体系转变,提高创新资源对中小企业的开放程度,促进中小企业创新能力的提升。

第四,重视企业管理能力提升。推进新产业革命的主战场仍然是大量的微观企业,不仅要有序引导和鼓励企业朝智能化、个性化方向发展,更要重视在此过程中工艺复杂性增加对企业管理能力所提出了新要求,防范企业盲目转型所面临的潜在风险。相比于其他版本的新工业革命,德国"工业 4.0"计划突出了企业管理工艺复杂度的重要性,并主张采取优化组织流程、以终身学习延长技能工人职业生命、最佳实践示范项目等措施,增强企业自身能力,防范转型风险。这些政策对我国企业均有直接的启发。

此外,德国产业政策重视技术基础设施建设,重视标准化对于产业发展和国际竞争力的重要意义，重视数据和信息安全，重视绿色环保，也值得我国产业政策加以借鉴。

当然，德国的产业政策实践总体上是为了服务于德国的产业创新模式。本书主张借鉴德国经验，并不表示可以脱离本国产业发展实际。我们应采取的态度是根据我国产业和经济社会发展的实际情况，明确适合我国产业升级的最优产业创新模式，围绕该模式对产业政策进行调整，提高政策的瞄准效率和成本收益率。这本身也是一条德国经验，也是需要进一步深入研究的议题。

第9章

从美国学派看后危机时代的美国产业政策

9.1 引言

自 2017 年 1 月特朗普宣誓就任美国总统以来，美国的经济政策就发生了较大调整。尤其是针对中国根据自身发展需要所制定的产业升级计划，美国罔顾由其主导制定的全球经济治理体系，突施单边主义措施，全球范围内的贸易战一触即发，为全球金融危机后缓慢复苏的世界经济蒙上了阴影。从古至今，贸易战只是产业竞争的表象，产业政策是国家发展意志的体现，美国产业政策实践与其宣扬的自由市场经济理念看似言行不一。我们不禁要问：如何评判近期美国产业政策的调整？如何评析美国产业政策转向的基本逻辑？如何评价美国产业政策调整的理论与思想渊源？

笔者认为，应在后危机时代美国"制造业复兴计划"的战略框架下看待特朗普当局的产业政策，方能准确理解其源头、目标、工具选择及后续走向。当我们将研究视角向历史回溯，"还原"美国的政治经济学史和产业政策史，便能清晰地看出：美国从独立到迈向世界工业强国的百年历史中，不仅具有悠久的赶超型产业的实践经验，而且形成了指导后发国家快速经济赶超的经济理念——"政治经济学的美国学派"。当美国在美国学派的指导下成长为举世无双的世界头号经济、产业、科技和人才强国之后，美国学派在主流经济研究界缓缓退向后台，经济自由主义走向前台。但是，这并不表明美国的产业政策实践放弃了美国学派的主张，而是将其思想作为自由市场经济的制衡机制，对美国产业政策实践始终发挥着不可忽视的影响。

经历了"去工业化"之殇的美国遭受了全球金融危机的重创。痛定思痛，美国各界严正检讨了产业竞争力滑坡和新兴工业化国家技术赶超的双重压力后，政商精英精心绘制了制造业复兴的蓝图，致力于在技术、产业和市场层面"让美国再次强大"。美国实施"制造业复兴计划"，正值新一轮科技革命和产业变革方兴未艾，可能引发全球"大分流"。如何像前几次工业革命那样，先人一步地抓住技术经济范式转变的机会窗口，阻滞他国"变道超车"，为后美国金融危机时代的产业政策赋予了时代内涵（黄阳华和卓丽洪，2013）。迫于现实需要，美国政府果断放下了自由市场经济的思想包袱，将长期潜伏于后台的美国学派推向前台。因此，必须从经济思想渊源和发展战略两个层面，审视近来美国产业政策的转变，才能较为准确地从战略层面思考中国的应对之策。

9.2　美国学派经济思想评述

1776 年美国独立。此前，美国在一个多世纪的殖民时代，长期作为其宗主国全球经济布局的外围版块之一，依附于以英国为中心的贸易与产业分工体系，"出口、进口以及航运全都受宗主国《航海条例》的约束，殖民地没有权利选择退出"（恩格曼，2013）。独立后，这个新生的国家必须重构其与中心国家的关系，并逐渐演变为美国国家制度与发展模式的抉择问题。美国是"农业立国"，还是"工业立国"？在漫长的徘徊和争议中，逐渐形成了与政治经济学"英国体系"针锋相对的"美国体系"（赫德森，2010）。前者主张美国按照比较优势实行自由贸易，专于发展农业经济。后者则主张美国走工业化道路，对不具备比较优势的制造业实行幼稚产业保护。直到"南北战争"付出了 75 万名士兵伤亡的惨痛代价后，"工业立国"的发展战略才扫清了政治和思想阻碍，标志着美国学派成为全面指导美国建立独立自主工业体系的指导思想。

有三个因素对美国产业体系的影响颇深。一是美国南方和北方不均衡的经济布局对产业政策选择的影响（恩格尔曼和高尔曼，2007；恩格尔曼和索科洛夫，2008；赫德森，2010）。早在殖民地时代，美国东北地区形成了以初级制造和航运为支柱产业的工业交通经济，起步晚，发展水平相对较低，缺乏与英国等工业强国竞争的实力。[①] 而南方则是以种植园经济为主，是全国经济重心所在。1783 年，美国约 90% 的人口从事农业活动，只有 10% 的人口从事制造业活动（沃利斯，2013）。不同的产业部门，需要与之相匹配的支撑体系。南

---

① 帽子、衣服、纺织品、餐具、陶器、书籍等主要从英国进口（沃利斯，2013）。

北方经济结构的差异，是导致"工业立国"和"农业立国"分歧的现实产业利益基础。二是应对国际环境的现实需要。英国虽被迫承认了美国的政治、军事、外交独立，但并没有放弃在经济上控制乃至分裂新生的美国。为压制美国产业成长，维持对美贸易顺差，英国凭借其强大的产业竞争力，向美国大量倾销工业产品，冲击美国本土制造业。对英国是采取自由贸易政策，还是实行保护主义政策，事关南北双方不同产业集团的切身利益，亦对美国工业化进程产生直接影响。三是经济发展思想的碰撞。美国独立当年，适逢亚当·斯密的名著《国富论》出版。斯密（1972）关于劳动分工是国民财富源泉和"劳动分工受市场范围的限制"的经济思想，引申出的经济自由主义思潮在知识分子精英中广为传播。是接受经济自由主义学说，还是结合美国国情选择实用主义的经济政策，成为美国知识分子、社会活动家和政治家共同面临的问题。

美国学派孕育于以上历史背景，导致其经济思想与政策主张与英国学派存在明显差异，甚至在关键问题上是针锋相对的。归纳起来，美国学派的核心观点有三：生产率立国、内部改善和贸易保护（赫德森，2010；贾根良，2010a，2010b，2011；贾根良等，2017）。

第一，推崇技术进步，追求生产效率提升。英国工业革命后，制造业机械化推动了生产率剧增，助推英国成为世界经济的领导者。这一历史性变革引起了美国学派的重视。更进一步地，机器的大规模应用又与科技进步紧密地联系在一起。因此，美国学派认为，一个国家的实力在于"一个建立在科学基础之上，培育实用的机械和制造工艺优势"（贾根良，2011）。机械化对劳动者素质提出了更高要求，劳动生产率的提升又相应地提高了劳动者报酬和需求能力，反过来拉动供给侧生产和技术的升级，从而实现了供给和需求相互促进的良性循环。美国以提高生产效率为主线，在工业、农业、基础设施等领域积极推进生产技术、生产工具、产品和生产组织方式革新，迸发出了惊人的生产效率提升，促进了专利数量的剧增，快速推进工业化进程。根据恩格尔曼和索科洛夫（2008）的数据，美国制造业就业占总就业的比重从1860年的13.8%上升至1910年的22.1%，产值占GNP的比重从24%上升为1899年的33%；1869~1899年，制造业全要素生产率（TFP）年均增长1.4%；1869~1909年，制造业劳动生产率增长远高于人均国民收入的增长，是经济持续增长的动力部门。伴随着劳动生产率的升级，美国制成品的出口占总出口的比重从1860年的28%上升至1910年的60%。

第二，放弃自由贸易，实施幼稚产业保护。如果采用英国体系所主张的按照比较优势参与国际分工，美国应着力发展农业经济，继续向英国出口农产品，进口工业产品。但是，1807年英国《禁运法案》和第二次英美战争（1812~

1814 年）期间，受英美贸易中断的影响，美国的战备物资和政府收入捉襟见肘，在战略上陷于被动地位。这一教训促使美国政治家、知识分子和媒体人广泛认同 1791 年第一任财政部长汉密尔顿在《关于制造业的报告》中，前瞻性地提出建立独立自主的工业体系，是保障国家安全、提高经济发展的韧性和提升国民福祉的根基。汉密尔顿认为美国制造业仍处于幼稚阶段，在自由贸易体系下缺乏竞争力，应施行关税保护。这些观点被包括弗雷德里希·李斯特、亨利·克莱等重申与发展。[①]虽然美国于 1789 年首次征收关税，但主要是出于增加联邦政府财政收入的目的（也被称为"财政关税"），平均关税税率仅为 8.5%。第二次英美战争后，美国明确了关税是重要的保护主义政策工具，开始对大部分的工业产品征收 30% 的关税，此后层层加码。[②]这一时期的加税政策，受到南方农业利益集团的抵制，[③]总体关税水平与英国和法国相当。到南北战争后，北方获胜使得"工业立国"的战略得以全面推广，美国全面实行关税保护。[④] 19 世纪 50 年代后期，美国平均关税显著高于同期英法等国的水平。直到 19 世纪末，美国关税占总进口的比重长期维持在 40%~50% 的水平（见图 9-1）。第一次世界大战以后，美国的关税才恢复到与英法相近的水平（见图 9-2）。可见，美国在漫长的工业化时代，一直都是名副其实的保护主义国家。"铜墙铁壁"式的关税保护，是助推美国从一个殖民地农业国转变为 19 世纪末世界头号工业大国最为主要的产业政策工具。

第三，实施内部改善，以内需升级驱动工业化进程。高关税政策削弱了利用国际市场促进本国产业发展的能力，为了弥补这一缺陷，美国学派的代表性人物之一亨利·克莱主张实施"内部改善"，也即通过基础设施的完善，为经济起飞提供支持。美国"西进运动"后，联邦政府在西部获取了大量可耕作土地，西部是美国农业生产的主产区，需要通过廉价的运输方式将大宗农作物运往东部地区。东北地区是工业区，制造业集聚效应使得工业布局趋于集中，需要一个强大的分销体系促进市场扩张。基础设施的发展和产业的投资，还依赖于金融基础设施的发展，促使美国学派主张建立"国民银行"。因此，国民经

---

① 李斯特的经典著作《政治经济学的国民体系》，受到留美期间美国学派的影响。

② 1824 年，受关税保护的产品扩展到羊毛、钢铁、麻、铅、玻璃等基础工业产品，对其他产品的关税税率也有所增加；1828 年平均关税税率增长至 49%；1831 年，关税占完税价值的比重达到 61%。1832 年后关税有所降低，但是 1857 年后，平均关税水平仍然保持在 20% 的水平。

③ 典型的就是美国 1828 年关税的议会斗争。

④ 19 世纪 60 年代后，关税占联邦政府收入的比重显著降低，国内税收占联邦政府收入的占比明显上升（沃利斯，2013），表明关税作为财政关税的属性明显上升，保护性关税的属性更强。

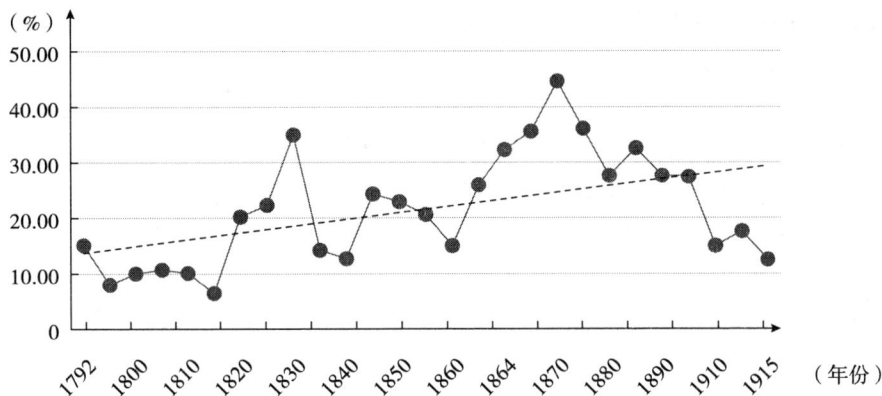

图 9-1　1792~1915 年美国历史关税水平

注：虚线是线性拟合。

资料来源：United States Census Bureau.

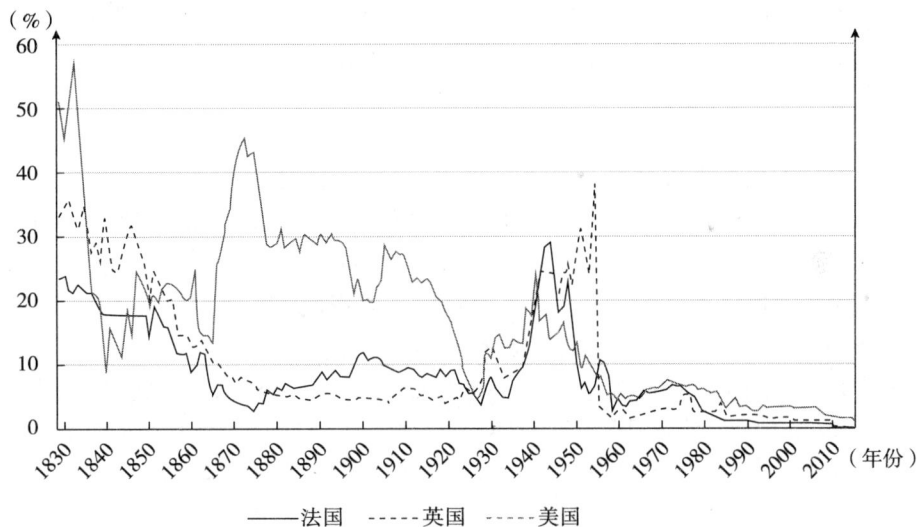

图 9-2　1830~2010 年美国、英国、法国平均进口关税比较

资料来源：Imlah（1958）。

济各部门都对交通基础设施升级提出了更高要求。但是，基础设施作为典型的公共物品，不仅存在"搭便车"行为，而且各州都优先建设州内基础设施，对国内市场统一至关重要的州际基础设施的投资缺乏激励。对此，联邦政府在宪法未设禁止的范围内，通过捐赠联邦公地、特许授权、直接投资、发行国债等手段，推动交通和金融基础设施的发展，后来拓展至高等教育的公共投资。内

部改善集中体现在美国运河扩张时代（1815~1845 年）和 19 世纪中期的铁路扩张时代，公共投资占全国总投资的比重长期维持在 2/3 以上，改变了此前由私人低效率投资基础设施的局面。铁路投资从 1828~1843 年的 1.37 亿美元增长至 1951~1860 年的 7.37 亿美元。19 世纪 60 年代末，铁路总投资超过 10 亿美元，其中约 1/4 来自公共投资，南部地区约一半的投资来自公共投资。①② 通过基础设施的内部改善政策，不仅直接成本降低了运输成本和产品成本，还促进了国内市场统一和产业与融通发展，最终构建起独立自主的国民经济体系，对美国依靠内需构建独立自主的工业体系发挥了重要的支撑作用（见表 9-1）。

表 9-1　运河投资

时间	总额（百万美元）	公共投资（百万美元）	公共投资占比（%）
1815~1834 年	58.6	41.2	70.3
1834~1844 年	72.2	57.3	79.4
1844~1860 年	57.4	38.0	66.2

资料来源：菲什洛（2008）。

　　总之，美国学派以政策骨干构建起了一个适用于发展中大国快速推进工业化战略的发展思想与战略体系。美国重视技术进步和创新，加上不断扩张的市场需求，极大地激发了企业家精神（Evans，2004）。在这样的体系之下，美国快速成为当时世界上创新创业的中心区域之一，形成了一批大企业集团。③

　　到 19 世纪末，美国超过英国成为世界第一工业大国。但是，这并不表示美国放弃了美国学派的政策主张，而是更加突出了前沿技术的发展应用。进入 20 世纪后，美国仍然保持了较高的关税水平，1930 年的"斯穆特—霍雷"关税便是代表。20 世纪 30 年代罗斯福"新政"时期，美国政府通过《全国工业

---

　　①　1862 年、1890 年《莫乐儿法案》（Morrill Act）要求联邦政府通过出售土地筹集资金，在各州至少资助建设一所农业和机械工程教育机构，是美国诸多公立大学的起源，如加州大学、俄亥俄州立大学、宾州州立大学、伊利诺伊大学香槟分校、普渡大学、得州农工大学等。

　　②　18 世纪 40 年代末美国铁路总里程数已经翻了一番，超过了 7500 英里，50 年代增长到了 30000 英里，全国铁路网初步形成（菲什洛，2008）。从 1839~1859 年，美国铁路客运总收入增长了 10 倍，里程增长了 200 倍；货运收入增长了 30 余倍，货运量（吨英里）增长了近 80 倍，全要素生产率翻了一番。南北战争后，各地区建成的铁路里程继续大幅增长。

　　③　关于美国企业制度的创新及其相应的社会经济环境分析，参见 Chandler（1977）、Chandler 和 Hikino（1999）、Lazonick（1990）、罗森伯格（2004）。

振兴法》治理工业产能过剩，引导金融资本支持消费升级和基础设施投资，建立社保体系稳定市场需求，"以工代赈"和政策性投资刺激了公共和民用工程设施投资，推动了基础设施的完善与升级，为汽车等新兴产业的大规模商业化提供了支撑体系。第二次世界大战后，为适应新兴技术发展的趋势和应对冷战的需要，美国的产业政策更为重视对科技和新兴产业的支持，在基础研究和共性技术领域推行了一系列改变世界科技和产业的计划[①]，衍生出了计算机、互联网、新能源、新材料等颠覆性新兴产业，持续推动了美国生产效率和产业竞争力的升级，强化了美国作为世界科技和产业领袖的地位。进入20世纪80年代后，美国逐渐放松政府的直接干预，转向在全球范围内攫取技术红利。然而，当其技术和产业领袖地位受到"威胁"时，美国毫不犹豫地采取了遏制性产业政策。[②] 对此，下文将做详细分析。

可见，在美国240余年的历史中，绝大多数时间均采取了产业政策促进产业升级和技术创新，构建和发展与之相配套的贸易秩序、市场扩张体系及基础设施升级。自由贸易政策仅是在特定条件下的权衡策略，是美国产业竞争力提升的结果，而非原因。因此，当自由贸易政策与美国核心利益发生冲突时，美国政府回归美国学派所确立的经济政策是在意料当中的。需要强调的是，受其政治和经济体制的影响，美国产业政策较少采用直接干预市场竞争，但不能因为美国产业政策实施方式的不同，而忽视其产业政策的存在与巨大效果。

9.3　后危机时代美国"制造业复兴"战略部署与实施

20世纪后期经济全球化涨潮，全球产业分工和布局出现了较大的调整。以美国为代表的一些发达国家出现了"去工业化"，而新兴经济体加上推行"压缩型工业化"，产业竞争力逐渐从低端技术产业转向中高端技术产业。于是我们看到，全球金融危机后，美国反思"去工业化"后供给侧科技创新与产业发展协同弱化，需求侧高工资制造业就业机会减少导致消费需求不振的问题，随后推行"制造业复兴计划"，作为重振美国科技和产业竞争力的基本纲领。美国围绕制造业复兴展开的一系列战略部署，可以概括为"构筑新的优势，巩固

---

①　例如，20世纪40年代的"曼哈顿计划"、60年代的"阿波罗计划"、80年代的"星球大战计划"。

②　战后日本经济高速增长，对美国出口剧增。20世纪50~60年代后，日本的纺织品、钢铁制品、电子产品、汽车和高科技产品等先后占据美国市场，长期保持对美贸易顺差，引发了两国之间出现7轮贸易摩擦。在美国的施压下，日本采取了产品出口自主限制，日元升值抑制出口，开放国内市场的措施，缩小对美贸易顺差。

既有优势，消除不利因素，创造有利环境"（贺俊等，2013）。构筑新的优势，即促进颠覆性制造技术的突破与应用，大幅提升生产效率和高技术产品的产业化能力；巩固既有优势，即强化美国在新产品开发和设计等领域强大的竞争力和创造力；消除不利因素，即通过减税等形式降低制造业成本，改革产业管制形式，促进制造业和实体经济投资，加强制造业人才培养；创造有利环境，即通过关税保护、知识产权调查、干涉他国国内产业政策等方式遏制他国技术升级。按照这样的战略部署，美国实施了一系列产业政策，标志着美国的产业政策向美国学派回归。

9.3.1 "制造业复兴计划"的总体战略部署

2009 年 12 月，时任美国总统奥巴马稍从迫在眉睫的"救市"中舒缓过来，便提出了"制造业复兴计划"，重申制造业对美国未来至关重要。随后，总统执行办公室（EOP）、白宫科技政策办公室（OSTP）、总统科技咨询委员会（PCAST）[①]、国家科学技术委员会（NSTC）、国家标准技术研究所（NIST）等科技政策部门会同美国制造业协会和大企业，向总统提交了一系列提升美国先进制造业全球领先地位的对策建议报告，逐步细化美国制造业复兴计划的目标、政策体系和重点工作，强化政策组织保障。[②]当我们按图索骥，不难发现特朗普就任美国总统后所实施的"对内减税"和"对外加税"，其实早在奥巴马当政时期就已经有了清晰而系统的政策设计。2014 年 12 月 16 日,《美国振兴制造业和创新法案》（RAMI Act）生效，以立法的形式为"制造业复兴计划"的长期实施强化制度保障。因此，推进制造业复兴是国家核心利益所系，即便特朗普上台后批评甚至废除了前总统的诸多政策，但是在制造业复兴问题

---

① 仅 PACST 就向总统提交了 20~25 份报告。

② 主要文件包括 Executive Office of the President and President's Council of Advisors on Science and Technology, Report to the President on Ensuring American Leadership In Advanced Manufacturing, June 2011；Report to the President on Capturing Domestic Competitive Advantage in Advanced Manufacturing, July 2012；Executive Office of the President and President's Council of Advisors on Science and Technology, National Network for Manufacturing Innovation：A Preliminary Design, January 2013；Executive Office of the President and President's Council of Advisors on Science and Technology, Report to the President Accelerating U.S. Advanced Manufacturing, October 2014；Executive Office of the President, National Science and Technology Council, Advanced Manufacturing National Program Office, National Network for Manufacturing Innovation（NNMI）Program Strategic Plan, February 2016, 参见 Manufacturing USA 官方网站 https：//www.manufacturingusa.com/reports。

上与其前任保持高度一致的。

美国"制造业复兴计划"的本质，是依托其在新一代通信技术（ICT）、新材料、生物技术等通用技术领域长期积累的技术优势，加快促进人工智能、数字制造、3D打印、工业机器人、绿色制造等先进制造技术的突破和应用，推动全球工业生产体系朝着有利于美国技术和资源禀赋优势的个性化制造、智能化制造和绿色化制造的方向转变。为达此目的，美国产业政策的基本功能便是排除不利的内外部因素。

总体上看，美国的"制造业复兴计划"呈现出如下特点：第一，美国产业政策的导向是要改变美国过度依赖服务业的经济结构，激发新的制造业投资活力，增加贸易品出口，减小美国贸易逆差压力，寻求经济再平衡。第二，美国产业政策的原则是实现美国技术优势与产业优势的再匹配。制造活动大规模对外转移，不仅美国的制造业相对规模和贡献快速下降，而且影响到美国赖以安身立命的研发能力，制造业的复兴不仅是要形成新的经济增长点，更是要巩固和加强美国的创新能力。第三，美国产业政策的着力点是争夺未来产业竞争制高点。人工智能、智能制造、3D打印、生物医药、清洁能源等先进制造技术成为美国制造业复兴的重点，与其说该计划是一场向实体经济的回归运动，不如说是一种实体经济的重塑运动。第四，美国产业政策并非要重构完整制造业体系，而是重点要率先突破和使用先进制造技术和制造工艺。因此，美国的战略意图并不是将海外的中低技术产业转回国内，而是在国内建设生产效率更高、高技术产业的产业化更强的制造基础。

9.3.2 "制造业复兴计划"的政策框架与实施

美国"制造业复兴计划"的政策体系和措施，具有十分明显的问题意识和目标导向，着力点是那些由美国首创但未能本土产业化的高技术产品。美国不是简单地通过财政、金融等措施直接帮扶特定企业，而是构建可持续的政策框架和服务体系，为制造业企业营造有利的内外部商业环境，促进以先进制造为主体的实体经济投资。

2011年6月出台的"先进制造业伙伴计划"，旨在联合产业、大学和联邦政府，举全国之力加大对新兴技术和技能的投资，支撑创造高质量就业，鼓励企业投资于国内制造业部门。2012年7月，美国"先进制造业伙伴"指导委员会、PCAST及业界、学界专家出台了"构筑先进制造国内竞争优势"，提出了系统的政策框架。这是金融危机后美国产业政策部署最为重要的政策文件之一，共计包括"三大类十六项"政策建议。2013年后，随着全球主要工业国纷纷推出应对新一轮技术革命和产业变革的国家战略，美国科技政策咨询部门先后推出了《国家人工智能研究发展战略计划》（2016）和《呈报总统的关于确保美国半导体产业领先地位的报告》（2017）等高新技术发展战略，标志着后危机时代美国产业政策导向更为聚焦，对其他国家的干预也走向了公开化。

美国的产业政策框架包括如下几个方面：第一，建立与先进制造技术和先进制造业发展相适应的政府组织和管理体系。美国政府新设立了一系列旨在专门促进政策落实的或者由主要政府部门牵头的机构和工作小组。例如，2011年成立了，协调联邦政府的制造业政策和项目实施；美国出台"先进制造业伙伴计划"后，成立了全面负责该项计划的"先进制造业伙伴指导委员会"；为加强先进制造业的投资，成立了由商务部牵头的"国家先进制造业计划办公室"；在技能工人培育方面，成立了国防部负责的"军方认证与许可特别工作组"；为促进能源产业的发展，成立了"支持国内非常规天然气资源安全和负责任的开发部际工作组"。这些机构分工明确、权责清晰，为有效促进先进制造技术创新和先进制造业发展提供了重要的保障。

第二，统筹管制、税收和贸易政策，对内降税鼓励投资，对外提高关税和施加其他贸易限制。美国产业政策的目标是引导和鼓励资本进入先进制造业，包括为先进制造业实行更为"智能"的行业管理，减少对企业不必要的管制和审批，降低制造企业投资的间接成本。此外，还通过税收和贸易政策的配合本国制造业发展环境的优化。一是修改税收法案以刺激国内的制造业投资。针对美国公司税负为34个OECD国家中最高而难以吸引外资、企业投资激励不足的问题，早在2011年，EOP和PCAST就提议对制造业企业最高达25%的减税；加大对先进制造业的减税，鼓励投资新一代能源制造业；对将工作机会转移至国外的企业取消减税，加大对将工作机会转移回国的企业的税收优惠；加大、简化和常态化R&D信贷政策支持；在2017年1月EOP和PCAST联合提交的《关于确保美国半导体产业领先地位的致总统报告》中，企业减税方案被再次提出。2017年12月2日，特朗普的"减税方案"获得美国立法机构通过，将美国公司税税率由35%的水平永久下降至20%，低于工业化国家的平均水平，完成了奥巴马当局已经动议但未能实施的政策。

第三，在"减少不公平贸易"的旗帜下，加强对国际贸易利益的争夺。早在奥巴马时期，美国政府的智囊团便建议总统"致力于确保本国企业和工人能与国际竞争者公平竞争"，尤其是要加大对华贸易的制裁。为此，2011年，美国总统宣布设立新的贸易强化工作组，致力于调查和打击全球范围内于美国工人不利的"不公平"贸易活动。2017年8月，特朗普指示美国贸易代表处依照1974年贸易法第301条，针对中国知识产权和创新的行为、政策和做法进行调查。2018 年 3 月，美国贸易代表办公室主席执行办公室发布"301 调查结果"，对中国的产业政策横加指责，妄称中国不公平地获取美国知识产权。据此，特朗普宣布对中国价值 500 亿美元的产品征收"一揽子关税"，并于 6 月中旬正式实施，中美避免贸易战的努力均未取得成效。

第四，完善发展先进制造的产业和技术基础设施。政策目标是构建先进制造业部门创新体系，主要的政策提案包括：建立国家层面的先进制造业战略，建立识别和优先发展关键领先技术的系统化过程；增加对关键领先技术的 R&D 投资；修改企业使用高校研发设施的限制，强化校企合作；鼓励企业嵌入高校创新生态系统，并为企业提供从创立到成长的全方位融资，为先进制造技术的商业化创造更为稳定的环境；建设全国性的先进制造业门户网站，建立可供检索的制造业资源数据库，作为广大企业能够便捷接入的基础设施。其中，最重要的工作是搭建全国性"制造业创新研究所"网络，建设示范性研究所，将其作为基本的政策载体。2012 年 3 月 9 日，奥巴马宣布动用 10 亿美元实施"全国制造业创新网络"（NMIN）计划，在全国范围内建设若干个示范性的制造业创新研究所。这些公私协力的研究所将成为区域性先进制造业中心，用于提升当地产业竞争力，鼓励在美国本土投资。为了推动计划的实施，奥巴马批准 4500 万美元的联邦资金建设"添材制造"（以 3D 打印为代表）示范研究所。美国国防部、能源部、商务部、教育部、国家科学基金、航空和航天局等政府部门竞相建立示范性的研究所。2014 年获得了"全国制造业创新网络"计划获得国会的批准。2016 年 9 月，"全国制造业创新网络"更名为"制造美国"，进一步明确了该项目对美国制造业未来的重要性，并设立了提升制造业竞争力、促进国内产业利用创新技术、提升工人素质和支持商业模式创新等方面的量化目标。截至 2017 年，已建成 14 个制造业创新机构，累计有千家企业参与其中（见表 9-2）。

表 9-2　美国"全国制造业创新网络"（"制造美国"）建设情况

序号	设立年份	机构	重点
1	2012	国立增产制造创新研究所	增材制造 /3D 打印
2	2014	数字制造和设计创新研究所	数字制造与设计
3	2014	未来轻量化创新研究所	轻量化材料制造
4	2015	新一代功率电子制造创新研究所	宽禁带功率电子制造
5	2015	先进复合材料制造业创新研究所	强化纤维聚合物复合材料
6	2015	全美制造业集成光电子研究所	集成光电制造

续表

序号	设立年份	机构	重点
7	2015	全美柔性混合电子制造研究所	薄柔电子装备与传感器制造
8	2016	全美先进功能纤维研究所	纤维材料与制造工艺
9	2016	全美清洁能源智能制造创新研究所	智能制造
10	2016	生物组织未来制造	工程组织
11	2016	国立生物医药制造创新研究所	生物医药
12	2016	流程能量集约化快速推进研究所	流程工业和分子化学集约化
13	2017	节能减排研究所	节能减排技术
14	2017	先进机器人制造	机器人创造和部署

资料来源: Manufacturing USA Annual Report Fiscal Year 2016, Manufacturing America 网站。

第五，大幅提升对先进制造技术的 R&D 支持。美国 2013 财年预算中包括了 22 亿美元的先进制造业 R&D 支出，较上年增长了 19%，此后各年均保持增长。为了确保和协调 R&D 投资，政府还设立由商务部牵头的部际"国家先进制造业计划办公室"。自 2013 年以来，美国主要的 R&D 支持项目包括：旨在将发现和发明新材料的时间缩短 50% 的"基因材料计划"、利用最新信息技术发展"智能"制造、利用美国生命科学的历史优势发展生物制造业以及"国家机器人计划"。随着人工智能（AI）加速向人们的生产生活渗透，2016 年 5 月，白宫策划了一系列的活动，推动公共讨论如何借助 AI 提升智能水平和应付 AI 的风险与潜在收益。NSTC 于 2016 年形成了《国家人工智能研究发展战略规划》[1]，提出优先由联邦政府出资设立 AI 研究基金，旨在前瞻性地探讨 AI 对社会和世界带来的长期革命性影响。研究基金将资助政府内部和外部（学术界）的研究，基本目标是最大利用 AI 的收益和最小化 AI 的负面冲击，促进经济繁荣，创造教育机会和提高生活质量，强化国家和本土安全。[2]2017 年，PCAST

---

[1] National Science and Technology Council, The National Artificial Intelligence Research and Development Strategic Plan, October 2016.

[2] AI研究基金优先设立了如下战略目标：长期资助AI研究，发展有效的人与AI协作机制，认识并解决 AI 的伦理、社会和社会应用问题，加强 AI 系统的安全与保障，为 AI 培训和测试开发共享的公共数据库和环境，通过标准和基准度量和评估 AI 技术。

向美国总统提交了《关于确保美国半导体长期领先地位的报告》[①],强调半导体的发展为诸多设备、服务、企业和产业的创新创造了空间,不仅事关美国工人和消费者的切身利益,而且对国家安全和军事实力至关重要。虽然目前美国半导体产业还具有全球领先优势,但是正面临着中国通过产业政策支持半导体赶超的威胁。对此,美国政府不会袖手旁观,消极应对,必须支持美国半导体产业更快速创新和遏制中国产业政策双管齐下,甚至在某些情况下以危害国家安全的名义,对中国的产业政策施压,制裁中国的半导体产业。正是在这样的背景下,以美国商务部为首的机构,于 2017 年 3 月和 2018 年 4 月升级了对中国中兴通讯公司实施包括"禁运"在内的严厉制裁。

第六,稳固人才管道,大量培育满足先进制造业发展所需的技能工人和专业人才。政策提案包括:澄清民众对制造业的误解,增强制造业对劳动力的吸引力;多部门协作,完善先进制造业技能认证和鉴定体系,扩大先进制造业的劳动力供给;大学开发新的教育项目和课程,加强对先进制造业的关注;设立全国性的先进制造业奖学金和实习制度,为制造业就业创造资源和提升认知度。政策包括:一是 2012 年设立"社区职业大学基金",由美国劳工部和教育部共同负责的基金规模为 80 亿美元,推进社区大学和企业的对接,为高增长、高需求的产业(包括先进制造业)中高工资岗位培育 200 万工人;二是设立"军方认证与许可特别工作组",帮助具有制造技能或者其他高需求技能的退伍军人获得民用授权和许可,为 12.6 万名现役军人获得业界认可、全国通行的认证创造机会,包括焊接、机械加工和工程设计认证等;三是升级科学、技术、工程和数学(STEM)教育,增加联邦政府预算,加大对基础教育理工科教师的培养和培训,扩大 STEM 教育机会。在上述美国半导体产业的发展报告中,再次提到了"稳固人才管道"的政策。

9.3.3 全面回归美国学派

通过上述对后危机时代美国产业政策的分析,可以发现其与美国长期奉行的美国学派产业政策核心理念是一脉相承的。

第一,美国致力于引领全球技术发展的趋势,力图率先将科技优势转为产业和经济优势,与美国学派一以贯之的和"制造业立国"一脉相承。在发展先进制造业、推动颠覆性技术创新这一事关国家经济繁荣、民生福祉和国家安全

---

① Executive Office of the President & President's Council of Advisors on Science and Technology, Report to the President Ensuring Long-Term U.S. Leadership in Semiconductors, January 2017.

的关键问题上，美国的产业政策实践是在高度一致的战略框架下分步落实的。只有从其"生产效率立国"的传统，才能准确把握美国产业政策的主线。上一轮技术革命后，美国构建起了一个与其技术和产业领先地位相适应的全球经济体系，以在国内"去工业化"的方式在全球范围内主导要素资源配置和市场的开拓，最大范围内攫取了技术革命的租金。时至今日，美国"去工业化"后过于依赖生产性服务业的国民经济结构，致使其强大的科技优势缺乏产业化的载体，已经威胁了美国维持长期经济增长活力和产业竞争力，炮制了所谓的自由贸易的输家论调，用于掩饰美国经济结构的内在问题。在新一轮技术革命和产业变革引发产业结构巨变的趋势下，美国从"去工业化"转向"再工业化"策略，力图抢抓新一轮技术革命的机会窗口，无非是对"生产率立国"政策传统的回归。

第二，美国致力于谋求技术和产业的领先地位，果断采取了包括贸易、知识产权、科技创新在内的保护主义政策工具，与美国学派的保护主义传统一脉相承。后金融危机时代，美国对内确保率先攫取科技革命的红利，维持美国长期的科技和产业领先地位，提升国民福利和确保国家安全，对外则遏制其他国家的技术赶超。特别是对以中国为代表的发展中国家的技术能力成长保持警惕和高压态势。从某种程度上讲，正是美国谙熟产业政策是弥补市场应对激进创新失灵的必要手段，因而不断优化国内的产业政策引领全球新一轮工业革命发展，同时遏制他国使用同样有效的产业政策。颇具讽刺意味的是，中国顺应世界范围新一轮工业革命的趋势和提高制造业发展质量的内在要求制定的相关文件，在发展目标、原则、重点领域等方面与美国"制造业复兴计划"颇为相似，中国在制定建设制造强国的政策体系时，充分学习借鉴了包括美国在内的成熟市场经济国家的做法和经验，但是却被美国官方[①]歪曲为中国政府采用计划经济或所谓的保护主义手段危害美国利益，作为美国实施对华贸易制裁的"依据"。可见，虽然技术和产业随着时代变迁而不断变化，产业政策工具也变得日益复杂，但是后危机时代美国产业政策思路与其历史上长期奉行的关税保护主义并无二致。从此意义上看，后金融危机时代美国的产业政策，不过是贸易保护主义传统的现代翻版。

第三，坚持国家在推动基础设施升级方面的主导力量，特别是在完善支撑

---

① 参见 Office of the United States Trade Representative Executive Office of The President, Findings of the Investigation into China's Acts, Policies, and Practices Related to Technology Transfer, Intellectual Property, and Innovation Under Section 301 of the Trade Act of 1974, via https : //ustr.gov/sites/default/files/Section%20301%20FINAL.PDF，2018 年 6 月 7 日。

先进制造业发展的科技和教育基础设施方面发挥着不可替代的作用，与美国学派的内部改善政策一脉相承。第二部分关于美国学派的研究，已经呈现了美国公共部门在交通和金融基础设施、高等教育发展中长期扮演着重要角色，为美国的工业化提供了强大的基础设施支撑。而在后危机时代美国的"制造业复兴计划"中，美国为强化先进制造业和新一代共性技术基础设施的发展，稳固人才渠道，主动改革了政府组织和管理体制，出现了向其高速工业化历史中发展型政府回归的倾向。换言之，美国政府并非如其所宣称的那样是一个"小政府"，而是在市场失灵的领域发挥着积极的作用。正如美国能源部的一份报告指出，"市场失灵导致私人部门对制造业和能源创新的反应滞后，'制造美国'正是要填补这一差距"（Hart and Singer，2018）。由此可见，在当今创新作为发展第一动力的时代下，创新基础设施的重要性超过了交通基础设施，美国"内部改善"的重点转向创新基础设施只是策略上的调整，指导思想并无实际变化。此外，重视人力资源的开发，创造高收入的制造业就业机会，使更多的美国人享受科技进步的福利，也与美国学派依靠内需发展的思想密切相关。

综上，只需系统梳理美国主要的政策文本和实践，再通过经济史学研究"还原"美国学派，就可以清晰地看到近年来美国产业政策的调整，基本上是沿着美国学派的核心政策主张展开的。[①]鉴于美国学派是美国从农业国发展成为全球头号工业强国的指导思想，必须要做好美国学派从美国产业政策的后台走向前台后，在今后相当长的时期指导美国抢抓新一轮科技革命和变革的机会窗口的战略准备。

9.4 本章结论

本章回顾了曾指导美国快速成长为工业化国家的美国学派的核心政策主张，并以此为基础，系统整理了全球金融危机后美国以"制造业复兴计划"为主线的产业政策思路、提议和措施，认为其从理论到实践、从历史到现在存在两个"高度一致"。其一，后危机时代美国的产业政策，与美国学派的核心产业政策观高度一致，标志着美国政府向其发展型政府的传统回归。其二，美国总统特朗普上台后对内推进减税政策落地、对外增加关税保护，特别是针对他

---

① 贾根良等（2017）更为全面地指出，"特朗普的经济政策在经济思想上主要来源于这个学派的三个政策纲领（关税保护、内部改善和国民银行），但与其 19 世纪金融保护的'国家银行'不同的是，美国继续实施金融自由化政策，从而形成了'特朗普新政'的三大政策：贸易保护、内部改善（基础设施大建设）和美观霸权"。

国实施一系列贸易和产业制裁，与前总统奥巴马当政设计的政策框架高度一致。因此，研判美国贸易和产业政策要排除政治家个性化风格的影响，将其放置在后危机时美国"制造业复兴计划"的整体战略框架下加以研究。同时，新一轮技术革命和产业变革还将是一个漫长的过程，理解美国产业政策的演变还需要加强对美国学派的经济思想史和经济史学研究，以求更为准确地理解美国政府为维护其国家利益所形成的政策惯例，在战略层面提前加以应对。

本章的主要启示如下：一是我国必须保持战略定力，坚持自主发展的基本原则。制造强国战略是我国进入中国特色社会主义新时代后，建设现代化经济体系的重要支撑，提升制造业的国际竞争力是今后我国制造业发展的主攻方向。虽然当前在实践中遇到了外部阻力，但是阻力越大，恰好表明我国建设制造强国的战略意义越重大，提升创新发展能力的意义越重大，掌握关系国计民生和产业安全的核心技术的战略意义越重大。鉴于美国学派长期奉行国家利益至上的产业政策，我国既要着手营造有利于我国产业开放发展的内外部环境，更要警惕美国奉行国家利益至上的政策惯例，做好应对美国回归常态化的民粹主义、保护主义和本土主义的预案。

二是在政策制定过程中，要加强对其可能产生国际影响的事前评估。中国已经是世界第二大经济体和全球第一大工业经济体，即便中国按照全球产业发展趋势和自身发展需要制定的产业政策，也不可避免地会引起国际社会的关注、猜忌甚至歪曲。因此，中国制定产业政策要在坚持以我为主的前提下，注意政策用词和舆论引导，在更大范围内评估国际社会的反应，尽可能在事前做好应对准备，政策制定后加强对外的解释，全过程营造有利于政策实施的国际环境。

三是加强战略协调。全球金融危机爆发十多年来，美国已经形成了较为完备的"制造业复兴计划"，是未来相当长时间内美国产业政策的纲领。中美两国制造业发展战略存在较大的相似之处，既要看到其间的利益冲突，更要看到促进新技术的发展和应用，对促进全球经济复苏、造福世界人民、改善全球生态环境等具有极为重要的意义。为此，双方应加强发展战略的沟通与理解，寻求新一轮技术革命和产业变革的合作领域，共同开拓第三方市场，携手应对人类面临的发展、安全、绿色、反恐等技术经济挑战。

参考文献

［1］ Abramovitz M., "Catching Up, Forging Ahead, and Falling Behind", The Journal of Economic History, 46（2）, 1986, pp. 385–406.

［2］ Acemoglu D., "Oligarchic versus Democratic Societies", Journal of the European Economic Association, 6（1）, 2008, pp. 1–44.

［3］ Acemoglu D., Aghion P., F. Zilibotti, "Distance to Frontier, Selection, and Economic Growth", Journal of the European Economic Association, 4（1）: 2006, pp. 37–74.

［4］ Acemoglu D., D. Cantoni, S. Johnson, J. Robinson, "The Consequences of Radical Reform : The French Revolution", American Economic Review, 101（7）, 2011, pp. 3286–3307.

［5］ Acemoglu D. J., Robinson, "Persistence of Power, Elites, and Institutions", American Economic Review, 98（1）, 2008, pp. 267–293.

［6］ Acemoglu D.J., "Robinson., Economic Origins of Dictatorship and Democracy", Massachusetts : Cambridge University Press, 2005.

［7］ Acemoglu D., S. Johnson, J. Robinson, "Institutions as a Fundamental Cause of Long-Run Growth", NBER Working Paper 10481, 2004.

［8］ Acemoglu D., S. Johnson, J. Robinson, "The Colonial Origins of Comparative Development : An Empirical Investigation", American Economic Review, 91（5）, 2001, pp. 1369–1401.

［9］ Acemoglu D., S. Johnson, J. Robinson, "The Rise of Europe : Atlantic Trade, Institutional Change and Growth", American Economic Review, 95（3）, 2005, pp. 546–579.

［10］ Acemoglu D., T. Reed J. Robinsonx, "Chiefs：Economic Development and Elite Control of Civil Society in Sierra Leone", Journal of Political Economy, 122（2）, 2014, pp. 319–368.

［11］ Agarwal R., B. Bayus, "The Market Evolution and Sales Take off of Product Innovations", Management Science, 48（8）, 2002, pp. 1024–1041.

［12］ Aghion P., N. Bloom, R. Blundell, R. Griffith, P. Howitt, "Competition and Innovation：An Inverted-U Relationship", Quarterly Journal of Economics, 120（2）, 2005, pp.701–728.

［13］ Agion P., P. Howitt, "Endogenous Growth Theory", Cambridge：MA：MIT Press, 1998.

［14］ Akamatsu K., "A Historical Pattern of Economic Growth in Developing Countries", The Developing Economies, 1, 1962, pp.3–25.

［15］ Amsden A., "Asia's Next Giant：South Korea and Late Industrialization", New York, Oxford：Oxford University Press, 1989.

［16］ Andersen E., "A note on Erik Reinert's Listian-Schumpeterian Development Economics, Paper for the IKE Workshop on Institutions", Innovation and Development, Aalborg, May 2008.

［17］ André N., "National Innovation System and Macroeconomic Policies：Brazil and India in Comparative Perspective", UNCTAD Working Paper No. 184, 2007.

［18］ Angrist J., J. Pischke, "The Credibility Revolution in Empirical Economics：How Better Research Design is Taking the Con Out of Econometrics", Journal of Economic Perspectives, 24（2）, 2010, pp. 3–30.

［19］ Arthur W. B., "Competing Technologies, Increasing Returns and Lock-in by Historical Events", Economic Journal, 99（394）, 1989, pp. 106–131.

［20］ Arthur W. B., "Positive Feedbacks in the Economy", Scientific American, 262（1）, 1990.

［21］ Asheim B., Coenen L., "Knowledge bases and Regional Innovation Systems：Comparing Nordic Clusters", Research Policy, 34（8）, 2005, pp.1173–1190.

［22］ Asheim B., A. Isaksen, C. Nauwelaers, F. Toedtlng,（eds）., "Regional Innovation Policy for Small-Medium Enterprises", Cheltenham：Edward Elgar, 2003.

［23］ Asheim B., "Industrial Districts as 'Learning Regions'：A Condition for Prosperity", European Planning Studies, 4（4）, 1996, pp. 379–400.

［24］ Balkin D., G. Markman, L. G. Mejia, "Is CEO Pay in High Technology Firms Related to Innovation ？", Academy of Management Journal, 43（6）, 2000, pp. 1118–1129.

［25］ Banerjee A., E. Duflo, "The Experimental Approach to Development Economics", Annual Review of Economics, 1, 2009, pp. 151–178.

［26］ Banerjee A., E.Duflo, M. Kremer, "The Influence of Randomized Controlled Trials on Development Economics Research and on Development Policy", Paper prepared for The State of Economics, the State of the World Conference at the World Bank, 2016.

［27］ Banerjee A., E. Duflo, R. Glennerster and C. Kinnan, "The Miracle of Microfinance ？ Evidence from a Randomized Evaluation", American Economic Journal : Applied Economics, 7（1）, 2015, pp. 22–53.

［28］ Banerjee A., R. Hanna, J. Kyle, B. Olken and S. Sumarto, "Tangible Information and Citizen Empowerment : Identification Cards and Food Subsidy Programs in Indonesia", Journal of Political Economy, 126（2）, 2018, pp. 451–491.

［29］ Banerjee A., S. Cole, E. Duflo, D L. Linden, "Remedying Education : Evidence from Two Randomized Experiments in India", Quarterly Journal of Economics, 122（3）, 2007, pp. 1235–1264.

［30］ Barro R., "Trump's Mercantilist Mess", https : //www.project-syndicate.org/commentary/trump-trade-policy-mercantilism-by-robert-j-barro–2019–09 ？ a_la=english&a_d=5d70d08850b9ea26303b867a&a_m=&a_a=click&a_s=&a_p=%2Farchive&a_li=trump-trade-policy-mercantilism-by-robert-j-barro–2019–09&a_pa=&a_ps=&barrier=accesspaylog.

［31］ Baumol William, "Entrepreneurship : Productive, Unproductive, and Destructive", The Journal of Political Economy, 98（5）, 1990, pp.893–921

［32］ Baysinger B., R. Ekelund, R. Tollsion, "Mercantilism as a Rent-Seeking Society", in Buchanan, J., R. Tollison, G. "Tullock（eds.）, Toward a Theory of the Rent-Seeking Society", College Station : Texas A&M University Press, 1980.

［33］ Bhagwati J., "Directly Unproductive, Profit-Seeking（DUP）Activities," Journal of Political Economy, 90（5）, 1982, pp. 988–1002.

［34］ Bhagwati J., "Directly Unproductive Profit-seeking（DUP）Activities, in Steven N. Durlauf and Lawrence E. Blume (Eds.), The New Palgrave Dictionary of Economics", Second Edition. Palgrave Macmillan, 2008.

[35] Bouguen A., Y. Huang, M. Kremer, E. Miguel, "Using RCTs to Estimate Long-run Impacts in Development Economics", NBER Working Papers 25356, 2018.

[36] Bourguignon F., "The Poverty-growth-inequality Triangle", Paper Presented at the Indian Council for Research on International Economic Relations, 2004, http : //www.icrier.org/pdf/wp125.pdf.

[37] Buchanan J., "Rent Seeking and Profit Seeking, in James M. Buchanan, Robert D", Tollison and Gordon Tullock (eds.), Toward a Theory of the Rent Seeking Society, College Station : Texas A&M University Press, 1980.

[38] Buigues P. K., "Sekkat, 2009, Industrial Policy in Europe, Japan and the USA : Amounts, Mechanisms and Effectiveness", Palgrave Macmillan, 2009.

[39] Cai F., "The Coming Demographic Impact on China's Growth : The Age Factor in the Middle-Income Trap", Asian Economic Papers, 11 (1), 2012, pp. 95–111.

[40] Chander A., "The Visible Hand : The Managerial Revolution in American Business", Cambridge University Press, 1977.

[41] Chandler A., "Scale and Scope : The Dynamics of Industrial Capitalism", Cambridge : Harvard University Press, 2005.

[42] Chandler A., "Shaping the Industrial Century : The Remarkable Story of the Evolution of the Modern Chemical and Pharmaceutical Industries", Cambridge : Harvard University Press, 2005.

[43] Chandler A. "T., Hikino, Big Business and the Wealth of Nations", Cambridge : Harvard University Press, 1999.

[44] Chang H., "Bad Samaritans : The Guilty Secrets of Rich Nations and the Threat to Global Prosperity", London : Random House, 2008.

[45] Chang H., "Kicking Away the Ladder : How the Economic and Intellectual Histories of Capitalism Have Been Re-Written to Justify Neo-Liberal Capitalism", London : Anthem Press, 2002.

[46] Chang H., "The East Asian Development Experience : The Miracle, The Crisis and the Future", London : Zed Books and Penang : Third World Network, 2006.

[47] Chang H. , P. Evan, "The Role of Institutions in Economic Change,

Jia, G., E. Reinert (eds.)", The Other Canon Economics, Beijing : Higher Education Press, 2007.

［48］ Chang H., "Institutional Change and Economic Development, Tokyo", New York, Paris : United Nations University Press, 2007.

［49］ Chenery H., M.Syrquin, "Patterns of Development : 1950-1970", London : Oxford University Press, 1975.

［50］ Clark C., "The Conditions of Economic Progress", London : Macmillan, 1940.

［51］ Coase R., "The Nature of Firms", Economica, 4 (16), 1937, pp.386-405.

［52］ Cohen W., S. Klepper, "Firm Size and the Nature of Innovation within Industries : The Case of Process and Product R & D", Review of Economics and Statistics, 78 (2), 1996, pp. 232-243.

［53］ Cohen W. M., R. C. Levin, "Empirical Studies of Innovation and Market Structure", in Chapter 18 R. Schmalensee and R., "Willig, Handbook of Industrial Organization", The Netherlands : Elsevier Science Publishers, 1989, pp. 1059-1107.

［54］ Cooke P., "Strategies for Regional Innovation Systems : Learning", Transfer and Applications, UNIDO Policy Papers, 2003.

［55］ David Soskice, "German Technology Policy, Innovation, and National Institutional Frameworks", Industry and Innovation, 4 (1), 1997, pp.75-96.

［56］ David P., "Clio and the Economics of QWERTY", American Economic Review, 75 (2), 1985, pp. 332-337.

［57］ Denison, Edward F., "United States Economic Growth", The Journal of Business, 35 (2), 1962, pp. 109-121.

［58］ Dixit A., J. Stiglitz, "Monopolistic Competition and Optimum Product Diversity", American Economic Review, 67 (3), 1977, pp. 297-308.

［59］ Dodgson M.R., "Rothwell, The Handbook of Industrial Innovation", Aldershot and Brookfield, VT : Edward Elgar, 1995.

［60］ Dosi G., "Technological Paradigms and Eechnological Trajectories : A Suggested Interpretation of the Determinants and Directions of Technical Change", Research Policy, 11 (3), 1982, pp. 147-162.

［61］ Duflo E., R. Glennerster, M. Kremer, "Using Randomization in Development Economics Research : A Toolkit", Handbook of Development

Economics, 4, 2007, pp. 3895–3962.

[62]　Easterly W., "Was Development Assistance a Mistake ? ", American Economic Review, 97（2）, 2007, pp.328–332.

[63]　Easterly W., "The Elusive Quest for Growth : Economists' Adventures and Misadventures in the Tropics", Cambridge : The MIT Press, 2001.

[64]　Edquist C., "Systems of Innovation : Technologies, Institutions, and Organizations", Pinter A Cassell Impint, 1997.

[65]　Ekelund R., R., Tollison, "Economic Regulation in Mercantile England : Heckscher Revisited", Economic Journal, Vol. XVIII, Oct. 1980, pp. 567–599.

[66]　Ekelund R., R. Tollison, "Mercantilism as a Rent-Seeking Society : Economic Regulation in Historical Perspective", Texas A&M University Press, College Station, 1981.

[67]　Ekelund R., R. Tollison, "Policitized Economy : Monarchy, Monopoly and Mercantilism", Texas A&M University Press, College Station, 1997.

[68]　Evans H., "They Made America : From the Steam Engine to the search Engine", New York : Black Bay Books, 2004.

[69]　Fagerberg J., D. Mowery, R. Nelson, "The Oxford Handbook of Innovation", Oxford University Press, 2006.

[70]　Fagerberg J., M., "Srholec, National Innovation Systems, Capabilities and Economic Development", TIK Working Paper on Innovation Studies, 2007.

[71]　Figueiredo P., "Discontinuous Innovation Capability Accumulation in Latecomer Natural Resource-processing Firms : Evidence from Brazil", DRUID Working Paper No. 10–11, 2010.

[72]　Fleming M., "External Economies and the Doctrine of Balanced Growth", Economic Journal, 65（258）, 1955, pp. 241–256.

[73]　Freeman C., F. Louçã, "As Time Goes by : The Information Revolution and the Industrial Revolutions in Historical Perspective", Oxford University Press, 2001.

[74]　Freeman C., "The 'National System of Innovation' in Historical perspective", Cambridge Journal of Economics, 19（1）, 1993, pp. 5–24.

[75]　Fujimoto T., "Architecture-Based Comparative Advantage : A Design Information View of Manufacturing", Evolutionary and Institutional Economic

Review, 4（1）, 2007, pp. 55-223.

［76］ Fujimoto T., "The Evolution of a Manufacturing System at Toyota", New York : Oxford University Press, 1999.

［77］ Gerschenkron A., "Economic Backwardness in Historical Perspective, A Book of Essays", Cambridge, Massachusetts : Belknap Press of Harvard University Press, 1962.

［78］ Gilbert R., C. Shapiro, "Optimal Patent Length and Breadth", The RAND Journal of Economics, 21（1）, 1990, pp. 106-112.

［79］ Giuliani E., "Cluster Absorptive Capability : An Evolutionary Approach For Industrial Clusters In Developing Countries", DRUID Summer Conference Paper, 2002.

［80］ Goh A., "Towards an Innovation-Driven Economy Through Industrial Policy-making : An Evolutionary Analysis of Singapore", The Innovation Journal : The Public Sector Innovation Journal, 10（3）, 2005.

［81］ Greenwald B., J.Stiglitz, "Helping Infant Economies Grow : Foundations of Trade Policies for Developing Countries", The American Economic Review, 96（2）, 2006, pp. 141-146.

［82］ Grindle M., "Good Enough Governance : Poverty Reduction and Reform in Developing Countries", Governance : An International Journal of Policy, Administration, and Institutions, 17（4）, 2004, pp. 525-548.

［83］ Gross G., E., "Helpman, Endogenous Innovation in the Theory of Growth", NBER Working Paper Series No. 4527, 1993.

［84］ Grossman G., H. Horn, "Infant-Industry Protection Reconsidered : The Case of Informational Barriers to Entry", The Quarterly Journal of Economics, 103（4）, 1988, pp.767-787.

［85］ Grossman S., O. Hart, "The Costs and Benefits of Ownership : A Theory of Vertical and Lateral Integration", Journal of Political Economy, 94（4）, 1986, pp. 691-719.

［86］ Hall B., N. Rosenberg, "Handbook of the Economics of Innovation", Elsevier, 2010.

［87］ Harberger A., "Monopoly and Resource Allocation", American Economic Review, 44（2）, 1954, pp. 77-87.

［88］ Harberger A., "Using the Resources at Hand More Effectively", American Economic Review, 49（2）, 1959, pp. 134-146.

［89］ Hart D., P. Singer, "Manufacturing USA at DOE : Supporting Energy Innovation", via http : //www2.itif.org/2018-doe-musa-institutes.pdf.

［90］ Herrigel G., "Industrial Constructions : The Sources of German Industrial Power", Cambridge University Press 1996.

［91］ Huang Y., "Chinese Institutions, in S. Brakman et al. (eds.), China in the Local and Global Economy : History, Geography", Politics and Sustainability, Routledge, 2018.

［92］ Imlah A., "Economic Elements in the Pax Britannica Studies in British Foreign Trade in the Nineteenth Century", Harvard University Press, 1958.

［93］ Industrie 4.0 Working Group, "Securing the Future of German Manufacturing Industry Recommendations for Implementing the Strategic Initiative INDUSTRIE 4.0", April 2013.

［94］ Jomo K. S., B. Fine, "The New Development Economics : After the Washington Consensus", London and New York : Zed Books, 2006.

［95］ Jorgenson D., Z. Griliches, "The Explanation of Productivity Change", The Review of Economic Studies, 34 (3), 1967, pp. 249-283.

［96］ Kaplinsky R., "Globalization, Poverty and Inequality : Between a Rock and a Hard Place", Cambridge : Polity Press, 2005.

［97］ Khan M., K. Jomo, "Rent, Rent-Seeking and Economic Development", Cambridge University Press, 2000.

［98］ Klemperer P., "How Broad Should the Scope of Patent Protection Be ? ", The RAND Journal of Economics, 21 (1), 1990, pp. 113-130.

［99］ Klepper S., E. Graddy, "The Evolution of New Industries and the Determents of Market Structure", Rand Journal of Economics, 21 (1), 1990, pp.27-44.

［100］ Knight F., "Risk, Uncertainty, and Profit", Boston and New York : Houghton Mifflin Company, 1921.

［101］ Koellinger P., "Why Are Some Entrepreneurs More Innovative Than Others ? ", Small Business Economics, 31 (1), 2008, pp. 21-37.

［102］ Kojima K., "The 'Flying Geese' Model of Asian Economic Development : Origin, Theoretical Extensions, and Regional Policy Implications", Journal of Asian Economics, 11, 2000, pp. 375-401.

［103］ Kraay A., D. McKenzie, "Do Poverty Traps Exist ? Assessing the Evidence", Journal of Economic Perspective, 28 (3), 2014, pp. 127-148.

［104］ Krueger A., "The Political Economy of the Rent-Seeking Society", American Economic Review, 64（3）, 1974, pp. 291–303.

［105］ Krugman P., "Increasing Returns, Monopolist Competition and International Trade", Journal of International Economics, 9（4）, 1979, pp. 469–479.

［106］ Krugman P., "Scale Economies, Product Differentiation and the Pattern of Trade", American Economic Review, 70（5）, 1980, pp. 950–959.

［107］ Krugman P., "The Fall and Rise of Development Economics", in Rodwin, L. and D. Schön（eds.）, Rethinking the Development Experience : Essays Provoked by the Work of Albert O. Hirschman, Brookings Institution Press, 1994.

［108］ Kuzntes S., "Driving Forces of Economic Growth : What Can We Learn from History ? ", Weltwirtschaftliches Archiv, 116（3）, 1980, pp.409–431.

［109］ Lall S., "Learning to Industrialize : The Acquisition of Technological Capability by India", London : MacMillan, 1987.

［110］ Lazonick W., "Competitive Advantage on the Shop Floor", Cambridge : Harvard University Press, 1990.

［111］ Lazonick W., "The Innovative Firm, in J. Fagerberg, DC Mowery and R. R. Nelson（eds.）", Oxford Handbook of Innovation, Oxford University Press, Oxford, 2006.

［112］ Lewis A., "Economic Development with Unlimited Supply of Labor", The Manchester School, 22（2）, 1954, pp.139–191.

［113］ Li H. B., L. A. Zhou, "Political Turnover and Economic Performance : The Incentive Role of Personnel Control in China", Journal of Public Economics, 89（9–10）, 2005, pp, 1743–1762.

［114］ Lin J., H-J, Chang, "Should Industrial Policy in Developing Countries Conform to Comparative Advantage or Defy It ? —A Debate Between Justin Lin and Ha-Joon Chang", Development Policy Review, 27（5）, 2009, pp. 483–502.

［115］ Lin J., "Structural Economics : A Framework for Rethinking Development and Policy", Washington D. C. : The World Bank, 2012.

［116］ Lin J., X. Sun, Y. Jiang, "Toward a Theory of Optimal Financial Structure", World Bank Policy Research Working Paper 5038, 2009.

［117］ Lin C., P. Lin, F. Song , C. Li, "Managerial Incentives, CEO Characteristics and Corporate Innovation in China's Private Sector", Journal of

Comparative Economics, 39（2）, 2011, pp. 176–190.

［118］ Lucas R. Jr., "On the Mechanism of Economic Development", Journal of Monetary Economics, 22（1）, 1988, pp. 3–42.

［119］ Lundvall B., K. J. Joseph, C. Chaminade, "Handbook of Innovation Systems and Developing Countries", Cheltenham, UK：Northampton, MA：Edward Elgar, 2009.

［120］ Lundvall B., "National Systems of Innovation：Toward a Theory of Innovation and Interactive Learning", London；New York, NY：Anthem, 2010.

［121］ Magnuson L., "The History of Free Trade", London&New York：Routledge, 2004.

［122］ Magnusson L., "Economics and the Public Interest：The Emergence of Economics as an Academic", The Scandinavian Journal of Economics, 94（Supplement）, 1992.

［123］ Mainga W., "Firm-level Capability Building in Less Developed Countries", in Morrissey and Tribe（eds.）, "Economic Policy and Manufacturing Performance in Developing Countries", Cheltenham：Edward Elgar, 2001.

［124］ Malerba F., "Sectoral Systems of Innovation and Production", Research Policy, 31（2）, 2002, pp. 247–264, .

［125］ Malerba F., "Innovation and the Evolution of Industries", Journal of Evolutionary Economics, 16（1–2）, 2006, pp. 3–23.

［126］ Malmberg A., P., "Maskell：The Elusive Concept of Localization Economies：Towards a Knowledge-based Theory of Spatial Clustering", Environment and Planning A34（3）, 2002, pp. 429–449.

［127］ Mansfield E., "Patents and Innovation：An Empirical Study", Management Science, 32（2）, 1986, pp. 173–181.

［128］ Maskell P., A.Malmberg, "Localised Learning and Industrial competitiveness", Cambridge Journal of Economics, 23（2）, 1999, pp. 167–185.

［129］ Maskin E., Y. Y. Qian, C. Xu, "Incentives, Information, and Organizational Form", Review of Economic Studies, 67（2）, 2000, pp. 359–378.

［130］ Matraves C., "German Industrial Structure in Comparative Perspective", Industry and Innovation, 4（1）, 1997, 37–51.

［131］ Meier G., "The Old Generation of Development Economists and the New", in G. Meier and J., "Stiglitz（eds.）, Frontiers of Development Economics：The Future in Perspective", New York：Oxford University Press, 2001.

[132] Mowery R., R. Nelson, "Sources of Industrial Leadership", Cambridge : Cambridge University Press, 1999.

[133] Murphy K., A. Shleifer, R. Vishny, "Why is Rent-seeking so Costly to Growth", American Economic Review, 83 (2), 1993, pp. 409–414.

[134] Murphy K., A. Shleifer, R. Vishny, "Industrialization and the Big Push", Journal of Political Economy, 97 (5), 1989, pp. 1003–1026.

[135] Murphy K., A. Shleifer, R. Vishny, "The Allocation of Talent : Implication for Growth", Quarterly Journal of Economics, 106 (2), 1991, pp. 503–530.

[136] Murphy K., A. Shleifer, R. Vishny, "Why Is Rent-Seeking So Costly to Growth", American Economic Review, 83 (2), 1993, pp. 409–414.

[137] Nelson R., "National Innovation Systems : A Comparative Analysis", Oxford University Press, 1993.

[138] Nelson R., R. Langlois, "Industrial Innovation Policy : Lessons from American History", Science, 219 (4586), 1983, pp.814–818.

[139] Nelson W., S. Winter, "An Evolutionary Theory of Economic Change", Cambridge, Mass : Harvard University Press, 1982.

[140] Noland M., "Industrial Policy, Innovation Policy, and Japanese Competitiveness", PIIE Working Paper Series 07–4, 2007.

[141] Nordhaus W., "Invention, Growth and Welfare : A Theoretical Treatment of Technological Change", Cambridge : MIT Press, 1969.

[142] North D., B. Weingast, "Constitutions and Commitment : The Evolution of Institutions Governing Public Choice in Seventeenth-Century England", The Journal of Economic History, 49 (4), 1989, pp. 803–832.

[143] Nye D., "Electrifying America : Social Meanings of a New Technology", Cambridge : MIT Press, 1992.

[144] Oates W. E., "An Easy on Fiscal Federalism", Economic Prospective, 11 (1), 2003, pp. 169–178.

[145] OECD, National Innovation System, 1997.

[146] Ohno T., "Toyota Production System : Beyond Large-Scale Production", New York : CRC Press, 1988.

[147] Okita S., "Special Presentation : Prospect of Pacific Economies", Korea Development Institute. Pacific cooperation : Issues and opportunities., Report of the Fourth Pacific Economic Cooperation Conference, Seoul, Korea,

1985.

[148] Olson M., "The Rise and Decline of Nations : Economic Growth, Stagflation, and Social Rigidities", New Haven : Yale University Press, 1982.

[149] Ormrod D., "The Rise of Commercial Empires : England and the Netherlands in the Age of Mercantilism, 1650–1770", Cambridge University Press, 2003.

[150] Perez C., "Technological Revolutions and Financial Capital : The Dynamics of Bubbles and Golden Age", Cheltenham, U.K. : Edward Elgar, 2002.

[151] Perez C., "Technological Revolutions and Techno-economic Paradigms", Cambridge Journal of Economics, bep051, 2009.

[152] Pisano G., W. Shih, "Producing Prosperity : Why America Needs a Manufacturing Renaissance", Harvard Business Review Press, 2012.

[153] Posner R., "The Social Costs of Monopoly and Regulation", Journal of Political Economy, 83 (4), 1975, pp. 807–828.

[154] Powell W.S., "Grodal, Networks of Innovators", in J. Fagerberg, D. Mowery, R. Nelson (eds.), "Oxford Handbook of Innovation", Oxford : Oxford University Press, 2006.

[155] Prebisch R., "Commercial Policy in the Undeveloped Countries", American Economic Review, 49 (2), 1959, pp. 951–973.

[156] Qian Y. Y., B. R. Weingast, "Federalism as a Commitment to Preserving Market Incentives", Journal of Economic Perspectives, 11 (4), 1997, pp. 83–92.

[157] Rama M., "Rent Seeking and Economic Growth : A Theoretical Model and Some Empirical Evidence", Journal of Development Economics, 42(1), 1993, pp. 35–50.

[158] Reinert E. (ed.), "Globalization, Economic Development and Inequality : An Alternative Perspective", Cheltenham : Edward Elgar, 2004.

[159] Reinert E., "The Role of the State in Economic Growth", Journal of Economic Studies, 26 (4/5), 1999, pp.268–326.

[160] Reinert E., A. Daastøl, "The Other Canon : The History of Renaissance Economics", in E. Reinert (ed.), "Globalization, Economic Development and Inequality : An Alternative Perspective", Cheltenham : Edward Elgar, 2004.

[161] Reinert E., "How Rich Countries Got Rich ... and Why Poor Countries

Stay Poor", London : Constable, 2008.

［162］ Romer P., "Endogenous Technological Change", Journal of Political Economy, 98（5）, 1990, pp. 71–102.

［163］ Romer P., "Growth Based on Increasing Returns Due to Specialization", American Economic Review, 77（2）, 1987, pp. 56–62.

［164］ Rosenstein-Rodan P., "Problems of Industrialisation of Eastern and South-Eastern Europe", Economic Journal, 53（210/211）, 1943, pp. 202–211.

［165］ Ruttan V., "Technology, Growth and Development : An Induced Innovation Perspective", New York, Oxford : Oxford University Press, 2001.

［166］ Sachs J., "Can Extreme Poverty be Eliminated ? Globalization, Poverty and Foreign Aid", Scientific American, 293（3）, 2005a, pp. 56–65.

［167］ Sachs J., "The End of Poverty : Economic Possibilities for Our Time", New York : Penguin Press, 2005b.

［168］ Scherer F. M., "Industrial Market Structure and Economic Performance", Chicago : Rand McNally, 1980.

［169］ Singer H., "Distribution of Gains Between the Lending and Borrowing Countries", American Economic Review, 40（2）, 1950, pp. 473–485.

［170］ Soete L., "From Industrial to Innovation Policy", Journal of Industrial Competition and Trade, 7（3–4）, 2007, pp. 273–284.

［171］ Solow R. M., "Technical Change and the Aggregate Production Function", The Review of Economics and Statistics, 39（3）, 1957, pp. 312–320.

［172］ Soskice D., "German Technology Policy, Innovation, and National institutional Frameworks", Industry and Innovation, 4（1）, 1997, pp.75–96.

［173］ Stein N., "The Economics of Development : A Survey", Economic Journal, 99, issue, 397（1989）, pp. 597–685.

［174］ Stiglitz J., "An Agenda for the New Development Economics", Draft Paper Prepared for the Discussion at the UNRISD Meeting on "The Need to Rethink Development Economics", September, 2001.

［175］ Stiglitz J., "Incentives and Risk Sharing in Sharecropping", Review of Economic Studies, 41（2）, 1974, pp. 219–255.

［176］ Stiglitz J., "More Instruments and Broader Goals : Moving Toward the Post-Washington Consensus", WIDER Annual Lectures 2, Helsinki, 1998a.

［177］ Stiglitz J., "The New Development Economics", World Development, 14（2）, 1986, pp. 257–265.

［178］ Stiglitz J., "Towards a New Paradigm for Development : Strategies, Policies, and Processes", Raul Prebisch Lecture at UNCTAD, Geneva, 1998b.

［179］ Suh S., U. Tanik, J. Carbone, A. Eroglu, (eds), "Applied Cyber-Physical Systems", New York : Springer, 2014.

［180］ Sutcliffe R., "Balanced and Unbalanced Growth", Quarterly Journal of Economics, 78 (4), 1964, pp. 621–640.

［181］ Swan T. W., "Economic Growth and Capital Accumulation", Economic Record, 32 (2), 1956, pp. 334–361.

［182］ The Economist, "The Third Industrial Revolution", 21st April, 2012.

［183］ Tosi H., S.Werner, J. Katz , L. Gomez Mejia, "How Much Does Performance Matter ? A Meta-Analysis of CEO Pay Studies", Journal of Management, 26 (2), 2000, pp. 301–339.

［184］ Tullock G., "The Welfare Costs of Tariffs, Monopolies, and Theft", Western Economic Journal, 5 (3), 1967, pp. 224–232.

［185］ Tullock G., "Why Did the Industrial Revolution Occur in England", in Charles R., R. Tollison and G. Tullock (eds.), The Political Economy of Rent Seeking, Boston/ Dordrecht / Lancaster : Kluwer Academic Publishers, 1988.

［186］ Tullock G., "Rent and Rent Seeking, in Charles K. Rowley", Robert D. Tollison and Gordon Tullock (eds.), "The Political Economy of Rent Seeking", Boston / Dordrecht / Lancaster : Kluwer Academic Publishers, 1988.

［187］ Tullock G., "Rent Seeking, Steven N. Durlauf and Lawrence E. Blume (Eds.), The New Palgrave Dictionary of Economics", Second Edition. Palgrave Macmillan, 2008.

［188］ Tullock G., "The Economics of Special Privilege and Rent Seeking", Boston / Dordrecht / Lancaster : Kluwer Academic Publishers, 1988.

［189］ Viotti E., "National Learning Systems-A New Approach on Technological Change in Late Industrializing Economies and Evidences from the Cases of Brazil and South Korea", Technological Forecasting and Social Change, 69 (7), 2002, pp. 653–680.

［190］ Vitols S., "German Industrial Policy : An Overview", Industry and Innovation, 1997, 4 (1), pp. 15–36.

［191］ Weingast B., "Economic Role of Political Institutions : Market-Preserving Federalism and Economic Development", Journal of Law, Economics and Organization, 11 (1), 1995, pp. 1–31.

［192］ Wenders J., "On Perfect Rent Dissipation", American Economic Review, 77（3）, 1987, pp. 456–459.

［193］ Wiles R., "Mercantilism and the Idea of Progress", Eighteenth-Century Studies, 8（1）, 1974, pp. 56–74.

［194］ Williamson J., "The Strange History of the Washington Consensus", Journal of Post Keynesian Economics, 27（2）, 2004, pp. 195–206.

［195］ Wong P., "National Innovation Systems for Rapid Technological Catch-up：An Analytical Framework and a Comparative Analysis of Korea, Taiwan and Singapore", Paper presented at the DRUID's summer conference 1999, 2002.

［196］ Xu C., "The Fundamental Institutions of China's Reforms and Development", Journal of Economic Literature, 49,（3）, 2011, pp. 1076–1151.

［197］ Young A., "Increasing Returns and Economic Progress", Economic Journal, 38（152）, 1928, pp. 527–542.

［198］ 阿尔弗雷德钱德勒：《塑造工业时代：现代化学工业和制药工业的非凡历程》，北京：华夏出版社，2006 年版。

［199］ 埃里克·赖纳特：《国家在经济发展中的作用》，载霍奇逊（编）《制度与演化经济学文选：关键性概念》，北京：高等教育出版社，2005 年版。

［200］ 埃里克·赖纳特、贾根良（主编）：《穷国的国富论：演化发展经济学论文选》，北京：高等教育出版社，2007 年版。

［201］ 艾伯特菲什洛：《19 世纪和 20 世纪初的美国国内交通运输》，载恩格尔曼和高尔曼（主编）：《剑桥美国经济史（第二卷）：漫长的 19 世纪》，北京：中国人民大学出版社，2008 年版。

［202］ 艾伯特·赫希曼：《经济发展战略》，北京：经济科学出版社，1991 年版。

［203］ 安场保吉、猪木武德：《高速增长》，连湘译，北京：三联书店，1997 年版。

［204］ 巴曙松等：《小微企业融资发展报告：中国现状及亚洲实践》，中国光大银行，博鳌观察，中国中小企业发展促进中心出品，2013 年版。

［205］ 蔡昉：《人口转变、人口红利与刘易斯转折点》，《经济研究》2010 年第 4 期。

［206］ 蔡昉、都阳：《工资增长、工资趋同与刘易斯转折点》，《经济学动态》2011 年第 9 期。

［207］ 蔡昉：《理解中国经济发展的过去、现在和将来 —— 基于一个贯通的增长理论框架》，《经济研究》2013 年第 11 期。

［208］ 蔡昉：《刘易斯转折点与公共政策方向的转变 —— 关于中国社会保护的若干特征性事实》，《中国社会科学》2010 年第 6 期。

［209］ 蔡昉：《人口转变、人口红利与刘易斯转折点》，《经济研究》2010年第 4 期。

［210］ 蔡昉：《中国的人口红利还能持续多久》，《经济学动态》2011 年第 6 期。

［211］ 陈佳贵、黄群慧、吕铁、李晓华等：《中国工业化进程报告（1995~2010）》，北京：中国社会科学出版社，2012 年版。

［212］ 陈佳贵、黄群慧、钟宏武：《中国地区工业化进程的综合评价和特征分析》，《经济研究》2006 年第 6 期。

［213］ 陈佳贵、黄群慧：《工业发展、国情变化与经济现代化战略：中国成为工业大国的国情分析》，《中国社会科学》2005 年第 4 期。

［214］ 陈硕：《分税制改革、地方财政自主权与公共品供给》，《经济学（季刊）》2010 年第 4 期。

［215］ 陈艳艳、罗党论：《地方官员更替与企业投资》，《经济研究》2012年第 2 期。

［216］ 陈钊、徐彤：《走向"为和谐而竞争"：晋升锦标赛下的中央和地方治理模式变迁》，《世界经济》2010 年第 9 期。

［217］ 陈志勇、陈莉莉：《财税体制变迁、"土地财政"与经济增长》，《财贸经济》2011 年第 12 期。

［218］ 戴维·兰德斯：《国富国穷》，北京：新华出版社，2007 年版。

［219］ 戴维·兰德斯：《1750~1914 年间西欧的技术变迁与工业发展》，哈巴库克、波斯坦：《剑桥欧洲经济史（第六卷）：工业革命及其以后的经济发展》，北京：经济科学出版社，2002 年版。

［220］ 范剑勇、莫家伟：《地方债务、土地市场与地区工业增长》，《经济研究》2014 年第 1 期。

［221］ 范子英、张军：《财政分权、转移支付与国内市场整合》，《经济研究》2010 年第 3 期。

［222］ 方福前：《论发展经济学失败的原因》，《中国人民大学学报》2002年第 4 期。

［223］ 方红生、张军：《中国地方政府扩张偏向的财政行为：观察与解释》，《经济学（季刊）》2009 年第 3 期。

［224］ 弗里德里希·李斯特：《政治经济学的国民体系》，北京：商务印书馆，1961 年版。

［225］ 弗里德里希·李斯特：《政治经济学的国民体系》，北京：商务印书馆，1983 年版。

［226］ 弗里曼、卢桑：《光阴似箭 —— 从工业革命到信息革命》，北京：中国人民大学出版社，2007 年版。

［227］ 弗里曼、苏特：《工业创新经济学》，北京：北京大学出版社，2004 年版。

［228］ 福布斯、韦尔德：《从追随者到领先者》，北京：高等教育出版社，2005 年版。

［229］ 干春晖、郑若谷：《改革开放以来产业结构演进与生产率增长研究》，《中国工业经济》2009 年第 2 期。

［230］ 干春辉、郑若谷、余典范：《中国产业结构变迁对经济增长和波动的影响》，《经济研究》2011 年第 5 期。

［231］ 龚强、张一林、林毅夫：《产业结构、风险特性与最优金融结构》，《经济研究》2014 年第 4 期。

［232］ 古斯塔夫·斯莫拉：《重商主义及其历史意义》，上海：上海社会科学院出版社，2016 年版。

［233］ 郭克莎：《工业化新时期新兴主导产业的选择》，《中国工业经济》2003 年第 2 期。

［234］ 郭克莎：《中国工业化的进程、出路与问题》，《中国社会科学》2000 年第 5 期。

［235］ 郭克莎：《总量问题还是结构问题？产业结构偏差对我国经济增长的制约及调整思路》，《经济研究》1999 年第 9 期。

［236］ 哈巴库克、波斯坦：《剑桥欧洲经济史（第六卷）：工业革命及其以后的经济发展》，北京：经济科学出版社，2002 年版。

［237］ 贺俊、黄阳华、邓洲：《美国复兴制造业的战略部署、最新动态及我国的应对》，中国社会科学院工业经济研究所内部研究报告，2013 年。

［238］ 贺俊、吕铁：《从产业结构到现代产业体系：继承、批判与拓展》，《中国人民大学学报》2015 年第 2 期。

［239］ 洪银兴：《产业创新与新增长周期》，《经济学动态》2009 年第 10 期。

［240］ 洪银兴：《创新型经济：经济发展的新阶段》，北京：经济科学出版社，2010 年版。

［241］ 洪银兴：《向创新型经济转型 —— 后危机阶段的思考》，《南京社会科学》2009 年第 11 期。

［242］ 洪银兴：《以创新支持开放模式转换 —— 再论由比较优势转向竞

争优势》,《经济学动态》2010 年第 11 期。

［243］ 黄群慧、黄阳华、邓洲:《"机器人革命",引领全球制造业新发展:第三次工业革命的切入点和重要增长点》,《人民日报》2014 年 6 月 30 日,第 23 版。

［244］ 黄群慧、刘湘丽、邓洲、黄阳华、贺俊:《新工业革命,塑造全球竞争新格局》,《人民日报》2014 年 2 月 10 日,第 23 版。

［245］ 黄群慧、李晓华:《中国工业发展"十二五"评估及"十三五"战略》,《中国工业经济》2015 年第 9 期。

［246］ 黄群慧、黄阳华、贺俊、江飞涛:《面向中上等收入阶段的中国工业化战略研究》,《中国社会科学》2017 年第 12 期。

［247］ 黄速建等:《中国产业集群创新发展报告(2010~2011)》,北京:经济管理出版社,2010 年版。

［248］ 黄阳华、贺俊:《民营企业第二代接班人问题分析与舆论引导建议》,中国社会科学院研究报告,2010 年 11 月。

［249］ 黄阳华、贺俊:《"回归实体"与中小企业转型发展》,中国社会科学院内部报告,2013 年。

［250］ 黄阳华、吕铁:《市场需求方因素与新兴产业成长》,《中国人民大学学报》2013 年第 3 期。

［251］ 黄阳华、林智、李萌:《"互联网+"对我国制造业的影响》,《中国党政干部论坛》2015 年第 7 期。

［252］ 黄阳华、卓丽洪:《美国的"再工业化"战略及与第三次工业革命的关系》,《中国党政干部论坛》2013 年第 10 期。

［253］ 黄阳华、吕铁:《深化体制改革中的产业创新体系演进 —— 以中国高铁技术赶超为例》,《中国社会科学》2020 年第 5 期。

［254］ 霍利斯·钱纳里、谢尔曼·卢宾逊、摩西·塞尔奎因:《工业和经济增长的比较研究》,吴奇、王松宝译,上海三联书店,1989 年版。

［255］ 霍利斯·钱纳里:《结构变化与发展政策》,北京:经济科学出版社,1991 年版。

［256］ 贾根良:《创新型国家建设的成功经验及其借鉴》,《当代经济研究》2006 年第 9 期。

［257］ 贾根良:《自主创新与国家体系:对拉美教训的理论分析》,《天津社会科学》2006 年第 6 期。

［258］ 贾根良、曾云敏:《建设创新型国家:探寻新的发展战略》,《天津社会科学》2007 年第 3 期。

［259］ 贾根良、黄阳华：《评发展中国家贸易保护还是自由贸易的新争议》，《经济社会体制比较》2008 年第 5 期。

［260］ 贾根良：《评佩蕾斯的技术革命、金融危机与制度大转型》，《经济理论与经济管理》2009 年第 2 期。

［261］ 贾根良：《美国学派与美国的工业化：经验教训与启示》，《经济社会体制比较》2010 年第 2 期。

［262］ 贾根良：《政治经济学的美国学派与大国崛起的经济逻辑》，《政治经济学评论》2010 年第 3 期。

［263］ 贾根良：《美国学派：推进美国经济崛起的国民经济学说》，《中国社会科学》2011 年第 7 期。

［264］ 贾根良：《第三次工业革命带来了什么？》，《求是》2013 年第 6 期。

［265］ 贾根良：《第三次工业革命重新定义"新型工业化道路"》，《光明日报》2013 年 2 月 22 日，第 11 版。

［266］ 贾根良：《第三次工业革命与新型工业化道路的新思维 —— 来自演化经济学和经济史的视角》，《中国人民大学学报》2013 年第 2 期。

［267］ 贾根良：《第三次工业革命与工业智能化》，《中国社会科学》2016 年第 6 期。

［268］ 贾根良：《美国学派与美国 19 世纪内需主导型工业化道路研究》，北京：中国人民大学出版社，2017 年版。

［269］ 贾根良：《演化发展经济学与新结构经济学：哪一种产业政策的理论范式更适合中国国情？》，《南方经济》2018 年第 1 期。

［270］ 简新华：《发展经济学的最新发展：中国特色发展经济学》，《政治经济学评论》2011 年第 1 期。

［271］ 江小涓：《理解科技全球化 —— 资源重组、优势集成和自主创新能力的提升》，《管理世界》2004 年第 6 期。

［272］ 江小涓：《体制转轨时期的增长、绩效与产业组织的变化：对中国若干行业的实证研究》，上海：上海三联书店，1999 年版。

［273］ 江小涓：《利用全球科技资源，提高自主创新能力》，《求是》2006 年第 7 期。

［274］ 杰里米·里夫金：《第三次工业革命：新经济模式如何改变世界》，北京：中信出版社，2012 年版。

［275］ 金碚、吕铁、邓洲：《中国工业结构转型升级：进展、问题与趋势》，《中国工业经济》2011 年第 2 期。

［276］ 金碚：《中国工业的转型升级》，《中国工业经济》2011 年第 11 期。

［277］ 克里斯托弗·弗里曼：《大陆、国家和次国家的创新体系：互补性与经济增长》，载赖纳特和贾根良（主编）：《穷国的国富论》，北京：高等教育出版社，2007 年版。

［278］ 孔伟杰：《制造业企业转型升级影响因素研究 —— 基于浙江省制造业企业大样本问卷调查的实证研究》，《管理世界》2012 年第 9 期。

［279］ 赖纳特、赖纳特：《重商主义与经济发展：熊彼特动态、制度建设与国际评价基准》，载埃里克·赖纳特和贾根良（主编）：《穷国的国富论：演化发展经济学论文选》，北京：高等教育出版社，2007 年版。

［280］ 劳尔·普列比什：《我对发展思考的五个阶段》，载米耶和西尔斯（编）：经济发展理论的十位大师，北京：中国工人出版社，1990 年版。

［281］ 李富春：《关于发展国民经济的第一个五年计划的报告》，《经济研究》1955 年第 3 期。

［282］ 李嘉图：《李嘉图著作和通信集》（第一卷），北京：商务印书馆，1962 年版。

［283］ 李猛、沈坤荣：《地方政府行为对中国经济波动的影响》，《经济研究》2010 年第 12 期。

［284］ 李小平、卢现祥：《中国制造业结构变动和生产率增长》，《世界经济》2007 年第 5 期。

［285］ 李学勇：《走中国特色自主创新道路》，《求是》2008 年第 3 期。

［286］ 李志赟：《银行结构与中小企业融资》，《经济研究》2002 年第 6 期。

［287］ 梁冰：《中国中小企业发展及融资状况调查报告》，《金融研究》2005 年第 5 期。

［288］ 梁若冰：《财政分权下的晋升激励、部门利益与土地违法》，《经济学（季刊）》2010 年第 1 期。

［289］ 林汉川、夏敏仁、何杰、管鸿禧：《中小企业发展中所面临的问题：北京、辽宁、江苏、浙江、湖北、广东、云南问卷调查报告》，《中国社会科学》2003 年第 2 期。

［290］ 林毅夫、蔡昉、李周：《中国的奇迹：发展战略与经济改革》，上海：上海人民出版社，1999 年版。

［291］ 林毅夫、李永军：《中小金融机构发展与中小企业融资》，《经济研究》2001 年第 1 期。

［292］ 林毅夫：《后发优势与后发劣势 —— 与杨小凯教授商榷》，《经济学（季刊）》2003 年第 4 期。

［293］ 林毅夫、张鹏飞：《后发优势、技术引进和落后国家的经济增长》，

《经济学（季刊）》2005 年第 1 期。

　　［294］　林毅夫、余淼杰：《我国价格剪刀差的政治经济学分析：理论模型与计量实证》，《经济研究》2009 年第 1 期。

　　［295］　林毅夫、孙希芳、姜烨：《经济发展中的最优金融结构理论初探》，《经济研究》2009 年第 8 期。

　　［296］　林毅夫：《新结构经济学：反思经济发展与政策的理论框架》，苏剑译，北京：北京大学出版社，2012 年版。

　　［297］　林毅夫：《新结构经济学：重构发展经济学的框架》，《经济学（季刊）》2010 年第 1 期。

　　［298］　刘伟、李邵荣：《产业结构与经济增长》，《中国工业经济》2002 年第 5 期。

　　［299］　刘伟、张辉：《中国经济增长中的产业结构变迁和技术进步》，《经济研究》2008 年第 11 期。

　　［300］　卢洪友、袁光平、陈思霞、卢盛峰：《土地财政根源："竞争冲动"还是"无奈之举"？ —— 来自中国地市的经验证据》，《经济社会体制比较》2011 年第 1 期。

　　［301］　鲁丹、肖华荣：《银行市场竞争结构、信息生产和中小企业融资》，《金融研究》2008 年第 5 期。

　　［302］　陆铭、李爽：《社会资本、非正式制度与经济发展》，《管理世界》2008 年第 9 期。

　　［303］　罗美娟：《结构主义和新古典主义对发展经济学的贡献及局限》，《当代财经》2000 年第 6 期。

　　［304］　罗斯托：《经济增长的阶段：非共产党宣言》（第三版），北京：中国社会科学出版社，2001 年版。

　　［305］　罗斯托：《经济增长理论》，北京：商务印书馆，1962 年版。

　　［306］　罗仲伟、贺俊、黄阳华：《中小企业政策需从基本思路上寻求突破》，《中国经贸》2012 年第 11 期。

　　［307］　罗仲伟、贺俊：《中小企业融资面临新形势》，《中国国情国力》2013 年第 7 期。

　　［308］　吕铁：《制造业结构变化对生产率增长的影响研究》，《管理世界》2002 年第 2 期。

　　［309］　吕铁：《中国工业结构调整与升级：三十年的历程与经验》，《社会科学战线》2008 年第 5 期。

　　［310］　吕铁、贺俊、黄阳华：《如何应对第三次工业革命的影响？》，《中

国经济时报》2012 年 7 月 25 日，第 11 版。

［311］ 吕铁、邓洲：《科学认识第三次工业革命及其对我国的影响》，《中国党政干部论坛》2013 年第 10 期。

［312］ 吕薇：《建设创新型国家 —— 30 年创新体系演进》，北京：中国发展出版社，2010 年版。

［313］ 吕薇：《建设创新型国家有多难？》，《中国经济导报》，2009 年 4 月 28 日。

［314］ 吕政、郭克莎、张其仔：《论我国传统工业化道路的经验与教训》，《中国工业经济》2003 年第 1 期。

［315］ 迈克·赫德森，《保护主义：美国经济崛起的秘诀（1815~1914）》，北京：中国人民大学出版社，2010 年版。

［316］ 门罗：《早期经济思想——亚当·斯密以前的经济文献选集》，北京：商务印书馆，1985 年版。

［317］ 内森·罗森伯格：《探索黑箱：技术、经济学和历史》，北京：商务印书馆，2004 年版。

［318］ 青木昌彦、金滢基、奥野—藤原正宽（主编）：《政府在东亚经济发展中的作用—比较制度分析》，北京：中国经济出版社，1998 年版。

［319］ 任保平、洪银兴：《发展经济学的工业化理论述评》，《学术月刊》2004 年第 4 期。

［320］ 束克东、黄阳华：《演化发展经济学与贸易政策新争论的历史背景》，《经济社会体制比较》2008 年第 5 期。

［321］ 斯坦利·恩格曼：《殖民地时期的美国政府》，载普莱斯·菲希拜克等（编）《美国经济史新论：政府与经济》，北京：中信出版社，2013 年版。

［322］ 孙秀林、周飞舟：《土地财政与分税制：一个市政解释》，《中国社会科学》2013 年第 4 期。

［323］ 谭崇台：《发展经济学的新发展》，武汉：武汉大学出版社，1999 年版。

［324］ 谭崇台：《发达国家发展初期与当今发展中国家经济发展比较研究》，武汉：武汉大学出版社，2008 年版。

［325］ 陶然、陆曦、苏福兵、汪晖：《地区竞争格局演变下的中国转轨：财政激励和发展模式反思》，《经济研究》2009 年第 7 期。

［326］ 藤本隆宏：《能力构筑竞争》，北京：中信出版社，2007 年版。

［327］ 涂俊、吴贵生：《对"华盛顿共识"的反思 —— 巴西国家创新系统"失落的十年"及其启示》，《中国软科学》2005 年第 2 期。

［328］ 托马斯·孟：《英国得自对外贸易的财富》，北京：商务印书馆，1981 年版。

［329］ 王春法：《主要发达国家国家创新体系的历史演变与发展趋势》，北京：经济科学出版社，2005 年版。

［330］ 魏后凯、王颂吉：《中国"过去去工业化"现象剖析与理论反思》，《中国工业经济》2019 年第 1 期。

［331］ 巫云仙：《"德国制造"模式：特点、成因和发展趋势》，《政治经济学评论》2013 年第 3 期。

［332］ 吴贵生：《自主创新战略探讨》，《管理工程学报》2010 年增刊。

［333］ 吴家曦、李华燊：《浙江省中小企业转型升级调查报告》，《管理世界》2009 年第 8 期。

［334］ 吴群、李永乐：《财政分权、地方政府竞争与土地财政》，《财贸经济》2010 年第 7 期。

［335］ 吴延兵：《企业规模、市场力量与创新：一个文献综述》，《经济研究》2007 年第 5 期。

［336］ 武田晴人：《高速增长》，贺平译，香港：香港中和出版有限公司，2016 年版。

［337］ 习近平：《发展经济学与发展中国家的经济发展 —— 兼论发展社会主义市场经济对发展经济学的理论借鉴》，《福建论坛》2001 年第 9 期。

［338］ 徐明华：《市场扩展、政府作用与民营经济发展的逻辑 —— 基于浙江民营经济发展 30 年视角的考察》，《社会科学家》2008 年第 8 期。

［339］ 徐现祥、王贤彬：《晋升激励与经济增长》，《世界经济》2010 年第 2 期。

［340］ 亚当·斯密：《国民财富的性质和原因的研究》（上卷），北京：商务印书馆，2004 年版。

［341］ 亚诺什·科尔奈：《短缺经济学》，北京：经济科学出版社，1986 年版。

［342］ 杨德林、周亮、吴贵生：《技术创新研究在中国》，《技术经济》2009 年第 1 期。

［343］ 杨丰来、黄永航：《企业治理结构、信息不对称与中小企业融资》，《金融研究》2006 年第 5 期。

［344］ 杨桂菊：《代工企业转型升级演进路径的理论模型：基于 3 家本土企业的案例研究》，《管理世界》2010 年第 6 期。

［345］ 杨虎涛、杨威：《另类教规：如何另类？能否另类？ —— 演化发

展经济学的全球化理论及其可行性》,《经济社会体制比较》2008 年第 5 期。

[346] 杨虎涛:《以高质量经济活动推进高质量发展》,《光明日报》2019 年 10 月 6 日。

[347] 杨其静、聂辉华:《保护市场的联邦主义及其批判》,《经济研究》2008 年第 3 期。

[348] 杨其静、郑楠:《晋升竞争顶多是某种基于经济业绩的资格赛 —— 基于 2003~2012 年市委书记数据的经验研究》,《世界经济》2013 年第 12 期。

[349] 杨其静:《分权、增长与不公平》,《世界经济》2010 年第 4 期。

[350] 杨瑞龙:《我国制度变迁方式转换的三阶段论》,《经济研究》1999 年第 1 期。

[351] 杨伟民等:《新中国发展规划 70 年》,北京:人民出版社,2019 年版。

[352] 杨先明、王希元:《经济发展过程中的结构现代化:国际经验与中国路径》,《经济学动态》2019 年第 10 期。

[353] 杨小凯:《发展经济学:超边际与超边际分析》,北京:社会科学文献出版社,2003 年版。

[354] 杨轶清:《企业家能力来源及其生成机制 —— 基于浙商"低学历高效率"创业现象的实证分析》,《浙江社会科学》2009 年第 11 期。

[355] 姚洋、张牧扬:《官员绩效与晋升锦标赛 —— 来自城市数据的证据》,《经济研究》2013 年第 1 期。

[356] 约翰·沃利斯:《国家时代》,载普莱斯·菲希拜克等:《美国经济是新论:政府与经济》,北京:中信出版社,2013 年版。

[357] 约瑟夫·熊彼特:《经济发展理论 —— 对于利润、资本、信贷、利息和经济周期的考察》,北京:商务印书馆,1991 年版。

[358] 约瑟夫·熊彼特:《经济分析史》(第二卷),北京:商务印书馆1991 年版。

[359] 张捷:《中小企业的关系型借贷与银行组织结构》,《经济研究》2002 年第 6 期。

[360] 张军、陈诗一、G. Jefferson:《结构调整与中国工业增长》,《经济研究》2009 年第 7 期。

[361] 张军:《分权与增长:中国的故事》,《经济学(季刊)》2008 年第 1 期。

[362] 张莉、王贤彬、徐现祥:《财政激励、晋升激励与地方官员的土地出让行为》,《中国工业经济》2011 年第 4 期。

［363］ 张培刚：《发展经济学往何处去 —— 建立新型发展经济学刍议》，《经济研究》1989 年第 6 期。

［364］ 张培刚：《农业与工业化》，北京：商务印书馆，2019 年版。

［365］ 张夏准：《富国陷阱 —— 发达国家为何踢开梯子？》，北京：社会科学文献出版社，2007 年版。

［366］ 张宇燕：《经济发展与制度选择》，北京：中国人民大学出版社，1992 年版。

［367］ 赵昌文、许召元：《国际金融危机以来中国企业转型升级的调查研究》，《管理世界》2013 年第 4 期。

［368］ 赵文哲、杨其静、周业安：《不平等厌恶性、财政竞争和地方政府财政赤字膨胀关系研究》，《管理世界》2010 年第 1 期。

［369］ 中国社会科学院工业经济研究所课题组：《第三次工业革命与中国制造业的应对战略》，《学习与探索》2012 年第 9 期。

［370］ 中国社会科学院工业经济研究所课题组：《告别短缺经济的中国工业发展》，《中国工业经济》1999 年第 5 期。

［371］ 周飞舟：《大兴土木：土地财政与地方政府行为》，《经济社会体制比较》2010 年第 3 期。

［372］ 周黎安、罗凯：《企业规模与创新：来自中国省级水平的经验证据》，《经济学（季刊）》2005 年第 4 卷第 3 期。

［373］ 周黎安：《中国地方官员的晋升锦标赛模式研究》，《经济研究》2007 年第 7 期。

［374］ 周业安、章泉：《市场化、财政分权和中国经济增长》，《中国人民大学学报》2008 年第 1 期。

［375］ 周玉龙、杨继东、黄阳华、G. Hewings：《高铁对城市地价的影响及机制研究 —— 来自微观土地交易的证据》，《中国工业经济》2018 年第 5 期。

［376］ 朱英姿、许丹：《官员晋升压力、金融市场化与房价增长》，《金融研究》2013 年第 1 期。

附：本书相关章节发表目录

第 1 章"战后发展经济学的三次范式转换——兼论构建迈向高质量发展的发展经济学"，《政治经济学评论》2020（2）。

第 2 章"重商主义及其当代意义"，《学习与探索》2020（4）。

第 3 章"寻租真的阻碍经济发展吗？给李斯特和熊彼特一个机会"，《演化与创新经济学评论》2011（2）。

第 4 章"中国产业结构演进的制度基础：地方政府最优土地出让行为的视角"，《政治经济学评论》2019（9）（《中国社会科学文摘》2020（1）转载）。

第 5 章"劳动密集型制造业中小企业转型升级融资研究：最优金融结构的视角"《经济管理》2014（11）。

第 6 章"以消费升级为导向 促进中国制造品质升级"，《中国社会科学（内部文稿）》2016（4）。

第 7 章"工业革命中生产组织方式变革的历史考察与展望"，《中国人民大学学报》2016（3）。

第 8 章"德国应对新一轮工业革命的战略部署及对我国产业政策的启示"，《经济社会体制比较》2015（2）（《新华文摘》2015（12）转载）。

第 9 章"从美国学派看后全球金融危机时代的美国产业政策"，《学习与探索》，2018（10）（《中国社会科学文摘》2019（3）转载）。

后　记

　　我对经济发展问题的学习研究，至今已有十五年时间。前五年，作为一名经济思想史专业的研究生，在导师的悉心指导下，阅读了发展经济学特别是新熊彼特学派关于创新与产业发展的文献，选定以演化发展经济学作为博士论文选题。后十年，参与了一系列产业应用研究课题，跑了不少地方，码了不少字，开了不少会，积累了一些文献上学不到但足以终身受益的阅历，增强了应用研究所需的实感，"代价"是功利性阅读，对现象背后的理论浅尝辄止。

　　在从理论向应用研究的转换中，常有一些现实场景能够不经意间唤醒脑海中的经典。如行进在云南边陲山区，目睹了整片山丘被削去了草木，当地贫困的农民种植甘蔗供应山下的小糖厂，像极了拉丁美洲发展经济学家所描绘的"蔗国"；体验到奉化江江畔政府和企业在共谋经济发展中"你好我好大家好"的理念，像是熊彼特重商主义的现场版；屏住呼吸穿行在加罗尔的贫民窟，身边是忙于糊口的人们，再抬头看仅一路之隔的 CBD 楼群，没有比这更鲜活的二元结构范例了；站在亚的斯亚贝巴新建的中资工厂流水线上，看到当地农牧民初次体验到工厂制，才进入 200 多年前斯密笔下的扣针厂……这些如蒙太奇般的虚实切换提醒我：数百年来发展经济学家所关注的现象，依然时时处处在各个地方上演，经济发展问题丝毫没有也不应该因发展经济学的"没落"而被忽视。

本书收录了我关于经济发展的部分研究成果。第1~3章取自我的博士论文，并结合近年来的思考进行了大幅修改，主体部分的内容系重写，力图增强研究的"实感"。第4~9章是关于产业创新和产业政策的研究，努力将现实问题带回到理论中加以探讨。因种种原因，还有一些研究未收录到本书中，希望今后以合适的方式作增补。

我要感谢多年来给予我指导、启发和支持的师友、同事和编辑，以及为调研提供支持的各界朋友们。本书得到本人主持的国家自然科学基金青年项目（71503261、71841014）和清华大学中国现代国有企业研究院的资助，出版中经济管理出版社提供了专业支持，在此一并表示感谢。

我要特别感谢家人长期的支持和理解！工作调整后，繁重的日常工作之余坚持学术研究已是奢侈，特别是爱女出生后我还能做点研究，若没有他们的付出和分担，这将是不可能完成的任务。

黄阳华
2020年农历春节